최소한의
IT
언어

이제야 애플리케이션의 문법이 보인다

○ HOW TO SPEAK TECH ○

Vinay Trivedi

최소한의 IT 언어

비나이 트리베디 지음 / 김고명 옮김

윌북

앞으로의 10년은

지난 10년과

다른 지식이 요구될 것이므로

차례

서문

"저의 신년 목표는 코드카데미에서 코딩을 배우는 겁니다! 같이 하시죠. http://codeyear.com/#codeyear." 2012년 1월 5일, 마이클 블룸버그 당시 뉴욕시장이 올린 트윗이다. 코드카데미Codecademy는 코딩 강좌를 통해 수많은 사람에게 유익한 지식을 무료로 전파하는 주목할 만한 스타트업이다. 그런데 블룸버그는 왜 다른 것도 아니고 코딩 공부를 신년 목표로 정했을까?

　이미 부자 중의 부자인 그가 취업을 하려고 그랬을 리는 없지만, 그의 트윗을 보면 정보기술IT, Information Technology에 의해 시시각각 변하는 세상에서 교양 있는 시민으로서 경제에 참여하기 위해 새롭게 필요한 자격이 무엇인지 알 수 있다. 이제 IT는 우리가 사업을 운영하고, 서로 소통하고, 하루를 계획하고, 음식을 주문하고, 결혼식을 준비하고, 세금을 신고하고, 옷장을 구입하는 것을 포함해 삶의 모든 영역에서 혁명적인 변화를 일으키고 있다. IT는 IT 기업에 중요할 뿐만 아니라 모든 산업을 뒤엎고 있다. 지금은 IT 종사자만 아니라 누구에게나 IT 지식이 필요한 시대다. 그래서 나는 컴퓨터, 인터넷, 코딩이 국어와 수학처럼 필수과목이 돼야 한다고 생각한다.

그렇다고 모든 사람이 복잡한 애플리케이션을 개발하는 법을 배우는 것은 이치에 맞지 않고 현실성도 없다. 하지만 IT업계나 그 주변부에서 혹은 IT 기기를 활용해 일하는 사람이라면, 즉 현대사회를 사는 사람이라면 누구나 인터넷과 애플리케이션의 기본적인 원리 정도는 알아야 한다. 그래야 이전에는 생경하거나 혼란스럽게 느껴졌던 대화에 참여할 수 있다.

이 책의 목표는 코딩을 가르치는 것이 아니라 웹과 모바일 애플리케이션 생애주기의 각 단계에서 필수로 알아야 할 개념과 기술을 이해하기 쉽게 설명하는 것이다. 거기에 더해 블록체인, 인공지능, 가상현실과 증강현실 등 최신 IT 동향도 다룬다. 당신이 야심찬 창업자든, 신중한 벤처투자자든, IT 회사의 신입이든 간에 책의 내용이 업무와 무관하진 않을 것이다. 설령 인터넷 기업을 설립할 생각이 없다고 해도 지금처럼 '구글 검색'과 '친구 추가'가 당연시되는 세상에 사는 사람이라면 누가 됐든 이 책을 읽어야 한다. 유감스럽게도 여전히 수많은 사람이 인터넷과 앱(애플리케이션)의 원리를 불가사의하다고 여긴다. 페이스북에서 친구를 추천해주는 기능을 무슨 마법처럼 생각한다. 하지만 몇 가지 핵심 개념만 알아도 미스터리가 풀릴 것이다.

전문직 종사자가 다 그렇듯이 개발자들도 비개발자가 알아듣지 못할 전문용어를 남발한다. 그래서는 개발자와 비개발자의 간극이 점점 더 벌어질 뿐이다. 쉴 새 없이 정보가 범람하는 시대에 무익하기만 하다. 만일 개발자들이 더 쉽게 말하려고 노력하고 회사에서 비개발 직군의 디지털 문해력 향상을 돕는다면, 더 많고 다양한 사람이 필수적인 IT 지식을 보유하게 될 것이다. 그로써 서로 원활히 커뮤니케이션하고, 전반적인 업무 효율이 높아지고, 관리자와 투자자의 역량이 증진되고, 결과적으로 더 많은 혁신이 일어날 것이다. 생각만 해도 짜릿한 일이다!

이 책은 두 부분으로 나뉜다. 1~13장에서는 인터넷 애플리케이션의 구조와 원리에 관한 필수 지식을 다룬다. 백엔드, 프런트엔드, 사용자 유치, 사이버보안 등 여기 나열된 주제는 IT업계에서 반드시 접하며 몇 년이 지나도 인터넷 애플리케이션을 논할 때 절대로 빠지지 않을 내용이다. 아무리 기술이 빠르게 발달한다 해도 애플리케이션의 기본적인 구성은 달라지지 않고, 이를 개발할 때 신경써야 할 부분도 크게 변하지 않을 것이다. 우리가 사용하는 도구는 시간이 지나면 바뀔 수 있지만, 이 책의 주안점은 특정한 도구의 사용법 안내가 아니라 기본적인 개념 설명이다.

이어서 14~17장에서는 비개발자만 아니라 개발자들도 그 활용법과 잠재력을 궁금해하는 중요한 개념을 다룬다. IT업계의 최신 동향을 개략적으로 해설하는 내용이라고 봐도 좋겠다.

이 책은 누구나 이해할 수 있게 썼다. 이야기와 비유를 사용하고 전문용어를 되도록 배제하며 진입장벽을 낮추려 노력했다. 학술 논문, 신문 기사, 대학 교재, 인터뷰를 참고 자료로 썼지만 기본적으로 친구가 편하게 설명해주는 듯한 분위기를 유지하려 했다(분야가 분야인지라 조금은 너드처럼 느껴질 수도 있겠지만). 너무 쉽게 설명하려다 보면 내용이 부실해질 수 있고 너무 자세히 설명하려고 하면 지나치게 복잡해질 수 있다. 그래서 불필요한 부분은 쳐내면서도 중요한 정보를 놓치지 않으려고 주의를 기울였다.

　이 책은 당신이 주인공인 이야기로 전개된다. 당신은 '마이애폴리MyAppoly'라는 애플리케이션을 개발 중이다. 이 애플리케이션은 어떤 상황에든 대입할 수 있다. 만일 당신이 창업가라면 마이애폴리는 10억 달러를 받고 매각할 수 있는 인기 애플리케이션이 될 것이다(인스타그램처럼). 만일 당신이 비영리단체의 간부라면 마이애폴리는 기부금을 더 많이 모으도록 돕는 애플리케이션이 될 것이다. 만일 당신이 기업에서 일한다면 마이애폴리는 회사가 업계에서 앞서 나가게 해줄 것이다. 마이애폴리는 당신이 원하는 무엇이든 될 수 있다.

　이 책은 당신이 블룸버그가 말한 신년 목표를 실현하는 발판이 될 것이다. 우리가 사는 세상에서 IT의 영향력이 빠르게 확대되고 있다는 사실은 누구나 안다. 시시각각 새로운 기술이 등장하는 현실에서 우리는 꾸준히 새로운 지식을 배워야 한다는 압박감을 느끼는 한편으로, 이전에 진실이라고 믿었던 것과 한계라고 생각했던 것이 여전히 그러한지 의문이 든다. 당신이 직접 코딩하는 법을 배울 여유는 없더라도 그 기초 지식을 습득하면 어떤 이점이 있을까? 개발자들과 더 효과적으로 커뮤니케이션해서 더 좋은 관리자가 될 것이다. 현실성 있는 제안과 불가능한 제안을 구별할 줄 아는 더 나은 투자자로 거듭날 것이다. 제발 들어갈 수 있기를 바랐던 IT 기업에 입사할 길을 찾을 것이다. 적어도 IT 뉴스는 전문가의 해설 없이도 이해하게 될 것이다. 이제는 IT 지식이 대중화돼야 한다. 당신도 『최소한의 IT 언어How to Speak Tech』를 배워야 할 때다.

1장

인터넷

우리는 인터넷이라는 전지구적 네트워크로 연결돼 있다. 인터넷의 전신은 미국 국방부가 대학 및 연구기관과 원활히 정보를 공유하려는 목적으로 구축한 고등연구계획국 네트워크Advanced Research Projects Agency Network, 즉 아파넷ARPANET이다. 아파넷은 1969년부터 시범적으로 운용돼 1975년에 정식으로 가동됐다. 아파넷의 등장으로 컴퓨터 간에 정보를 공유할 때 존재했던 장애물이 많이 사라지면서 인터넷이 탄생할 발판이 마련됐다.

아파넷은 어떤 원리로 작동했을까? 비유를 들어 설명하면 이해가 더 쉬울 것 같다. 우리가 사는 도시에는 수많은 시내 도로가 존재하고, 도시와 도시는 고속도로로 연결된다. 따라서 고속도로에 합류하는 도로만 있으면 어떤 도시든 전국적인 도로망에 편입될 수 있다. 그 도로를 통해 주민들은 다른 지역과 연결된다. 이와 마찬가지로 아파넷은 통신선, 위성, 전파를 이용해 근거리통신망LAN, Local Area Network(시내 도로)과 광역통신망WAN, Wide Area Network(고속도로)을 연결했고, 그 접점이 되는 시설을 백본망backbone network(합류 도로)이라 불렀다.

그러니까 인터넷은 수많은 네트워크가 연결된 거대한 네트워크다. 그러면 그 연결 방식은 무엇일까? 인터넷의 기본이 되는 근거리 통신망은 전선, 전화선, 광케이블(전기 대신 빛을 이용하는 케이블)로 컴퓨터들을 연결한 형태다. 이 로컬 네트워크 여럿을 **라우터**router라고 불리는 연결용 컴퓨터로 서로 접속하여 네트워크를 확장한다. 라우터를 이용해 각 네트워크를 중앙의 케이블에 이으면 모든 근거리 통신망이 연결된다. 이것이 인터넷이다.

따라서 인터넷은 수많은 컴퓨터 클러스터가 물리적으로 연결된 것이라 할 수 있다. 그런데도 어떻게, 마치 단일한 통신선으로 연결되었다고 느껴질 만큼 원활하게 작동할까? 이 질문의 답을 찾으려면 인터넷의 근간이 되는 혁신적인 기술을 알아야 한다.

패킷 교환, TCP, IP

말했다시피 애초에 네트워크를 연구하기 시작한 이유는 컴퓨터끼리 정보를 공유할 방법을 마련하기 위해서였다. 고속도로에 출구 표시와 제한속도가 존재하는 것처럼 인터넷에도 정보의 흐름을 관리하는 규칙이 필요했다. 그래서 고등연구계획국ARPA은 정보가 **전송 제어 프로토콜**TCP, Transmission Control Protocol과 **인터넷 프로토콜**IP, Internet Protocol을 통해 이동하게 만들었다. TCP와 IP는 인터넷을 물리적으로 구성하는 각종 케이블과 장비를 제어하는, 다시 말해 하드웨어를 제어하는 소프트웨어다.

과거에는 두 컴퓨터를 케이블로 연결했을 때 일방적이고 독점적인 통신만 가능했다. 예를 들어 A컴퓨터에서 B컴퓨터로 어떤 데이터를 보내는 중에 또 다른 통신을 시도하면 충돌이 발생해서 무엇 하나 제대로 전달되지 않았다. 당시 기술력으로 수많은 사람이 동시에 정보를 주고받는 네트워크를 만들려면 케이블을 엄청 많이 설치하는 수밖에 없었다. 그러다 보니 여러 발신지와 목적지 사이에서 동일한 통신선으로 데이터가 동시에 오갈 수 있는 기술이 필요해졌다.

그래서 **패킷 교환**packet switching이 탄생했다. 네트워크 연구자들은 텍스트, 오디오, 이미지 등 어떤 형태의 정보든 간에 작은 '패킷'으로 분할하면 여러 출처에서 나오는 정보를 단일한 통신선으로 동시에 전송할 수 있음을 알아냈다. 하지만 그 기술을 구현하자면 먼저 두 가지 문제를 해결해야 했다. 첫째, 무슨 수로 모든 패킷을 목적지에 정확하게 전달할 것인가? 둘째, 수신하는 쪽에서 어떻게 패킷을 재결합할 것인가?

생각해보면 인터넷에 존재하는 모든 페이지는 누군가 작성해서 어딘가의 컴퓨터에 저장해놓은 문서다. 그래서 당신이 브라우저로 어떤 웹페이지에 접속한다면 어떤 컴퓨터에 있는 어떤 문서를 볼 권한을 달라고 요청하는 셈이다. 문서를 보려면 그것이 당신에게 전송돼야 한다. 이때 동원되는 기술이 바로 TCP/IP다.

TCP는 문서를 작은 패킷들로 분할하고 각 패킷에 몇 가지 라벨을 붙인다. 첫째, 나중에 패킷들이 순서대로 결합되도록 번호를 붙인다. 둘째, 패킷이 목적지에 도달했을 때 변조된 부분이 없는지 확인할 수 있도록 **체크섬**checksum이라는 검사지를 붙인다. 셋째, 패킷이 전송 경로를 잘 찾아서 이동할 수 있도록 발신지와 목적지의 주소를 붙인다. 이때 구글 지도와 같은 역할을 하는 것이 IP다. IP는 인터넷상의 모든 기기에 고유한 주소를 배정한다.

그래서 당신에게 전송되는 패킷들에 당신이 쓰는 컴퓨터의 IP 주소가 기록된다. IP 덕분에 마치 택배가 여러 경유지를 거치듯 패킷이 목적지에 이르는 경로를 잘 찾을 수 있다. 발신지를 나온 패킷은 목적지로 가는 방향에서 가장 가까운 라우터로 이동한 후 거기서 재분류돼 또다시 가장 가까운 라우터로 이동한다. 이런 식으로 여러 라우터를 거쳐 패킷이 목적지에 도달할 수 있는 것은 그 라우터들로 연결된 네트워크들이 마치 단일한 네트워크처럼 유기적으로 작동하게 만드는 IP 소프트웨어가 있기 때문이다.

IP의 장점은 네트워크 다중화를 통해 안정성이 보장된다는 점이다. 쉽게 말해 전체 네트워크 중 일부분이 죽어도 패킷은 다른 라우터에 배정된다. 그래서 마침내 패킷이 당신에게 도달하면 TCP가 모든 패킷이 전송됐는지 확인한 후 당신이 볼 수 있게 재결합한다.

아파넷이 탄생할 당시에도 이미 여러 회사에서 컴퓨터 간의 통신을 가능케 하는 솔루션(어떤 문제를 해결하기 위해 제작된 소프트웨어와 하드웨어—옮긴이)을 판매 중이었다. 하지만 민간 솔루션은 돈도 돈이지만 서로 호환이 안 된다는 단점이 있었다. A회사의 솔루션을 쓰는 컴퓨터와 B회사의 솔루션을 쓰는 컴퓨터가 서로 연결되지 않는다면 굳이 쓸 이유가 있을까? 그와 달리 아파넷은 ARPA에서 무료로 풀었고, 그에 따라 TCP/IP도 민간에 공개됐다. 그리고 1982년에 미군이 TCP/IP를 통신규약의 표준으로 채택하면서 ARPA의 개방적인 무료 네트워크가 컴퓨터 간 통신을 위한 핵심 인프라로 자리잡았다. 이후로 어떤 컴퓨터든 TCP/IP 소프트웨어만 설치되면 인터넷으로 정보를 송수신할 수 있게 되었다.

이렇게 1982년부터 전 세계의 연구자들이 정보를 공유하게 됐지만, 그 정보를 어떻게 표시하고 무엇으로 볼 것인가 하는 문제가 남아 있었다. 이에 1990년에 팀 버너스리Tim Berners-Lee를 필두로 유럽입자물리연구소CERN 소속 연구원들이 관련 기술을 개발했다. 그 기술이 현재의 **하이퍼텍스트 마크업 언어**HTML, Hypertext Markup Language와 **하이퍼텍스트 전송 프로토콜**HTTP, Hypertext Transfer Protocol로 발전해, 우리가 온라인에서 멋지게 시각화된 정보를 보고 그런 정보를 일정한 형태로 송수신할 수 있게 됐다. 그리고 1991년에 텍스트만 아니라 이미지도 표시할 수 있는 브라우저(인터넷에서 웹페이지를 볼 수 있도록 해주는 프로그램)가 처음 나왔다. 그리하여 우리가 웹상에서 효과적으로 정보를 공유하고 소비하게 됐다. 때마침 비슷한 시기에 개인용 컴퓨터의 가격이 하락하고 AOL 같은 온라인 서비스 제공업체가 등장하면서 인터넷 이용료가 저렴해졌다. 그때부터 인터넷이 급성장해 지금과 같은 규모에 이르렀다.

HTTP, 클라이언트, 서버

데이터가 물리적으로 이동하는 과정은 ARPA가 개발한 프로토콜을 알면 쉽게 이해가 간다. 하지만 애초에 누군가에게 데이터를 보내달라고 어떻게 요청해야 할까? 그리고 당신이 마이애폴리에 접속할 때 네트워크상에서는 무슨 일이 일어날까?

마이애폴리: 혹시 서문을 건너뛰었을 독자를 위해 설명하자면 이 책은 '당신'이 주인공인 이야기로 구성된다. 당신이 마이애폴리 MyAppoly라는 웹 애플리케이션을 개발한다는 설정이다. 마이애폴리는 원하는 무엇이든 될 수 있다. 만일 당신이 창업가나 엔젤투자자라면 마이애폴리는 당신에게 10억 달러의 수익을 안겨줄 인기 애플리케이션이 될 것이다. 만일 당신이 비영리단체의 간부라면 마이애폴리는 기부금을 모으고 봉사자를 모집하는 수단이 될 것이다. 만일 당신이 기업에서 일한다면 마이애폴리는 회사가 시시각각 달라지는 고객의 기대에 대응하며 경쟁 우위를 지키는 발판이 될 것이다.

당신이 웹브라우저로 마이애폴리 웹사이트에 있는 사진을 보려한다고 가정해보자. 이때 당신의 컴퓨터는 정보를 요청하는 **클라이언트**client가 된다. 당신이 접속하는 웹페이지는 HTML로 작성되어 **서버**server라는 컴퓨터에 저장된 문서다. 사진과 동영상을 포함해 당신의 애플리케이션에 사용되는 파일은 모두 이 서버 안에 존재한다. 이 파일들을 **자원**resource이라고 부른다. 인터넷은 사용자인 클라이언트가 서버에 접속하는 형태이기 때문에 **클라이언트-서버 아키텍처** client-server architecture로 구성돼 있다고 말한다(아키텍처는 어떤 시스템의 전반적인 물리적·논리적 구조를 뜻한다—옮긴이).

당신은 브라우저에 www.MyAppoly.com이라는 웹주소, 다른 말로 **통합 자원 지시자**URL, Uniform Resource Locator를 입력한다. URL 대신 마이애폴리 서버의 IP주소를 입력해도 되긴 하지만 모든 웹사이트의 IP주소를 외울 수 있는 사람은 아마 없을 것이다. MyAppoly.com처럼 인간이 이해하기 쉬운 주소를 도메인 이름이라 부르고, 이는 **도메인 이름 시스템**DNS, Domain Name System에서 컴퓨터가 이해하기 쉬운 형태인 IP주소로 변환된다.

MyAppoly.com이 열리자 당신은 사진 갤러리를 보여주는 링크를 클릭한다. 갤러리 내의 사진들도 물론 서버에 저장돼 있다. 여기서는 Pictures라는 폴더에 저장돼 있다고 해보자. 첫 번째 사진을 클릭하면 브라우저는 http://www.MyAppoly.com/Pictures/pic1.jpg로 이동한다. 이 URL을 보면 HTTP 프로토콜 및 적절한 서버가 사용됐다는 점과(도메인 이름에서 알 수 있다), 파일이 어느 위치에 저장되었는지(전문용어를 쓰자면 파일의 계층구조상 위치hierarchical location)를 알 수 있다. 다시 말해 URL은 어떤 자원의 주소를 표현한 텍스트다.

그러면 웹페이지는 어떤 과정을 거쳐 당신에게 전달될까? 먼저 클라이언트, 즉 당신의 브라우저가 DNS를 이용해 마이애폴리 서버의 IP주소를 알아낸다. 브라우저가 직접 서버에 방문하여 사진을 가져오지는 않으며, 파일을 보내달라는 메시지를 서버에 전송한다. 이를 HTTP **요청**request 메시지라고 부른다. 참고로 HTTP는 인터넷으로 자원(텍스트, 이미지, 오디오 등)을 송수신할 때 지켜야 하는 규약의 집합체다.

요청 메시지를 보내는 방식은 여러 가지가 있지만 주로 GET(**겟**)

과 POST(포스트)가 쓰인다. GET은 클라이언트가 파일을 원한다고 서버에 알릴 때 사용한다. GET 요청을 받은 서버는 파일을 찾아서 브라우저에 전송한다. POST는 브라우저에서 서버로 데이터를 보낼 때 사용하는 방식이다. 둘 중 어떤 방식으로 요청 메시지를 보내든 무방할 때도 있지만, 구체적으로 데이터가 전송되는 형태는 GET과 POST가 서로 다르다. GET 방식을 쓰면 당신이 서버로 보내는 정보가 URL에 첨부된다. 예를 들어 마이애폴리에서 'mediterranean'(지중해성)을 검색했을 때 GET 방식을 쓴다면 브라우저가 www.MyAppo-ly.com/search?q=mediterranean이라는 URL로 이동한다. 반면에 검색어를 POST 방식으로 전송한다면 검색어가 URL에는 표시되지 않고 HTTP 메시지에 포함된다. 일반적으로 POST 요청은 서버에서 뭔가를 변경해야 할 때만 쓰는 것이 권장된다.

자, 클라이언트가 보낸 요청 메시지가 마이애폴리 서버에 도달해서 pic1 파일이 포함된 페이지를 보내달라는 요구 사항을 전달했다고 치자. 그러면 서버는 해당 자원을 불러온 후 TCP/IP를 통해 응답response 메시지로 전송한다. 브라우저는 이 응답 메시지의 도입부인 헤더header에 기입된 정보를 이용해서 그 자원을 화면에 출력(전문 용어로 렌더링rendering)한다. 하지만 꼭 여기서 클라이언트와 서버 간의 상호작용이 끝나는 것은 아니다. 클라이언트가 추가로 요청 메시지를 보내야 할 수도 있기 때문이다. 서버는 한 번에 하나의 자원만 브라우저에 전송할 수 있으므로, 브라우저가 웹페이지를 표시하는 데 필요한 자원을 모두 전송받기 위해서는 여러 번 요청 메시지를 보내야 할 것이다. 당신이 pic1 사진이 있는 페이지를 보려고 할 때 브라우저는 두 가지 자원을 요청한다. 하나는 그 페이지의 텍스트 콘텐츠와 레이아웃이 담긴 HTML 파일이고 다른 하나는 pic1 파일이다. 따라서 브라우저가 적어도 두 번은 요청 메시지를 보내야 한다.

결론

이제 인터넷의 기초를 이해했으니 아마도 당신은 곧장 마이애폴리의 개발에 착수하고 싶을 것이다. 하지만 우선 애플리케이션을 인터넷에 올릴 공간을 확보해야 한다. 전문용어로 '호스팅'이라고 한다.

2장

호스팅과
클라우드

오프라인에서 장사를 하려면 손님이 드나들 점포가 필요하다. 마찬가지로 인터넷에서 사용자가 웹사이트에 드나들 수 있게 하려면 호스팅hosting이 필요하다. 그리고 요즘 인터넷을 논할 때면 꼭 나오는 말이 클라우드cloud인데, 이것은 도대체 무엇이고 왜 그렇게 많이 언급될까?

호스팅

1장에서 말했듯이 당신이 웹사이트에 접속하면 브라우저가 서버에 파일을 요청하는 메시지를 보낸다. 그렇다면 서버는 애초에 그 파일을 어떻게 보유하게 됐을까? 웹사이트를 서버에 올리고 인터넷으로 접속할 수 있게 만드는 작업을 '호스팅'이라고 한다. 웹사이트를 구성하는 파일은 서버에 저장되고 서버는 인터넷에 항상 접속돼 있다. 그래서 웹사이트도 항상 접속 가능하다. 만약에 어떤 회사의 웹사이트를 저장한 서버가 밤마다 꺼진다고 해보자. 밤에 접속하는 고객에게는 오류 메시지가 나오고, 당연히 회사는 적잖은 타격을 입을 것이다. 그래서 호스팅용 서버는 반드시 고속 인터넷 회선에 상시 접속해 있어야 한다. 그리고 전문적인 호스팅 소프트웨어도 설치되어야 하지만 여기서는 다루지 않겠다.

아마 당신은 웹사이트를 직접 호스팅할 생각이 없을 것이다. 물론 하려면 할 수야 있다. 직접 호스팅하면 전기와 인터넷 요금을 제외하고는 비용이 들지 않고 서버를 자유자재로 운용할 수 있다. 하지만 서버를 관리해야 하기 때문에 전문 지식이 필요하다.

당신 말고도 직접 호스팅하는 것을 불편하게 여기는 사람이 많기 때문에 눈치 빠른 사업가들이 호스팅 업체를 차렸다. 호스팅 업체에서 제공하는 서버에 웹사이트를 저장하면 접근성과 속도를 걱정하지 않아도 된다. 업체의 서버는 효율을 높이고 운영 비용을 줄이기 위해 지뢰찾기와 그림판처럼 불필요한 요소가 모두 제거됐다. 모니터나 키보드도 연결돼 있지 않다. 호스팅 업체는 이런 고효율 컴퓨터를 대규모로 가동하면서 웹사이트를 호스팅하고 싶은 사람에게 저장 공간을 임대한다.

이렇게 호스팅 업체를 이용하면 웹사이트 개발자들이 개발에만 전념할 수 있기 때문에 호스팅 사업이 급성장했다. 개발자는 업체가 제공하는 관리 화면에서 사이트를 관리할 수 있고, 파일 전송 프로토콜FTP, File Transfer Protocol이라는 특수한 소프트웨어로 서버에 파일을 업로드할 수 있다.

호스팅 업체 선정 시 고려할 점

호스팅 업체를 선정할 때는 다음과 같은 점을 생각해봐야 한다.

- » **서버 유형**: 서버 소프트웨어는 아파치, 맥OS 서버(2022년 4월 21일부로 단종됐다―옮긴이), 윈도우 서버 등 여러 가지가 있지만 일반적인 용도로 쓸 때는 신경쓰지 않아도 된다.

- » **저장 공간**: 웹사이트와 데이터베이스의 규모가 클수록 저장 공간도 많이 필요하다.

- » **트래픽 허용량과 대역폭**: 사람들이 웹페이지에 접속할 때마다 그들의 브라우저가 서버에 파일을 요청한다. 이때 서버에서 사용자에게 전송되는 데이터의 양을 **트래픽**traffic이라고 부르며 인터넷 회선의 순간 최고 전송속도를 **대역폭**bandwidth이라 한다. 사이트 접속자가 많거나 웹페이지에서 사용되는 이미지 같은 자원이 많을수록 트래픽이 늘어나고 대역폭이 많이 요구된다. 접속자가 1명일 때와 100만 명일 때 발생하는 비용이 다르기 때문에 트래픽 허용량과 대역폭에 따라 요금에 차등을 두는 호스팅 업체도 있다.

- » **서버 가동 시간(업타임)**: 웹사이트는 최대한 상시 접속이 가능하게 (24시간 365일) 운영돼야 한다.

- » **가격**: 호스팅 상품은 가격대가 다양하다. 다음 단락에서 분류한 유형별로 가격이 전부 다르지만 같은 유형이라면 가격 차이가 크게 나지 않는다. 필요한 조건을 잘 따져보고 적당한 가격대의 상품을 선택하면 된다.

호스팅 유형

호스팅 업체는 용도별로 여러 가지 상품을 제공한다. 몇 가지만 예를 들자면 다음과 같다.

» **공유 서버**: 다수의 사용자가 동일한 서버를 이용하는 상품이다. 서버를 여러 구역으로 분할해서 각 사용자에게 임대한다고 보면 된다. 여러 사람이 같이 쓰기 때문에 요금이 제일 저렴한 대신 제약도 제일 심하다. 공유 서버에서는 사용자가 임의로 소프트웨어를 업데이트하거나 설정을 바꿀 수 없다. 같은 서버를 이용하는 다른 웹사이트에도 영향을 미칠 수 있기 때문이다. 그래도 가격이 저렴하기 때문에 개인 웹사이트처럼 간단한 웹사이트를 운영하기 좋다.

» **단독 서버**: 이름에서 알 수 있듯이 서버를 통째로 빌려서 자유롭게 이용하는 상품이다. 다른 사람을 신경쓰지 않고 서버를 마음대로 설정할 수 있지만 그만큼 요금이 비싸다. 단독 서버는 웹사이트를 여러 개 호스팅할 때 사용하면 좋으며, 특히 트래픽이 많이 발생하고 데이터베이스 사용량이 많을 때(예를 들면 아이디, 신용카드 번호, 인기 상품 정보를 저장할 때) 적합하다.

» **가상 단독 서버**: 공유 서버와 단독 서버를 결합한 상품이라고 보면 된다. 가상 사설 서버라고도 한다. 실제로는 서버를 공유하지만 단독 서버처럼 사용 가능한 공간을 제공한다. 공유 서버와 다르게 자유롭게 서버를 설정할 수 있지만 동일한 서버를 여러 사람이 이용한다. 호스팅 업체는 서버의 저장 공간과 연산 능력이 낭비되지 않아서 좋고, 고객은 굳이 서버 전체를 빌리는 요금을 내지 않아서 좋다.

» **코로케이션**: 고객이 소유한 서버를 호스팅 업체에서 대신 관리하는 상품이다. 고객은 인터넷 회선 요금과 유지관리비(냉각 시스템 유지비 등)만 지불하면 된다.

클라우드

클라우드는 1950년대에 사용된 메인프레임 컴퓨터와 비교하면 이해하기 쉽다. 메인프레임 컴퓨터는 거대한 크기와 비싼 가격 때문에 공공기관처럼 규모가 큰 조직에서만 사용할 수 있었다. 사용자가 컴퓨터를 직접 조작하진 않고, 그 대신 텍스트로 명령어를 입력하며 역시 텍스트로만 결과를 볼 수 있는 '단말기terminal'라는 단순한 기기를 이용했다. 단말기로 컴퓨터에 접속해 그 안의 데이터와 프로그램을 사용하는 방식이었다. 모든 정보와 기능이 중앙에서 관리됐다고 할 수 있다. 이후 컴퓨터 가격이 저렴해지면서 메인프레임 대신 개인용 컴퓨터가 널리 보급됐다.

하지만 개인용 컴퓨터는 메모리 용량과 데이터 처리 능력에 한계가 있다. 이에 컴퓨터과학자들은 꾸준히 발전 중인 네트워크 기술을 이용해 다수의 컴퓨터를 연결하면 성능을 극적으로 향상할 수 있다고 봤다. 이렇게 수많은 컴퓨터가 연결된 네트워크가 바로 클라우드다. 중앙에 컴퓨터가 한 대 있던 메인프레임과 달리 클라우드는 컴퓨터들이 여기저기에 분산돼 있다. 하지만 인터넷을 통해 공동 작업이 가능하다. 사용자는 성능이 부족한 개인용 컴퓨터로 클라우드에 접속해 강력한 기능을 활용할 수 있다. 그런 면에서 클라우드는 메인프레임 컴퓨터의 귀환이라고 볼 수도 있다.

누가 "그거 클라우드에 저장했어"라고 한다면 강력한 도구를 이용한다는 말이다. 인터넷으로 드롭박스 같은 서비스에 접속해서 파일을 저장했다는 뜻이다. 클라우드는 인터넷에 연결돼 있기 때문에 하드디스크에 파일을 저장하거나 오프라인 서비스를 사용할 때와 달리 언제든 파일과 서비스를 이용할 수 있다. 클라우드에 속한 서버들에는 사진과 음악을 포함해 각종 정보는 물론 간단한 웹사이트부터 복잡한 웹 소프트웨어까지 무엇이든 저장할 수 있다.

클라우드 컴퓨팅cloud computing은 컴퓨터, 스마트폰, 태블릿 같은 장치로 클라우드 내의 정보와 소프트웨어를 이용하는 것이다. 클라우드 컴퓨팅의 시대에는 굳이 모든 것을 개인용 컴퓨터에 저장할 필요가 없다. 굳이 매장에서 소프트웨어를 구입하여 컴퓨터에 설치할 필요도 없다. 요즘 웬만한 기업은 온라인으로 이용할 수 있는 버전을 제공하기 때문이다.

미국 국립표준기술연구소NIST에 따르면 클라우드 컴퓨팅에는 "5가지 기본적 특성, 3가지 서비스 모델, 4가지 배치 모델"이 있다.[1]

NIST가 정의한 클라우드 컴퓨팅의 5가지 기본적 특성은 다음과 같다.

» **즉시적이고 자율적인 이용**: 고객이 언제든 클라우드의 자원과 소프트웨어를 이용할 수 있다. 예를 들어 Salesforce.com은 인터넷에 연결된 컴퓨터와 아이디, 비밀번호만 있으면 바로 사용 가능하다.

» **폭넓은 네트워크 접근**: 고객이 다양한 플랫폼(태블릿, 스마트폰, 노트북 등)으로 자원과 소프트웨어를 이용할 수 있다.

» **자원 병합**: 클라우드에 속한 컴퓨터들이 서로 연계해서 다수의 사용자를 지원하고, 단일한 컴퓨터로는 해결할 수 없는 복잡한 문제를 해결한다.

» **신속하고 탄력적인 성능 조정**: 클라우드에 속한 컴퓨터들이 네트워크에서 서로 통신하므로, 그중 일부 컴퓨터에 과도한 트래픽이 몰리면 다른 컴퓨터들이 트래픽을 분담할 수 있다. 다시 말해 상황에 맞춰 신속하게 성능을 상향하거나 하향한다.

» **종량제**: 종래의 소프트웨어 모델은 고객이 일정한 금액을 지불하고 프로그램을 설치해서 사용하는 방식이다. 그래서 어떤 프로그램을 시험 삼아 써보려는 사람도 그 프로그램을 지속적으로 사용하는 사람과 동일한 요금을 지불해야 했다. 하지만 이제는 저장 공간, 연산 능력, 트래픽, 대역폭 등을 기준으로 고객의 사용량을 측정할 수 있다. 사용량에 따라 요금을 차등적으로 부과할 수 있어서 더 효율적인 시장이 형성된다.

다음은 NIST에서 정의한 클라우드 컴퓨팅의 3가지 서비스 모델이다.

» **서비스형 소프트웨어**SaaS, Software as a Service : 드롭박스처럼 사용자가 브라우저로 이용할 수 있는 애플리케이션은 모두 SaaS(사스)에 해당한다. SaaS는 6장에서 살펴볼 API와도 관련이 있다. SaaS는 클라우드

로 제공되기 때문에 사용자의 컴퓨터에 애플리케이션을 설치할 필요가 없다. 그래서 멀티테넌트 아키텍처multi-tenant architecture(테넌트, 즉 사용자들이 애플리케이션을 각자 실행하지 않고 한 번 실행한 것을 다수가 함께 사용하는 구조—옮긴이)라고 할 수 있다.

» **서비스형 플랫폼**PaaS, Platform as a Service : 헤로쿠 같은 프래그래밍용 클라우드 플랫폼을 이용해본 사람이라면 익숙한 개념일 것이다. PaaS(패스)는 사용자가 소프트웨어를 빌드(소스코드를 실행 가능한 형태로 변환하는 것—옮긴이)할 수 있는 환경을 제공한다. 예를 들면 웹 애플리케이션을 빌드할 수 있는 웹 서버를 제공한다.

» **서비스형 인프라**IaaS, Infrastructure as a Service : 클라우드가 급속도로 성장하면서 클라우드에서 웹사이트를 호스팅하는 클라우드 인프라 사업이 부상했다. IaaS(이아스)를 이용하면 웹사이트를 훨씬 효율적으로 운영할 수 있다.

예를 들어 웹사이트에서 이벤트를 실시하면 갑작스럽게 트래픽이 많이 발생한다. 그러면 예전에는 접속자가 최고로 몰릴 때를 대비해서 서버를 증설해야 했다. 하지만 접속자가 다시 평소 수준으로 줄어들면 증설한 서버가 노는데 운용 비용은 계속 나간다. 이 문제의 해법이 클라우드다. 클라우드를 이용하면 필요에 따라 쉽게 서버 사용량을 늘리거나 줄일 수 있기 때문에 사용한 만큼만 비용을 지불하면 된다.

아마존은 자체적으로 구축한 데이터센터에서 웹사이트를 운영하면서 아마존 웹 서비스AWS, Amazon Web Services를 통해 다른 기업도 자사의 서버와 도구를 이용할 수 있게 한다. AWS의 일부인 아마존 일래스틱 컴퓨트 클라우드EC2, Amazon Elastic Compute Cloud는 사용자가 그때그때 원격으로 서버를 추가하거나 제거할 수 있다. 아마존뿐만 아니라 마이크로소프트와 구글 등 많은 업체가 비슷한 서비스를 제공한다.

NIST는 클라우드의 정보에 접속할 수 있는 집단의 유형에 따라 4가지 배치 모델도 정의했지만 이 책에서는 다루지 않는다.

클라우드 컴퓨팅의 장점

클라우드 컴퓨팅에는 이런 장점이 있다.

- » **접근성**: 꼭 컴퓨터가 아니더라도 어떤 장비로든 클라우드에 접속하면 그 안의 애플리케이션과 데이터를 이용할 수 있다.
- » **백업**: 파일이 클라우드에 안전하게 보관되므로 욕조에 노트북을 빠트리거나 지하철에서 태블릿을 잃어버려도 데이터는 무사하다.
- » **종량제**: 사용량을 기준으로 요금이 부과된다.
- » **하드웨어 비용 절감**: 많은 연산 작업이 클라우드 내의 컴퓨터에서 처리되므로 최신 고성능 기기를 구입할 필요가 없다. 적당한 속도로 인터넷을 이용할 수 있는 컴퓨터면 충분하다. 그리고 파일이 모두 클라우드에 저장되니까 컴퓨터의 저장 공간도 많이 필요하지 않다. 크롬북같이 고속 인터넷을 지원하는 저렴한 노트북만 있어도 괜찮다.
- » **성능 향상**: 온갖 불필요한 기능까지 탑재한 프로그램을 실행하지 않아도 되기 때문에 컴퓨터의 메모리에 여유가 생겨서 다른 작업을 더

빠르게 처리할 수 있다.

» **유지관리 부담 감소**: 컴퓨터에 설치된 소프트웨어들이 서로 충돌해 발생하는 문제에서 해방되고 매번 새 버전을 설치할 필요도 없다.

» **최신 버전 이용**: 클라우드로 이용하는 소프트웨어는 항상 최신 버전이다.

» **협업 강화**: 모든 구성원이 클라우드를 이용하면 더 효율적으로 협업할 수 있다. 예를 들어 구글 문서를 이용하면 공동으로 문서를 작성하기가 수월해진다.

» **연산 능력 향상**: 단일한 컴퓨터의 연산 능력에는 한계가 있다. 하지만 클라우드를 이용하면 네트워크로 연결된 많은 컴퓨터의 연산 능력을 동원할 수 있다.

클라우드의 단점

클라우드도 완벽한 기술은 아니기 때문에 다음과 같은 단점이 존재한다.

» **인터넷 의존성**: 인터넷이 차단되거나 접속이 원활하지 않으면 당장 필요한 데이터와 소프트웨어를 이용하지 못할 수 있다. 그래서 많은 클라우드 애플리케이션이 데이터를 내려받는 기능을 제공하지만 이때는 추가 비용이 청구될 수 있다.

» **보안 취약성과 개인정보 유출 가능성**: 클라우드의 보안이 날로 강화되고 있음에도 많은 기업이 인터넷으로 데이터를 저장하기를 망설이는 태도도 이해가 간다. 당신의 데이터가 타인의 컴퓨터에 보관돼 있다

2장 호스팅과 클라우드

면 과연 그 데이터가 온전히 당신의 것이라고 할 수 있을까? 점점 더 우수한 보안 기법이 나온다 해도 악성 소프트웨어와 해킹의 위협 역시 커지고 있다(12장).

결론

인터넷이 급성장한 이유 중 하나는 호스팅이 쉬워졌기 때문이다. 이제 창업자들은 최신 호스팅 기술을 이용해 큰돈 들이지 않고도 신속하게 고객에게 제품을 제공할 수 있다. 그리고 클라우드 서비스를 선호하는 소비자가 늘어나면서 구식 시스템에 매여 클라우드를 충분히 이용하지 못하는 대기업에 비해 스타트업이 각광받고 있다.

그런데 당연한 말이지만 웹사이트를 클라우드에 호스팅하려면 일단 웹사이트를 제작해야 한다. 따라서 당신이 기존의 구닥다리 소프트웨어를 혁신하여 대박을 노리는 창업가가 됐건 첨단 웹 기술 서비스를 잘 활용하고 싶은 대기업 직원이 됐건 간에 웹 애플리케이션의 구조를 이해해야만 한다. 이제부터 본격적으로 마이애폴리를 개발하며 그 지식을 습득해보자.

3장

백엔드:
프로그래밍
언어

당신은 지난 보름 동안 마이애폴리의 미래를 구상했다. 그러면 이제 무엇을 해야 할까? 이 지점에서 좌초되는 프로젝트가 수두룩하다. 애플리케이션을 제작하려면 넘어야만 하는 기술적 장벽이 존재하기 때문이다. 애플리케이션은 프로그래밍 언어로 작성된다. 이렇게 프로그래밍 언어로 기술한 문서를 **소스코드**source code, 줄여서 코드라 부르고 코드를 작성하는 행위를 **코딩**coding이라고 한다. 코드에는 애플리케이션이 구동되고 반응하는 방식이 정의돼 있다. 다른 말로 하자면 애플리케이션을 실행했을 때 우리 눈에 보이는 영역과 보이지 않는 영역에서 처리되는 작업이 모두 코드 안에 정의돼 있다. 그래서 기술적으로 가장 먼저 정해야 할 사항은 사용할 프로그래밍 언어다. 파이선python, 루비Ruby, C 같은 언어를 들어봤을지도 모르겠다. 그러면 대체 프로그래밍 언어란 무엇이고 언어별로 어떤 차이점이 있을까? 프로그래밍 언어를 선택할 때는 어떤 점을 고려해야 할까?

프로그래밍 언어란 간단히 말해서 컴퓨터가 수행할 수 있는 명령어의 집합체다. 그 명령어를 조합해 애플리케이션의 행동을 정의하는 행위가 바로 프로그래밍이다. 당신의 팀은 프로그래밍 언어를 이용해 우선 마이애폴리의 **백엔드**back end를 정의할 것이다. 백엔드는 사용자의 행동을 처리하는 부분이다. 예를 들어 당신이 페이스북에서 '친구 추가' 버튼을 누르면 페이스북의 백엔드가 데이터베이스에서 정보를 추출해 당신이 기대하는 결과를 만든다. 이 경우에는 백엔드가 그 친구에게 메시지를 전송할 것이다. 또 다른 예로 구글의 백엔드는 당신이 입력한 검색어를 알고리즘에 전달해서 검색 결과를 도출한다. 백엔드를 정의하는 코드가 서버에 저장되기 때문에 백엔드를 서버 사이드server-side라고 부르기도 한다. 백엔드는 사용자가 **프런트엔드**front end로 조작할 수 있다. 프런트엔드는 사용자가 직접 상호작용할 수 있는 부분을 말한다. 페이스북으로 치면 '친구 추가' 버튼과 친구의 프로필 페이지가 프런트엔드에 속한다. 다시 말해 프런트엔드는 당신 눈에 보이는 부분이다. 프런트엔드에 대해서는 4장에서 더 자세히 알아보기로 하자.

프로그래밍 언어는 눈부신 속도로 발전한다. 그 속도를 따라가려면 일단 기본적인 용어를 숙지하고 프로그래밍 언어가 어떻게 분류되는지 알아야 한다. 그래야 당신의 필요와 상황에 맞는 언어를 적절히 선택할 수 있다.

프로그래밍 언어의 인기 순위는 해마다 바뀐다. 다음은 2022년 10월에 선정된 인기 언어를 2021년 10월과 비교한 표다.[2]

1위	파이선	(동일)
2위	C	(동일)
3위	자바	(동일)
4위	C++	(동일)
5위	C#	(동일)
6위	비주얼 베이식	(동일)
7위	자바스크립트	(동일)
8위	어셈블리어	(10위에서 상승) ↑
9위	PHP	(동일)
10위	SQL	(8위에서 하락) ↓

수준에 따른 분류

컴퓨터는 0과 1로 이뤄진 이진수만 이해할 수 있다. 모든 파일, 프로그램, 데이터가 기본적으로 0과 1의 조합이다. 여기서 각각의 0이나 1을 **비트**bit라 부르고, 8비트의 집합을 **바이트**byte라 부른다. 컴퓨터는 프로그래머가 지정한 유형(타입)에 맞춰 바이트를 해석한다. 예를 들어 01000001이라는 바이트가 있다고 해보자. 이 바이트의 타입이 수라면 65를 의미하지만, 문자라면 A로 해석된다. 그리고 이 책의 온라인판처럼 훨씬 분량이 많은 정보는 당연히 훨씬 많은 바이트로 구성된다(이때는 킬로바이트, 메가바이트, 기가바이트라는 단위를 쓴다). 만일 새로 산 휴대폰의 저장 공간이 16GB라고 적혀 있다면 정보를 16기가바이트까지 저장할 수 있다는 뜻이다.

이 0과 1의 조합으로 구성된 언어가 기계어다. 프로그래머가 기계어를 이용해서 비트와 바이트를 다루는 것도 불가능하진 않다. 하지만 0과 1만 써서 마이애폴리를 코딩한다고 한번 생각해보자. 시간도 품도 굉장히 많이 들고 고생스러울 것이다. 그래서 프로그래머들은 컴퓨터가 가장 쉽게 이해할 수 있는 언어인 기계어를 사용하지 않고, 비트로 대신 코딩해주는 간단한 함수들을 만들었다. 이 함수들의 집합이 **어셈블리어**assembly language다. 어셈블리어로 작성한 코드는 어셈블러를 통해 컴퓨터가 이해할 수 있는 이진수 코드로 변환된다.

하지만 어셈블리어를 사용하는 것도 고생스럽긴 마찬가지라서 프로그래머들은 더 강력한 명령어로 구성된 **고수준 언어**high-level language를 만들었다. 고수준 언어를 이용하면 인간의 언어에 더 가깝게 코드를 작성할 수 있다. 고수준 언어로 작성된 코드는 곧바로 기계어로 변환되거나 어셈블리어를 거쳐 기계어로 변환된다. 따라서 고수준 언어를 쓴다고 해서 코드로 표현할 수 있는 컴퓨터의 행동이 더 늘어나지는 않는다. 고수준 언어와 어셈블리어의 차이점은 샌드위치 만드는 법을 5단계로 간단히 설명하는 것과 고생스럽게 100단계로 나눠서 설명하는 것의 차이점과 같다고 할 수 있다.

PHP와 파이선 같은 언어가 '고수준'이라고 불리는 이유는 프로그래머가 비트와 바이트의 차원에 머물지 않고 추상적으로 생각할 수 있기 때문이다. 반대로 어셈블리어가 **저수준**low level인 이유는 하드웨어에 더 가깝기 때문이다. C와 같이 **중수준**middle level으로 분류되는 언어는 어셈블리어처럼 프로그래머가 비트의 차원에서 생각하게 만들면서도 어셈블리어보다 인간의 언어에 더 가깝고 명령어도 더 복잡하다.

고수준 언어의 처리

당신은 마이애폴리를 고수준 언어로 코딩하기로 했다. 고수준 언어도 다시 여러 기준에 따라 나눌 수 있다. 그중에서 유용한 분류법 중 하나는 컴퓨터가 언어를 읽는 방식에 따라 **컴파일 언어**compiled language와 **인터프리터 언어**interpreted language로 나누는 것이다.[3]

컴파일 언어는 컴파일러를 사용해 코드를 컴퓨터가 이해할 수 있는 언어로 변환한다. 당신이 C나 자바Java로 마이애폴리를 코딩한다면 컴파일 언어를 사용하는 것이고, 이때 사용되는 언어를 **원시 언어**source language라 부른다. 컴파일러는 영어책을 프랑스어로 번역하는 것처럼 원시 언어로 작성된 코드를 기계가 실행할 수 있는 코드로 번역한다. 컴파일 언어로 작성된 코드는 실행 속도가 빠른 대신 작성하는 시간, 즉 개발 시간이 많이 소요된다(11장).

PHP 같은 인터프리터 언어는 실시간으로 번역된다. 비유하자면 발표자가 영어로 하는 말을 동시통역사가 프랑스어로 옮기는 것과 같다. 그래서 컴파일 언어보다 실행 속도가 한두 박자 느리다. 프랑스인이 이 책의 프랑스어판을 읽을 때와, 이 책의 영어판을 통역사가 실시간으로 통역해주는 말을 들을 때의 차이라고 생각하면 이해하기 쉬울 것이다. 그리고 이처럼 확실하게 드러나는 단점은 아니지만 인터프리터 언어는 대체로 컴파일 언어보다 메모리를 더 많이 사용하기 때문에 효율성이 떨어진다. 요컨대 인터프리터 언어로 코드를 작성하면 컴파일 언어에 비해 실행 속도가 느린 대신 개발 시간은 훨씬 절약된다.

그 밖의 고수준 언어 분류법

지금부터 이어지는 설명은 코딩 경험이 있다면 더 쉽게 이해될 테지만, 어쨌든 요점은 언어별로 용도가 다르다는 것이다. 복잡한 주식 매매 알고리즘을 만드는 데 적합한 언어가 있는가 하면 학생 명단을 성적순으로 정렬하는 간단한 프로그램을 만들기에 알맞은 언어도 있다.

사실 프로그래밍 언어를 종류별로 분류하기란 쉽지 않다. 만일 당신에게 단 한 가지 기준으로 세상의 모든 개를 분류하라고 한다면 아마 난감할 것이다. 이렇게 저렇게 시도해봐도 결국에는 이 집단과 저 집단 사이에 겹치는 영역이 생긴다. 래브라두들(래브라도 레트리버와 푸들의 교배종—옮긴이)과 코커푸(코커스패니얼과 푸들의 교배종—옮긴이)처럼 프로그래밍 언어도 명쾌히 어느 쪽이라고 나눌 수 없는 경우가 많다. 그렇긴 해도 다음의 분류법은 IT업계에서 흔히 들을 수 있는 키워드를 포함한다는 점에서 유용할 것이다.

» **명령형 언어**imperative language는 목적을 '어떻게' 달성할지에 초점이 맞춰져 있고, 주로 변수를 생성하고 변경하는 명령어를 순차적으로

나열하여 작성된다. 대표적인 예가 C와 자바다. 명령형 언어와 대조되는 **선언형 언어**declarative language는 목적이 '무엇'인가에 초점이 맞춰져 있고 그것을 '어떻게' 달성할지는 프로그래밍 언어에게 위임한다. 구조화된 질의어SQL, Structured Query Language와 정규표현식이 그예다.

» **함수형 언어**functional language는 변수와 반복이 아닌 함수와 재귀를 주로 이용하는 언어다. CAML, 표준ML, 스킴, 리스프, 하스켈이 이에 속한다.

» **객체 지향 언어**object-oriented language는 **객체**를 만들어 정보를 저장하고 명령어를 실행한다. 예를 들어 학생지원처의 업무를 처리하기 위한 애플리케이션을 개발할 때 각 학생에 대한 객체를 만들 수 있다. 이 객체에는 학생의 이름과 지도교수 같은 데이터를 정의하는 **변수**variable가 포함되고, 또 컴퓨터가 학생의 성적을 어떻게 불러오며 강의 목록을 어떻게 표현해야 하는지 등을 알려주는 함수, 전문용어로 **메소드**method가 포함된다. 학생을 설명할 때 유용하게 쓸 수 있는 데이터는 무엇이든 이 객체 내에 정의된다. 그리고 객체 지향 언어를 사용할 때는 공통된 속성을 한곳에 정의하는 **추상화**abstraction가 가능하다. 예를 들어 교수 객체도 만들고 싶다고 해보자. 교수 객체에는 교수의 이름을 저장하는 변수와 강의 목록을 보여주는 메소드가 포함될 것이다. 그런데 이는 이미 학생 객체에 정의돼 있다. 그렇다면 학생 객체와 똑같은 변수와 메소드를 교수 객체에 다시 정의할 필요 없이 '학문인'이라는 객체를 만들고 그 객체의 타입을 학생과 교수로 나누면 된다. 객체 지향 언어로는 자바와 C++(C 플러스 플러스, 줄여서 시

플플―옮긴이)이 있다.

» **스크립트 언어**scripting language는 명령형 언어 및 객체 지향 언어와 비슷한 점이 많다. 스크립트 언어는 약타입weakly typed 언어다. 변수의 타입을 유연하게 정의하고 변환할 수 있다는 뜻이다. 앞에서 변수에 수나 문자 같은 타입을 지정해야 컴퓨터가 그 안의 바이트를 우리의 의도대로 해석할 수 있다고 했다. 그런데 타입을 엄밀하게 지정할 필요가 없으면 개발 속도가 빨라지는 대신 신뢰성(다음 단락에서 알아볼 것이다)은 떨어진다. 파이선과 루비 같은 스크립트 언어는 API와 데이터베이스 등 여타 시스템과 쉽게 연계된다(6장).

» **병렬 프로그래밍 언어**parallel programming language는 여러 작업이 동시에 진행되게 할 수 있다. 일반적으로 병렬화는 프로세스의 속도를 높이거나(A와 B를 동시에 검사하는 게 하나씩 검사하는 것보다 빠르다) 동시에 발생할 수 있는 사건들에 대응하는 목적으로 사용된다.

» **질의어**query language는 데이터베이스를 조작할 때 사용된다(5장).

» **마크업 언어**markup language는 태그와 특수문자를 이용해 문서에 구조를 만드는 언어다(4장). 그 구조는 주로 문서의 내용을 화면에 보기 좋게 표현하기 위해 사용된다. HTML과 XML이 대표적이다.

적절한 언어 선택하기

이제 프로그래밍 언어가 무엇이고 어떤 종류가 있는지 알게 됐지만 막상 마이애폴리 개발에 사용할 언어를 고르려고 하면 여전히 막막할 것이다. 언어의 설계 원리를 알면 각 언어의 적합성을 판단할 때 도움이 되지만 가장 중요하게 봐야 할 점은 역시 실용성이다.

설계 측면에서 고려할 점

어떤 프로그래밍 언어가 목적에 부합할지 판단하기 위해서는 먼저 다음과 같이 언어의 설계와 관련된 요소를 따져봐야 한다.

» **응용의 자연스러움**은 어떤 언어가 제공하는 기능과 개념이 개발하고자 하는 프로그램의 성격에 부합해서 코딩이 비교적 수월하다는 의미다. 객체 지향 언어가 인기를 끄는 이유는 기본적으로 프로그래머가 여러 방식으로 문제의 해법을 생각할 수 있어서 용도가 다양하기 때문이다.

» **신뢰성**은 프로그램이 항상 동일하게 작동한다는 뜻한다. 프로그램은 실행되는 동안(런타임runtime 동안) 혹은 컴파일되는 동안 이런저런 오류가 발생할 수 있다(주로 컴퓨터가 변수의 바이트를 잘못 해석해서 발생한다). 컴파일할 때 오류를 잡으면 런타임 때 잡는 것보다 비용을 아낄 수 있지만, 앞에서 말했듯이 컴파일 언어는 대체로 개발 시간이 더 길다. 개발 비용과 신뢰성 사이의 줄다리기는 프로그래머가 심심 찮게 마주하는 문제다(11장).

» **추상화 지원성**(추상화는 앞의 단락에서 설명했다)은 복잡한 구조나 작업을 정의할 때 세세한 부분을 무시할 수 있다는 의미다.

» **이식성**은 다른 프로그래밍 언어로 쉽게 번역할 수 있다는 의미다. 예를 들어 신종 프로그래밍 언어 두 개 중에서 고민이라면 기존의 언어

로 번역하기 쉬운 쪽을 택해도 좋을 것이다.

» **효율성**은 코드가 실행되는 데 걸리는 시간을 뜻하고 보통은 추상화 지원성과 반비례한다. 저수준 언어를 사용하면 메모리를 더 상세히 조작하여 사용자에게 더 쾌적한 경험을 제공할 수 있다(11장).

실용성 측면에서 고려할 점

마이애폴리의 개발에 사용할 언어를 선택할 때는 무엇보다도 다음과 같이 실용적인 차원을 중요하게 따져봐야 한다.

» **응용성**: 목적에 맞지 않는 언어를 쓰면 코드가 쓸데없이 복잡해진다.

» **문서화**: 언어의 문법(코드를 작성할 때 따라야 하는 규칙), 용례, 용어를 정리해놓은 자료가 잘 갖춰진 언어일수록 사용하기 편하다. 특히 해당 언어를 배워가면서 코딩해야 할 때는 더욱 그렇다.

» **개발 속도**: 예전에는 프로세서가 느리고 메모리의 제약이 심했기 때문에 실행 속도와 메모리 사용량이 언어를 선택하는 중요한 기준이었다. 그러나 지금은 하드웨어가 점점 더 저렴해지면서 프로그래머를 새로 고용하는 비용보다 하드웨어를 새로 구입하는 비용이 더 싸졌기 때문에 실행 속도보다 개발 속도가 중요해졌다.

» **지속적 업데이트**: PHP와 파이선처럼 인기 있는 언어는 프로그래머들의 피드백을 반영해서 정기적으로 업데이트된다. 보통은 업데이트가 될 때마다 지시 사항을 표현하기가 쉬워지고, 사용 가능한 명령어가 늘어나고, 언어 자체의 문제점이 해결된다.

» **유지보수성**: 유지보수성은 언어의 간결성 및 가독성과 연관이 있다.

마이애폴리가 잠깐 반짝하고 사라지지 않으려면 시간이 지나면서 생기는 필요에 맞춰 새로운 프로그래머를 기용해야 할 것이다. 이때 코드를 이해하고 수정하고 보강하는 작업이 악몽 같다면 제품의 업데이트에 심각한 차질이 생길 수밖에 없다.

» **커뮤니티**: 인기 있는 언어의 장점 중 하나는 그 언어를 사용하는 프로그래머들이 거대한 커뮤니티를 형성한다는 것이다. 사용하는 사람이 많을수록 당신이 구현하고자 하는 행동을 이미 다른 사람이 프로그래밍해놓았을 가능성이 크다. 온라인 게시판과 블로그(스택 오버플로 Stack Overflow가 유명하다)에 수두룩하게 존재하는 샘플 코드를 잘 이용하면 개발 속도를 높이고 고생을 덜 수 있다.

» **구인 용이성**: 큰 커뮤니티가 존재하면 그만큼 전문가를 기용하기도 쉽다. 반대로 잘 알려지지 않은 언어를 선택하면 그 언어에 숙달된 사람을 추가로 영입해야 할 때 고생할 수 있다.

» **API, 라이브러리, 도구**: 커뮤니티가 클수록 당신의 프로그램에 바로 추가해서 개발 시간을 단축하는 도구를 구하기 쉽다(6장). 이런 도구들은 웹 애플리케이션에 보편적으로 존재하는 기능을 구현함으로써 개발 속도를 높여준다.

» **통합 개발 환경**IDE, Integrated Development Environment: 통합 개발 환경은 코드 작성용 편집기, 코드 변환용 컴파일러, 오류 색출용 디버거를 포함해 프로젝트 관리에 유용한 도구를 한데 모은 애플리케이션이다. 이렇게 제품 개발용 도구들을 결합해놓은 '프로그래밍 환경'은 당연히 중요하다. 지원 도구가 잘 갖춰진 언어를 선택하면 그만큼 개발 효율이 좋아진다.

결론

마이애폴리를 어떤 언어로 개발할지 고심하던 당신은 요즘 스타트업들이 다른 무엇보다 개발 속도를 중요시한다는 사실을 알게 된다. 그 이유는 크게 두 가지다. 첫째, 하드웨어의 가격이 점점 더 저렴해지고 있고(14장) 둘째, 신속한 이터레이션을 강조하는 개발론이 대세이기 때문이다(8장). 당신의 경쟁자들은 최대한 빠르게 제품을 개발하고 있다. 그 경쟁에서 앞서고 싶은 당신은 이 장에서 설명한 고려 사항을 신속히 검토한 후 현재 가장 인기 있는 스크립트 언어를 선택한다. 이제 더는 허비할 시간이 없다.

4장

프런트엔드:
표현

프로그래밍 언어를 선택하는 것도 중요하지만 프런트엔드가 없으면 사용자가 아무것도 할 수 없다. 앞에서 말했듯이 프런트엔드는 사용자와 백엔드를 이어주는 매개체다. 바꿔 말하자면 어떤 웹페이지에서 사용자가 볼 수 있는 요소와 수행할 수 있는 행동을 모두 합친 것이 프런트엔드다. 당신은 마이애폴리의 외관을 어떻게 디자인할지, 어떤 페이지를 만들고 각 페이지를 어떻게 연결할지(예: 1페이지의 A 버튼을 누르면 9페이지로 이동) 생각한다. 그리고 마이애폴리에 넣고 싶은 기능을 확정하고 각 페이지의 와이어프레임을 작성한다.

와이어프레임은 선으로 잡은 페이지의 윤곽으로, 사용자에게 표시되는 화면의 간단한 설계도라고 할 수 있다. 와이어프레임을 작성하다 보면 자연스럽게 정보 디자인과 인터랙션 디자인을 생각하게 된다. **정보 디자인**information design은 사용자에게 전하려는 콘텐츠나 메시지를 표현하는 방식을 디자인하는 것이고, **인터랙션 디자인** interaction design은 사용자가 어떤 작업을 완료하기 위해 수행해야 하는 일련의 행동을 디자인하는 것이다. 예를 들어 아마존에서 상품 설명과 리뷰를 어디에 배치할지 정하는 일은 정보 디자인의 영역이고,

사용자가 상품을 보고서 장바구니에 넣고 결제하는 연속된 과정을 생각하는 일은 인터랙션 디자인의 영역이다.

프런트엔드를 디자인할 때는 사용자 인터페이스와 사용자 경험도 고려해야 한다. **사용자 인터페이스**UI, User Interface는 애플리케이션의 모양새를 말한다. UI가 좋으면 애플리케이션의 사용법을 직관적으로 알 수 있지만, 그 반대라면 어수선하게 보이며 사용법이 쉽게 와닿지 않는다. **사용자 경험**UX, User eXperience은 애플리케이션을 사용할 때 받는 느낌이다. 당신은 긍정적인 UX를 만들기 위해 항상 노력해야 한다. 긍정적인 UX는 백엔드가 원활히 작동하고, UI가 이해하기 쉽고, 정보 및 인터랙션 디자인이 세심히 이뤄졌을 때 탄생한다.

당신은 최고기술책임자CTO와 함께 종이에 스케치한 마이애폴리의 시제품 모형, 즉 목업mock-up을 검토한다. 어떻게 하면 그 디자인대로 웹사이트를 만들 수 있을까? 어떻게 하면 최신 웹페이지에서 흔히 보이는 상호작용 효과를 구현할 수 있을까? 이처럼 애플리케이션의 표현 계층presentation layer을 디자인하고 UX를 정의할 때 거의 필수적으로 사용되는 언어와 도구가 있으니까, 그 기본적인 지식을 갖추면 좋을 것이다.

프런트엔드에 사용되는 기술

애플리케이션의 표현 계층을 만들 때 표준적으로 사용되는 도구로는 HTML/XHTML, CSS, 자바스크립트, 에이잭스가 있다.

HTML

HTML은 웹페이지의 내용과 구조를 정의하는 마크업 언어다. 3장에서도 설명했지만 마크업 언어는 태그와 특수문자를 이용해 문서의 구조를 잡는다. 태그는 컨테이너 태그와 독립 태그로 나뉜다. 컨테이너 태그는 두 태그 사이에 포함되는 문구의 서식이나 맥락을 정의한다. 예를 들어 <h1>내 책을 읽으세요</h1>라는 문장이 있다고 해보자. 브라우저가 웹페이지의 마크업 코드를 번역(렌더링)할 때 여는 태그인 <h1>을 만나면 이제부터 나오는 문구를 크고 굵게 표시해야 한다고 인식한다. 그래서 **내 책을 읽으세요**가 제목처럼 표시된다. 닫는 태그인 </h1>은 브라우저에게 이제 문자를 크고 굵게 표시할 필요가 없고 다음 태그가 나올 때까지 코드를 마저 읽으라고 알려준다. 이런 태그는 중첩도 가능하다. 만약에 제목을 기울임꼴로 표시하고 싶다면 이렇게 쓰면 된다. <h1>기울임꼴 제목</h1>. 이처럼 여는 태그와 닫는 태그로 서식을 지정하는 컨테이너 태그와 달리 독립 태그는 특정한 효과를 내기 위해 사용한다. 예를 들어 브라우저는 HTML 파일에서
을 만나면 줄 바꿈을 한 후 나머지 코드를 읽는다.

이렇듯 마크업 언어는 태그를 조합해서 문서의 구조를 정의한다. 그리고 스타일시트(CSS와 함께 알아볼 것이다)는 렌더링된 문서가 밋밋해 보이지 않게 태그에 스타일을 더한다. 이렇게 스타일을 잡아주지 않으면 모든 웹페이지가 글꼴과 색상이 동일하여 천편일률적으로 보일 것이다. 스타일시트는 브라우저에게 "<h1> 태그는 다른 글꼴로 표현해!" 같은 지시 사항을 전달한다. 그래서 마크업 문서와 스타일시트가 웹페이지의 필수 구성품이다.

스타일시트 설명은 일단 여기까지만 하고 다시 HTML 이야기로 돌아가자. HTML은 1980년대에 팀 버너스리가 **표준 범용문서 마크업 언어**SGML, Standard Generalized Markup Language라는 '메타언어'를 이용해 만든 것으로, 웹페이지를 표현할 때 가장 핵심이 되는 마크업 언어다. HTML도 다른 마크업 언어들과 마찬가지로 태그를 계층적으로 넣어 웹페이지의 텍스트를 구조화한다. HTML 태그는 앞에서 굵게 표시하는 태그(<h1>) 안에 기울임꼴 태그(<i>)를 넣은 것처럼 중첩 가능하다. 사용자가 웹페이지에 접속하면 브라우저는 HTML 파일을 읽어서 인간이 보기 좋은 형태로 렌더링한다.

HTML 페이지는 기본적으로 여섯 부분으로 구성된다.

» <!DOCTYPE>: HTML과 XHTML(잠시 후 알아볼 것이다)은 지금까지 수차례 버전업됐다. 그래서 웹페이지마다 사용되는 마크업 언어의 버전과 형식이 다르다는 문제가 존재한다. 당신이 즐겨 찾는 웹사이트에 접속했을 때 브라우저는 그 페이지가 어떤 마크업 언어로 작성됐는지 어떻게 알 수 있을까? 그것을 모르면 태그를 잘못 해석하거나 아예 페이지를 표시하지 못할 수 있다. 그래서 문서 형식 선언DTD, Document Type Definition/Declaration, 다른 말로 DOCTYPE(독타입)을 통해 브라우저에게 해당 페이지가 어떤 마크업 언어로 작성됐는지 알려줘야 한다.

» <html>: 문서를 구성하는 모든 태그와 요소가 포함된다(DOCTYPE 제외). 브라우저가 렌더링해야 하는 영역을 설명한다고 볼 수 있다.

» **<head>**: 브라우저가 문서의 나머지 부분을 읽기 위해 알아야 할 정보가 들어간다. 문서의 제목 외에도 스크립트, 메타 정보, 스타일시트가 포함되는데 이에 대해서는 잠시 후에 다룰 것이다.

» **<title>**: 웹페이지의 제목을 정의한다. 제목이 단순히 사용자에게 정보를 전달하는 기능만 한다고 생각하지 말자. 제목을 잘 지어야 검색 엔진 최적화SEO로 검색 결과에서 순위를 높일 수 있다(10장).

» **<meta>**: 웹페이지의 키워드, 내용 설명 같은 정보를 브라우저에 전달한다. 역시 SEO에 중요하다.

» **<body>**: 브라우저가 실제로 페이지를 표시하기 위해 읽어야 하는 요소, 즉 텍스트, 이미지, 링크 등이 모두 포함된다.

이 밖에도 이미지, 표, 목록 등 각종 요소를 효과적으로 표시하기 위한 태그가 수없이 존재한다. 태그에 속성을 지정하면 더 자세한 내용을 기술할 수 있다. 예를 들면 속성을 지정하여, 스타일을 잡는 데 필요한 정보를 전달할 수 있다. 최신판인 HTML5에서는 애니메이션 구현, 위치정보 수집, 터치스크린 지원, 멀티미디어 콘텐츠 재생 같은 신기능이 추가됐다.

이어서 HTML 말고 다른 마크업 언어와, 웹페이지 디자인을 논할 때 흔히 듣는 용어들을 알아보자.

XML과 XHTML

확장성 마크업 언어XML, eXtensible Markup Language는 마크업 메타언어다. 쉽게 말해 다른 마크업 언어를 정의한다는 의미다. 따라서 어떤 면에서는 HTML의 기초가 된 SGML과 유사하다. 하지만 SGML보다 훨씬 간편하다. XML은 문서와 스타일시트로 구성된다. 문서에는 앞에서 설명한 것처럼 태그와 요소가 들어가고 스타일시트에는 다양한 요소의 스타일이 지정된다.

그런데 왜 XML이 필요할까? SGML은 복잡하고 웬만해서는 필요 없는 부분이 많다. 그래서 HTML은 규칙을 엄격하게 따지지 않고 어느 정도 오류를 허용한다. 그러다 보니 똑같은 HTML 문서라도 브라우저나 장치에 따라서 다르게 렌더링될 수 있다. 그러면 개발자는 UI를 관리하기가 어려워진다. 이런 HTML과 비교하면 XML은 엄격한 언어로서 반드시 준수해야 하는 규약이 존재한다. 만약에 XML을 이용해 HTML의 단점을 보완한 마크업 언어가 있다면 기존만큼 많은 문제에 봉착하지 않을 것이다. 그런 발상에서 탄생한 언어가 바로 XHTML이다. XHTML은 HTML보다 코딩 규약이 엄격하기 때문에 XHTML로 작성한 페이지는 서로 다른 장치와 브라우저에서도 유사하게 표현된다. 다만 XHTML은 **하위 호환성**backward compatible이 없으므로 구형 브라우저는 최신 버전 XHTML을 읽지 못할 수 있다.

CSS

종속 스타일시트CSS, Cascading Style Sheet는 브라우저에 각종 HTML/XHTML 요소를 어떤 스타일로 표현하고 어디에 배치해야 하는지 알려주는 언어다. CSS 문법은 간단히 선택자와 선언으로 구성된다. 선택자는 어떤 HTML 태그의 스타일을 정의하려는지 알려주고, 선언은 실제로 적용할 스타일의 내용을 담는다.

CSS 코드가 배치될 수 있는 곳은 세 군데다. 첫째, 태그 안에 배치될 수 있다. 예를 들어 <h1 style="color:blue">파란색 제목</h1>이라고 쓰면 브라우저는 이 제목을 파란색으로 표시하라는 뜻으로 해석한다. 둘째, 스타일 코드를 문서의 최상단에 있는 <head> 태그 안에 몰아서 배치할 수 있다. 그러면 브라우저가 알아서 스타일 코드에 지정된 HTML 태그를 지정된 스타일로 표시한다. 셋째, 별도의 파일로 작성해 HTML 페이지 안에서 링크할 수 있다. 그러면 역시 브라우저가 알아서 각 태그에 스타일을 입힌다. 이 중에서 가장 권장되는 방식은 별도의 CSS 파일을 만드는 것이다. 이유는 다음과 같다.

» **가독성**: 문서의 구조를 정의하는 코드와 스타일을 정의하는 코드가 서로 잘 구별된다.

» **속도**: 로딩 시간이 줄어든다.

» **유지보수**: 웹사이트의 스타일을 바꾼다고 해보자. 만일 CSS가 태그 안에 들어 있다면 HTML 파일 전체를 뜯어고쳐야 하겠지만, CSS가 외부 파일에 저장돼 있다면 그 파일만 손보면 된다. 아니면 아예 스타일버전2.css라는 파일을 새로 만들어서 HTML 문서 내의 링크만 바꾸는 방법도 있다. 그때그때 링크된 파일을 스타일버전1.css에서 스타일버전2.css로 바꿔서 웹사이트의 분위기를 바꿀 수도 있다. 이런 장점은 추상화와 비슷하다(3장).

CSS는 상속성inheritance이 있어서 '부모' 요소의 스타일이 '자식'

요소에게 상속된다. 다시 말해 A요소 안에 B요소가 있으면 B요소는 A요소의 스타일을 물려받는다. 이것이 CSS의 C에 해당하는 종속 cascading의 의미다.

CSS를 이용해 설정 가능한 스타일은 기본적으로 다음과 같이 8개로 분류할 수 있다.

» **글자**: 글꼴, 색깔 등

» **배경**: 배경색, 배경 이미지 등

» **블록**: 글자 간격, 단어 간격, 줄 간격 등

» **박스**: 너비, 높이, 위치 정렬 등

» **테두리**: 형태, 색깔 등

» **목록**: 형태, 기호 위치 등

» **배치**: 위치, 높이, 가시성 등

» **기타**: 페이지 나눔, 커서 등

CSS에서는 기본적으로 각각의 요소가 중첩 가능한 박스의 형태로 배치된다고 상정한다. 박스의 중앙에 내용이 있고, 그것을 안쪽 여백이 둘러싸며, 그 밖에 테두리와 바깥 여백이 존재한다. 따라서 CSS를 이용한 웹페이지 디자인이란 화면에 박스를 배치하는 것이라 볼 수 있다.

자바스크립트

HTML과 CSS만 써서 만든 웹사이트는 보기에는 좋아도 상호작용

성이 부족하다. 그래서 드롭다운 메뉴(화면에 표시된 주 메뉴를 선택하면 아래에 하위 메뉴가 펼쳐지는 형태의 메뉴—옮긴이), 마우스 커서를 대면 나오는 설명문을 비롯해 많은 요소를 조작할 수 있게 해주는 자바스크립트JavaScript가 필요하다. 객체 지향 스크립트 언어(3장)인 자바스크립트는 HTML 문서 안에 존재하고 브라우저(사이트에 접속하는 '클라이언트')에 의해 렌더링된다. 즉, **클라이언트 사이드**client-side에서 처리된다. 그래서 다른 스크립트 언어들과 달리 백엔드가 아닌 프런트엔드로 취급된다. 서버에서 실행되지 않는 것이다.

넷스케이프Netscape 브라우저에 최초로 도입된 자바스크립트는 이제 웹상에서 안 쓰이는 곳이 없을 정도로 보편적인 언어가 됐다. 그래서 마이애폴리도 자바스크립트를 이용해 더 동적인 상호작용과 애니메이션을 구현하기로 한다. 가령 마이애폴리 로고를 클릭했을 때 안내 팝업창을 띄우고 싶다면 어떻게 해야 할까? 로고가 들어간 HTML 요소를 **이벤트 핸들러**event handler(이벤트 처리기)와 연계하면 된다. 이벤트 핸들러는 특정한 이벤트, 즉 사용자의 행동이 발생했을 때 지정된 자바스크립트 함수를 실행한다. 이 경우에 이벤트 핸들러는 사용자가 로고를 클릭했을 때 팝업창을 만들어 화면에 띄울 것이다. 이처럼 자바스크립트는 주로 이벤트, 이벤트 핸들러, 함수를 통해 웹페이지에 상호작용성을 더한다.

CSS와 마찬가지로 자바스크립트도 HTML 문서의 <head> 안에 직접 넣어도 되고 별도의 .js 파일로 만들어서 링크해도 된다.

| 문서 객체 모델과 DHTML |

사용자가 마이애폴리 로고를 클릭해서 팝업창이 떴을 때 배경색을 바꾸고 싶다면 어떻게 해야 할까? 자바스크립트로 팝업창을 띄우면서 페이지의 배경색을 지정하는 HTML/CSS 코드도 수정해야 하기 때문에 좀더 복잡한 작업이 될 것이다. 이렇게 정적인 HTML에 자바스크립트를 결합한 형태인 **동적 HTML**DHTML, Dynamic HTML은 **문서 객체 모델**DOM, Document Object Model로 구현된다. 월드와이드웹 컨소시엄w3c의 정의를 빌리자면, DOM은 "프로그램과 스크립트가 문서의 내용, 구조, 스타일을 동적으로 확인하고 갱신할 수 있게 하는 플랫폼 중립적이고 언어 중립적인 인터페이스"다. DOM은 HTML 페이지의 모든 요소를 객체로 정의하고 요소들의 중첩 구조를 토대로 트리 구조(최상단의 꼭짓점에서 하위 요소들이 순차적으로 분화하는 나무 형태의 자료 구조—옮긴이)를 만든다. 그러면 원하는 요소를 쉽게 호출하여 모든 요소에 상호작용성을 더할 수 있다. 이론상으로는 문서 내의 어떤 요소든 간에 트리의 꼭짓점부터 시작되는 경로를 추적함으로써 호출할 수 있다. 그렇게 호출한 요소를 조작해 원하는 효과를 넣으면 된다.

에이잭스

에이잭스Ajax도 DHTML처럼 여러 기술의 혼합체다. 2005년에 탄생한 에이잭스는 비동기적 자바스크립트와 XMLAsynchronous JavaScript and XML의 약자로 CSS, HTML, DOM, XML, XMLHttpRequest를 결합해 웹페이지가 배후에서 기능을 수행하게 만든다. 그 과정을 하나씩 뜯어보면 이렇다. 마이애폴리에 사용자가 거주하는 주를 입력받는 칸이 존재한다고 해보자. 최신 웹사이트는 이럴 때 동적인 드롭다운 메뉴로 추천 항목을 보여준다. 가령 M을 입력하면 M으로 시작되는 주들이 자동으로 검색 상자 밑에 나열되고 여기서 또 A를 입력하면 Massachusetts(매사추세츠)가 뜨는 식이다. 만일 에이잭스를 사용하지 않으면 사용자가 새로운 문자를 입력할 때마다 웹페이지가 새로고침되어 목록을 갱신해야 한다. 문자가 입력되면 웹사이트는 데이터베이스에서 해당하는 주를 검색하고, 그 정보를 표시하기 위해 웹페이지가 새로고침된다. 새로고침을 한 번 할 때마다 0.5초씩 걸린다고 해도 사용자는 짜증이 날 것이다. 즉, UX가 나빠진다.

그러면 에이잭스는 어떻게 작동할까? 에이잭스는 새로운 내용을 표시하기 위해 일일이 페이지를 새로고침하지 않고, 사용자가 요청하는 데이터를 서버에서 클라이언트로 전송한다. 이때 XML을 이용해 데이터를 구조화하고 XHTML, CSS, DOM, 자바스크립트를 이용해 페이지 내에서 그 데이터에 해당하는 부분만 갱신한다. 여기서 중요한 점은 이 작업이 모두 비동기적으로 이뤄진다는 것이다. 쉽게 말해 사용자는 배후에서 무슨 일이 일어나는지 인지하지 못한다. 에이잭스가 서버에서 최신 정보를 가져오는 동안 사용자는 계속해서 페이지를 이용할 수 있다. 에이잭스는 복잡한 기술이지만, 이를 훨씬 편하게 쓰도록 해주는 툴키트(개발에 유용한 도구들을 모아놓은 소프트웨어—옮긴이)도 많이 나왔다.

에이잭스도 신형 브라우저에서만 작동하기 때문에 하위 호환성이 부족하다.

이식성과 접근성

웹페이지를 렌더링할 때 반드시 따라야 하는 표준이 존재하지 않기 때문에 브라우저마다 HTML와 CSS를 렌더링하는 방식이 조금씩 다르다. 그래서 사파리에서는 잘 나오는 웹페이지가 익스플로러에서는 이상하게 보일 수 있다. 윈도우에서는 멀쩡한 웹페이지가 맥에서는 깨질 수도 있다. 그뿐만 아니라 기술이 항상 발전하기 때문에 같은 크롬 브라우저를 쓴다고 해도 최신 버전에서는 잘 보이는 부분이 구버전에서는 안 보일 수 있다. 따라서 당신이 개발하는 웹사이트가 모든 사용자에게 동일하게 보일 것이라고 예단하면 안 된다. 물론 모든 기기와 모든 화면에서 아름답게 렌더링되는 웹사이트를 만들 수 있다면 좋겠지만 어디까지나 이상적인 이야기일 뿐이다. 그래서 우리에게는 웹표준과 같은 해법이 필요하다.

웹표준

자동차 회사마다 사용하는 유종이 제각각이라고 해보자. 주유소에서 모든 유종을 갖춰놓기란 불가능할 것이다. 그래서 자동차업계는 일찍부터 표준을 정해서 몇 가지 유종만 쓰기로 했다.

지금 인터넷은 표준 유종이 없는 시장과 같다. 그래서 코딩과 렌더링을 할 때 준수해야 할 웹표준이 존재한다면 이식성과 접근성의 문제가 훨씬 수월하게 해결될 것이다. 그런 표준을 마련하는 곳이 "가맹단체, 상근 직원, 대중이 협력해 웹표준을 개발하는 국제조직"인 W3C다. W3C는 엄격한 규정이 아니라 권고안을 제정한다. 그래도 최근에 이 권고안을 따르는 것이 대세가 되었으니 개발자에게도 사용자에게도 무척 고무적인 일이다.

웹페이지가 W3C 권고안에 잘 부합하는지 알려주는 검사기도 많이 나왔다. 이런 검사기를 이용하면 웹페이지의 접근성을 크게 향상하고 렌더링 시간을 줄일 수 있다. 그리고 검색엔진 최적화(10장)에도 도움이 된다.

반응형 디자인

웹사이트에 접속한 사람이 어떤 기기를 사용 중인지 안다면 어떨까? 그러면 그 기기에 맞춘 페이지를 보여줄 수 있을 것이다. 이를 구현하는 기술이 바로 **반응형 디자인**responsive design이다. 사용자의 접속 지역과 기기가 모두 식별되기 때문에 그에 맞는 CSS나 코드로 더 쾌적한 경험을 제공할 수 있다. 하지만 짐작하다시피 모든 브라우저와 기기의 조합을 고려하기는 어렵다.

결론

당신은 이제 마이애폴리의 목업을 프런트엔드로 변환하기 위해 알아야 할 기본적인 개념을 다 익혔다. CTO에게 가서 웹사이트의 기능을 구현하는 원리와 사용자의 행동을 처리하는 데 사용하는 프로그래밍 언어를 다 알고 있다고 당당히 말해도 좋다. 그런데 백엔드는 어떤 원리로 사용자의 이름과 친구 목록 같은 정보를 기억하고 정리할까? 이 질문에 답하려면 다음 장의 주제인 데이터베이스를 이해해야 한다.

5장

데이터베이스:
모델

기업이 수집하는 데이터는 그 자체로 귀한 자산이다. 내가 지역 사업체들에 데이터를 제공하는 스타트업에서 일할 때 주업무는 음식점 메뉴 수집이었다. 그리하여 다양한 음식점에서 파는 요리의 종류와 가격을 정리한 데이터베이스가 생기자 재미있는 사실을 많이 알게 됐다. 예를 들면 샌프란시스코에서 판매되는 피자의 평균 가격은 얼마일까? 내가 묵는 호텔을 기준으로 반경 10킬로미터 내에서 김치가 나오는 식당은 어디일까? 이처럼 특별한 데이터를 수집하면 이전에는 답하지 못했던 질문에 답할 수 있게 된다.

당신이 알아야 할 '전형적인' 애플리케이션의 구성 요소 중에서 마지막 항목은 흔히 **모델**model이라고도 부르는 **데이터베이스**database 다. 사용자가 마이애폴리에 가입하려면 정보를 입력해야 한다. 그리고 당신은 사용자 데이터를 어딘가에 보관해야 한다. 아이디, 비밀번호, 로그인 횟수 등 당신이 저장해야 하는 정보의 양은 사이트가 성장할수록 기하급수적으로 증가한다. 이 장에서는 팀원들이 어떤 종류의 데이터베이스를 이용하고 어떻게 데이터를 정리할지 논할 때 당신도 대화에 낄 수 있도록 중요한 개념들을 알아보기로 하자. 단,

실제 프로그래밍에서 데이터베이스에 데이터를 입력하고 갱신하는 방법을 논하지는 않고, 일반적으로 데이터베이스가 어떻게 구성되며 종류별로 어떤 차이점이 있는지를 중점적으로 살펴볼 것이다.

데이터베이스 시스템

누구나 기록을 보관한다. 예를 들면 세금을 신고하기 위해 영수증을 보관한다. 사업가는 매출과 지출을 기록해서 손익을 따진다. 의사는 환자의 진료 기록을 보관한다. 데이터베이스 시스템은 디지털 서류 보관함이라고 보면 된다. 여기에 보관되는 각각의 서류를 전문용어로 **레코드**record라 부르고, 이 레코드를 추가·제거·갱신·열람하는 행위를 **요청**request이라 부른다.

당신은 어떤 데이터를 수집해야 할까? 보통은 장래에 요긴하게 쓰일 만한 데이터를 저장한다. 그런 데이터는 사용자가 로그아웃한 후에도 계속 보관되므로 **영구 데이터**persistent data라 부른다. 데이터를 잘 모으고 분석하면 사업의 효율성이 좋아지고 시야가 넓어지며 새로운 기회를 찾을 수 있는 만큼 요즘은 어떤 기업에든 데이터베이스가 필수다.

데이터베이스의 4대 구성 요소

데이터베이스는 데이터, 하드웨어, 소프트웨어, 사용자로 구성된다.

| 데이터 |

데이터 없이는 데이터베이스가 성립하지 않는다. 데이터는 데이터베이스에 저장되는 정보다. 데이터베이스에는 데이터 외에도 데이터와 데이터베이스에 대한 설명을 담은 **메타데이터**metadata가 저장된다. 예를 들면 단일한 레코드에도 다양한 정보가 포함되므로 그중에서 어떤 부분이 아이디인지 알 수 있다면 편리할 것이다. 이를 알려주는 데이터가 메타데이터다. 메타데이터는 **카탈로그**catalog에 저장된다. 나중에 어떤 데이터를 수집해서 어떻게 정리하고 있는지 가물가물할 때는 카탈로그를 참고하면 된다.

| 하드웨어 |

데이터는 하드웨어에 물리적으로 저장된다. 주로 자기디스크 같은 보조기억장치가 이용된다. 저장용 하드웨어는 주기억장치, 보조기억장치, 3차기억장치로 분류할 수 있다.

　　주기억장치primary storage는 컴퓨터의 중앙처리장치CPU, Central Processing Unit가 직접 이용할 수 있기 때문에 데이터 처리 속도가 빠르다. CPU는 프로그램의 지시 사항을 수행하는 장치니까 컴퓨터의 두뇌라고 생각하면 좋겠다. 당신이 어떤 작업을 요청하면 컴퓨터는 주기억장치를 통해 CPU에게 구체적으로 해야 할 일을 지시한다. 주기억장치와 관련된 용어로는 레지스터, 캐시 메모리(정적 임의접근 기억장치SRAM라고도 부른다), 메인 메모리(동적 임의접근 기억장치DRAM)가 있다. 이 부품들은 구체적인 역할이 서로 다르긴 해도, 모두 CPU가 작업을 처리하기 위해 능동적으로 사용하는 데이터와 프로그램을 준비시키는 공간이다. 그리고 휘발성이 있어서 기계가 꺼지면 내용물이 지워진다. 주기억장치는 비싸기 때문에 보통은 용량이 크지 않다.

보조기억장치secondary storage는 주기억장치와 달리 비휘발성이고 비교적 저렴하며 CPU가 직접 접근하지 못한다. 컴퓨터가 꺼진 후에도 데이터가 유지되기 때문에, 전원과 상관없이 데이터를 안전하게 보호하고 싶은 사람의 심리를 생각하면 보조기억장치가 대용량 저장소로 사용되는 것이 당연하다. 보조기억장치의 데이터는 CPU가 직접 이용할 수 없기 때문에 먼저 주기억장치로 복사돼야 한다. 그래서 보조기억장치의 데이터를 이용할 때는 그만큼 속도가 느리다. 하드디스크, USB 메모리, SD카드가 대표적인 보조기억장치다.

3차기억장치tertiary storage도 보조기억장치처럼 CPU가 직접 접근하지 못한다. 대용량 저장소로 이용되고 보조기억장치보다도 훨씬 느리다.

기억장치를 선택할 때 고려할 부분은 속도와 비용이다. 속도가 빠른 장치일수록 가격도 비싸다. 이 장의 말미에 있는 '최적화' 단락에서 더 자세히 알아보기로 하자.

| **소프트웨어** |

사람들이 마이애폴리를 이용하면서 하는 행동 중에는 당신이 데이터베이스에 저장하고 싶은 행동도 있을 것이다. **데이터베이스 관리 시스템**DBMS, DataBase Management System은 데이터베이스를 정의하고 다수의 사용자와 애플리케이션이 데이터를 저장·이용·공유할 수 있

게 하는 시스템이다.

DBMS는 기록물 관리 팀장이라고 생각하면 된다. 마이애폴리의 접속자가 보내는 요청은 모두 DBMS가 관리한다. 예를 들어 페이스북에서 사용자가 '친구 추가' 버튼을 클릭하면 데이터베이스에 접근하겠다는 요청이 생성된다. 그러면 DBMS가 이를 접수하고 분석해서 데이터베이스로 전달하며, 거기서 요청이 '해석'(데이터베이스가 이해할 수 있는 형태로 변환)되고 실행된다. 이때 DBMS를 대신하여 데이터베이스에 실제로 접근하는 코드를 데이터 부속어라 부르는데 SQL이 대표적이다.

DBMS는 '동시성'(요청이 동시다발적으로 발생), '중복성'(동일한 정보를 중복 저장), '보안', '복구'(오작동에 대한 보호), '최적화'(요청을 제때 처리)와 관련된 관리 도구를 제공하므로 개발자에게 무척 유용하다.

| 사용자 |

당신의 최종 사용자end user(개발자나 관리자 외에 하드웨어나 소프트웨어를 실제로 구매하는 이용자―옮긴이)는 마이애폴리에 접속해 데이터베이스에 요청을 생성시키는 사람이다. 새로운 사용자가 가입하면 그 사용자의 정보를 데이터베이스에 추가하라는 요청이 DBMS에 전달된다.

3계층 구조

데이터베이스 시스템의 아키텍처는 크게 세 부분으로 나뉜다. 물리 계층, 논리(혹은 개념) 계층, 외부 계층이다. 물리 계층은 데이터가 저장되는 영역이고, 논리 계층은 DBMS와 애플리케이션이 상호작용하는 영역이며, 외부 계층은 사용자가 데이터베이스와 상호작용하는 영역이다.

이처럼 데이터베이스 시스템을 3계층 혹은 3스키마schema로 나눠 설명하는 것이 앞에서 했던 설명과 별로 다르지 않아 보여도, 전문 용어를 알아두면 데이터베이스를 논할 때 도움이 된다. 데이터 독립성을 이해하기 위해서도 좋다. DBMS는 추상화를 통해 사용자가 비록 데이터가 어떤 식으로 저장돼 있는지 자세히 모르더라도 데이터베이스와 상호작용할 수 있게 한다. 그래서 나머지 계층에는 영향을 미치지 않고 어떤 한 계층에만 변화를 가할 수 있다. 가령 당신의 프로그래머가 마이애폴리 사용자들의 이름이 목록 형태로 표시되도록 애플리케이션을 코딩했다고 해보자. 그런데 당신은 사용자들의 정보가 그래프로 표시되기를 원한다. 그렇다고 프로그래머가 데이터베이스에서 정보를 가져오려는 요청을 재작성한다면 매우 번거로울 것이다.

하지만 데이터 독립성 덕분에 프로그래머는 시스템의 나머지 부분과 상호작용하는 방식을 바꾸지 않고 목록만 그래프로 변환할 수 있다. 데이터를 표현하는 방식에만 변화를 주고 데이터를 가져오거나 저장하는 방식은 그대로 두는 것이다. 요컨대 DBMS는 데이터를 관리하는 행위와 사용하는 행위를 분리한다. 그래서 이점이 많다.

5장 데이터베이스: 모델

물론 요청이 중개자(DBMS)를 거쳐서 데이터베이스에 전달되면 그만큼 처리 속도가 느려지겠지만, 그 정도 지연을 감수해도 좋을 만큼 장점이 크다.

분류

DBMS를 분류하는 기준은 다음과 같다. 각 항목은 이후 단락에서 더 자세히 알아볼 것이다.

» **데이터 모델**: 데이터는 현실 세계를 정확하고 효율적으로 설명하도록 저장돼야 한다. 여러 가지 데이터 모델에 대해서는 다음 단락에서 논하기로 하자.

» **서버 개수**: '중앙집중식' 데이터베이스와 '분산' 데이터베이스라는 말은 워낙 많이 쓰여서 아마 들어본 적 있을 것이다. '중앙집중식과 분산' 단락에서 자세히 알아보겠다.

» **비용**: 솔루션마다 가격이 천차만별이다. MySQL 같은 무료 오픈소스 솔루션도 존재한다. 유료 솔루션은 더 강력한 커스터마이징이 필요한 대기업에서 주로 사용한다.

데이터 모델

데이터베이스에 효율적이고 체계적으로 데이터를 저장하는 방법은 여러 가지다. 여기서는 그중에서 가장 많이 사용되는 관계형 모델,

비관계형 모델, 객체 지향형 모델, 객체 관계형 모델을 알아보자.

| 관계형 모델 |

1969년에 에드거 F. 코드Edgar F. Codd가 제시한 **관계형 모델**relational model은 사실상 표준으로 자리 잡았다. '관계'는 테이블(표)을 뜻하는 수학 용어라고 보면 된다. 여기서 알 수 있듯이 관계형 모델이란 테이블로 데이터를 표시하는 모델이다.

관계형 모델의 또 다른 이름은 개체-관계 모델entity-relationship model이다. 이 모델에서는 자동차, 수업, 상점 등등 모든 존재가 개체로 취급된다. 각각의 개체에는 속성이 있고 이는 테이블의 세로줄, 즉 열에 해당한다. 예를 들면 자동차에는 색깔, 수업에는 이름, 상점에는 위치라는 속성이 있다. 테이블의 가로줄, 즉 행은 각각의 개체(객체 또는 레코드라고도 부른다)를 나타낸다. 마이애폴리의 사용자 테이블에서 각 행은 각각의 사용자를 설명한다. 각 열은 이름, 비밀번호, 집 주소, 이메일 주소 같은 항목이 될 것이다. 일반적으로 테이블에는 기본키primary key라고 해서 행마다 값이 중복되지 않는 열이 존재한다. 각 개체의 고유번호라고 보면 좋겠다. 마이애폴리의 테이블에는 사용자마다 겹치지 않는 고유번호가 존재할 것이다. 대부분의 웹사이트에서 이미 다른 사용자가 쓰는 아이디를 못 쓰게 하는 이유는 아이디가 고유번호 대신 기본키로 사용될 수 있기 때문이다.

이렇게 각각의 개체와 그 개체들의 관계를 잘 설명해놓은 데이터베이스를 우리는 어떻게 이용할 수 있을까? 데이터베이스와 그 안의 테이블을 수정할 때는 주로 DBMS와 데이터 부속어(DBMS를 조작하기 위해 사용하는 언어)에서 제공하는 연산자를 이용한다. 다른 언어들과 마찬가지로 부속어도 깐깐한 구석이 있으므로 특정한 형식에 맞춰서 요구 사항이 무엇인지 명확히 드러나도록 요청을 작성해야 한다. 예를 들어 IBM이 개발하고 지금은 대부분의 관계형 시스템에서 지원할 정도로 사실상 국제 표준으로 취급되는 질의어(부속어)인 SQL에서는 INSERT(테이블에 개체 추가), DELETE(테이블에서 행 삭제), SELECT(데이터베이스에 저장된 정보 취득), UPDATE(기존 행 수정) 같은 연산자를 이용한다.

이 외에도 더 복잡한 작업을 처리하기 위해 알아두면 좋은 명령어들이 있다. 예를 들면 SELECT와 연계해서 쓰는 JOIN이다. 앞서 설명한 것처럼 구성된 테이블 말고도 사용자의 반려동물에 관한 데이터를 저장하는 테이블이 존재한다고 해보자. 반려동물 테이블의 각 행은 각각의 반려동물을 나타내고 이름, 주인, 색깔, 종류 같은 열이 존재한다. 여기서 주인 열은 사용자 테이블에 있는 사용자와 연동돼야 한다. 만약에 "비단뱀을 반려동물로 키우는 사용자들의 주소는 무엇인가?"라는 질문에 답하려면 어떻게 해야 할까? 반려동물 테이블에서 비단뱀의 주인이 누구인지 파악한 후 사용자 테이블에서 그들의 주소를 취득해야 한다. 이 2단계 과정은 JOIN 연산자를 이용하면 간단히 처리된다. JOIN은 공통된 열을 기준으로 두 개의 테이블을 합치는 연산자다(이 예에서 공통된 열은 사용자와 주인이다). 여기서 보다시피 관계형 시스템은 그 구조상 요청이 복잡해지기도 하지만 연산자를 이용해 질문의 답을 구할 수 있다.

방금 설명한 질의어와 연산자는 비절차어다. 사용자가 원하는 결과만 명시할 뿐, DBMS가 요청을 어떤 절차에 따라 수행해야 하는지는 지시할 필요가 없다는 뜻이다. 그런 절차를 구체적으로 지시하는 것을 선호하는 사람도 있겠지만, 원하는 결과만 명시하는 편이 속도가 더 빠르다.

기왕 시작한 김에 몇 가지 개념과 용어를 더 알아보자. 어떤 작업을 구성하는 일련의 요청을 **트랜잭션**transaction이라고 한다. 예를 들면 사용자와 반려동물을 등록하기 위해 필요한 요청들이 트랜잭션이 될 수 있다. 트랜잭션에는 중요한 성질이 몇 가지 있는데 관계형 시스템에만 국한된 내용은 아니지만 여기서 간단히 설명하고 넘어가겠다. 첫째, 트랜잭션은 '원자성'이 있다. 처음부터 끝까지 완전히 수행되지 않으면 무효화된다는 뜻이다. 예를 들어 사용자가 완전히 등록되지 않으면 데이터베이스에는 아무 변화가 생기지 않는다. 그래서 어떤 프로세스가 어떤 이유로든 도중에 중단돼도 불완전한 행이 생기거나 레코드가 일부만 갱신되는 식으로 테이블이 변질되지 않는다. 둘째, 트랜잭션은 '지속성'이 있다. 트랜잭션이 완료되는 즉시 데이터베이스에 변화가 생기고 그 변화의 결과가 지속된다는 의미다. 만일 트랜잭션이 데이터베이스에 반영될 때 시간이 지연된다면 UX에 악영향을 미칠 것이다. 간단한 예로 페이스북에서 친구를 추가할 때마다 친구 목록이 갱신되기까지 일주일이 걸린다면 어떻겠는가? 셋째, 트랜잭션은 '독립성'이 있다. DBMS에서 각각의 트랜잭션이 별개로 취급된다는 뜻이다. 이런 성질을 모두 갖춘 데이터베이스를 설계하기가 쉽진 않지만, 지금 설명한 내용을 잘 알아두면 DBMS가 요청을 취급하는 방식을 더 쉽게 이해할 수 있다.

마지막으로 설명할 용어는 **정규화**normalization다. 정규화는 데이터베이스에서 중복을 없애는 것이다. 다시 사용자 테이블과 반려동물 테이블을 생각해보자. 만약 개발자가 반려동물 테이블에 주인 주소라는 열을 만든다면 어떻게 될까? 그것은 이미 사용자 테이블에 저장돼 있는 정보가 아닌가? 그렇다면 주인 주소 열은 중복되는 정보로 공간을 낭비하는 셈이다. 정규화는 데이터베이스가 사용하는 메모리를 절약하는 효과가 있지만, 질의의 결과가 도출되는 시간을 늘리는 부작용을 낳을 수도 있다. 앞에서 비단뱀을 키우는 사람들의 주소를 묻는 질문을 예로 들었는데(JOIN 사용) 만일 그 질문을 자주 해야 한다면 또 상황이 달라질 것이다. JOIN 명령어로는 DBMS가 두 테이블을 합친 후 정보를 찾아야 하기 때문에 테이블의 크기에 따라서 시간이 많이 소요되기도 한다. 그래서 차라리 중복되는 열을 만드는 것이 더 간편하고 경제적일 수 있다. 이런 사안을 두고 결정을 내리는 주체는 데이터베이스에서 요청이 어떻게 처리되는지를 정확히 이해하는 **데이터베이스 관리자**DBA, DataBase Administrator다.

| 비관계형 모델 |

비관계형 모델non-relational model은 그 이름에서 알 수 있듯이 테이블을 중심으로 구성되지 않는 모델이다. 그래서 네트워크, 계층형 모델(예를 들어 조직도), 목록 등 다양한 형태를 포함한다.

비관계형 모델과 관련해 알아두면 좋은 용어는 NoSQL(노에스큐엘)이다. 관계형 시스템은 개체들의 관계(이를테면 사용자와 반려동물의 관계)를 질의해야 하는 복잡한 데이터를 정리할 때 요긴하다. 반면에 NoSQL 시스템은 키key와 값value의 조합(예를 들면 '이름: 비나이 트리베디')처럼 단순한 데이터를 대량으로 저장할 때 유용하다. 이렇게 간단한 용도에서 NoSQL은 발군의 성능과 확장성을 자랑한다. 만일 당신의 팀에 굳이 엄격한 관계 구조가 필요하지 않다면, 그리고 저장된 항목들의 관계가 그리 중요하지 않은 데이터를 대량으로 취급한다면 NoSQL 데이터베이스가 매우 유용할 뿐만 아니라 아마도 더 효과적일 것이다. 몽고DB와 아파치 카산드라 같은 오픈소스 NoSQL 데이터베이스를 알아보면 좋겠다.

| 객체 지향형 모델 |

객체 지향형 데이터베이스object-oriented database의 핵심은 객체 지향 프로그래밍 언어에서 말하는 '객체'(3장)다. 객체는 개체를 설명한다. 그리고 각 객체에는 그것을 설명하는 속성과 실행 가능한 행동이 포함된다(예: 반려동물의 주인을 설명하는 객체는 반려동물을 구입하는 행동을 포함할 수 있다). 객체 지향형 데이터베이스 역시 관계형 데이터베이스처럼 각 객체에 고유번호가 필요하다. 그래서 보통은 객체 식별자Object ID를 사용한다. 객체들의 관계는 이 객체 식별자를 통해 부호화encoding(데이터가 코드로 압축되어 형태가 바뀌는 것—옮긴이)된다. 예를 들면 '반려동물의 주인을 설명하는 객체'(주인 객체)에 '그 반려동물을 상세히 설명하는 객체'(반려동물 객체)의 식별자가 저장되는 것이다. 그러면 A사용자의 반려동물 정보를 알고 싶으면 A사용자의 객체에 접근해서 거기 저장된 반려동물 식별자로 반려동물 객체에 접근하면 된다. 객체 지향형 데이터베이스는 계층구조를 이용해 객체를 체계적으로 배치할 수 있고, 상속성 같은 객체 지향 프로그래밍 특유의 장점도 지닌다.

객체 지향형 모델은 객체를 복잡하게 만들 수 있다는 강점을 갖는다. 그리고 객체에 적용하는 작업이 그 구조에 구애받지 않는다. 객체 지향형 모델의 원리를 자세히 논하는 것은 더 전문적인 내용을 다루는 책에서 할 일이지만, 우리가 관계형 모델에서 소개했던 용어 중에서 다수가 객체 지향형 모델에도 적용된다. 예를 들어 객체 지향형 모델에도 **객체 질의어**OQL, Object Query Language라는 언어 체계가 존재한다.

| **객체 관계형 모델** |

객체 지향형 모델과 관계형 모델이 만나 양자의 강점을 살린 **객체 관계형 모델**object-relational model이 탄생했다. 일례로 객체 관계형 시스템에서는 자유롭게 타입을 정의할 수 있다.

| **XML** |

3장과 4장에서 설명한 것처럼 XML은 문서를 구조화하는 마크업 언어다. 따라서 데이터의 구조도 정의할 수 있기 때문에 웹에서 데이터를 전송할 때 많이 사용된다.

중앙집중식과 분산

클라이언트–서버 아키텍처로 최종 사용자와 DBMS의 관계를 설명할 수 있다. 클라이언트는 DBMS와 상호작용하는 모든 애플리케이션이고, 서버는 요청을 처리하는 DBMS다.

모든 데이터가 실제로 저장되는 컴퓨터는 '중앙집중식'과 '분산' 중 한 가지 형태를 취한다. 중앙집중식 시스템에서는 모든 요청이 모든 데이터를 보관하는 단일한 서버로 전송된다. 이 서버가 어떤 이유로든 다운되면 그에 의존하는 애플리케이션들도 작동 불능이 된다. 즉, 서버가 단일 장애점(오작동 시 시스템 전체를 중단시키는 구성 요소—옮긴이)이다. 그래서 통신 기술과 데이터베이스 기술이 발전함에 따라 분산 시스템의 장점이 부각되기 시작했다. 중앙에 데이터베이스 서버를 한 대만 두는 것이 아니라 다수의 서버가 서로 통신하게 만들면 어떨까? 분산 시스템에서는 네트워크로 연결된 데이터베이스 서버들이 단일한 요청을 분담해서 처리한다. 애플리케이션의 사용자에게는 데이터베이스 서버가 마치 중앙에 한 대만 있는 듯 느껴지겠지만 실제로는 데이터가 여러 서버에 분산돼 관리된다. 앞에서 든 예에 대입하자면 사용자 테이블과 반려동물 테이블이 서로 다른 서버에 저장될 수 있을 것이다.

분산 시스템의 대표적인 특징은 로컬 자율성(각 서버가 독립돼 있다), 중앙 서버의 부재, 로컬 독립성(사용자는 데이터가 어디에 저장되는지 알 필요가 없다)이다. 그 외에도 많은 특성이 사용자에게 중앙집중식 시스템과 똑같이 작동한다는 느낌을 준다.

IT업계에서 '분산'이라는 말이 인기인 데서 짐작할 수 있듯이 분산 데이터베이스도 인기가 많다. 다음과 같은 장점 때문이다.

» **우월한 합리성**: 대부분의 조직에서는 이미 데이터가 각 지역 사무소

나 각 부서에 논리적으로 분산돼 있다. 그러니까 그 밖의 장점들도 매력적이라면 분산 데이터베이스를 군이 거부할 이유가 있을까? 분산 데이터베이스를 구축하면 번거롭게 모든 데이터를 중앙 서버에 집중할 필요가 없으며 각 집단이 자신들의 데이터만 잘 관리하면 된다. 예를 들어 펩시 아시아에서는 일부 데이터를 아시아에 보관하는 것이 합리적이다.

» **효율과 성능 향상**: 그냥 생각해봐도, 어떤 요청이 들어왔을 때 되도록 가까운 곳에서 데이터를 처리하는 게 효율이 좋다. 그래서 데이터는 그것을 가장 많이 사용하는 사람들과 가까운 장소에 보관돼야 한다. 분산 데이터베이스를 구축하면 전 조직의 데이터를 가장 효율적으로 분배할 수 있다. 그리고 질의가 여러 기기에 분산돼서 처리되기 때문에 속도가 빨라진다.

» **안정성 향상**: 정보가 여러 컴퓨터에 저장되기 때문에(사본이 여러 개 만들어질 수도 있다) 중앙집중식에 비해 시스템이 일제히 다운될 확률이 훨씬 낮다.

» **탄력적 확장**: 분산 데이터베이스는 수평 확장성이 있다. 즉, 데이터베이스에 컴퓨터를 추가하기 쉽다. 예를 들어 현재 마이애폴리가 컴퓨터 다섯 대에 정보를 저장한다고 해보자. 그중 한 대에 메모리를 추가하는 등의 수직 확장보다는 컴퓨터를 한 대 늘리는 수평 확장이 훨씬 수월하다. AWS(2장) 같은 서비스는 고객이 그때그때 필요에 따라 서버를 늘리고 줄이므로 엄청난 인기를 끈다. 그렇게 탄력적으로 서버의 수를 조절하면 더 효율적으로 자원을 활용할 수 있다. 반대로 어쩌다 한 번씩 서버 사용량이 급증하는 예외적 상황(예: 웹사이트 이벤트

기간)에 대비해서 서버를 대량 구입하는 것은 비효율적이다.

분산 데이터베이스라고 단점이 전혀 없진 않다. 첫째, 데이터가 여러 곳에 저장되기 때문에 질의를 처리하기 위해 곳곳의 데이터를 종합해야 할 때는 시간이 더 걸릴 수 있다. 둘째, DBMS가 제공하는 다양한 기능(보안, 동시성 관리 등)을 사용하려면 중앙집중식에 비해 복잡한 기술이 필요하다.

그 밖에 알아두면 좋은 것

데이터베이스 관리와 관련해서 동시성, 보안, 최적화의 개념을 알아두면 좋다.

동시성

데이터베이스에서 사용자들의 요청이 서로 충돌하는 사태가 발생하면 곤란하다. 만일 당신이 페이스북 친구에게 메시지를 보냈는데 하필 그 순간에 친구가 당신을 차단했다면 페이스북은 어떻게 처리할까? 동시성concurrency과 관련된 문제다.

데이터베이스에서 **동시 접근**concurrent access은 여러 사용자가 동시에 데이터베이스에 접근하거나 여러 트랜잭션이 동시에 처리되는 것을 뜻한다. DBMS는 동시성을 지원하기 때문에 여러 트랜잭션이 일제히 데이터베이스를 수정하려고 할 때 발생할 수 있는 문제를 원활히 처리한다.

일례로 지역 비즈니스 리뷰 플랫폼 옐프에서 사용자 두 명이 동시에 동일한 음식점의 추천 리뷰를 등록하려고 하면 어떻게 될까? DBMS가 알아서 처리한다는 것만 알아도 충분하지만 좀더 깊이 들어가면, 동시성과 관련해 다음과 같은 문제가 발생할 수 있다.

» **갱신 분실**: 두 건의 트랜잭션이 동시에 동일한 값을 갱신하려고 하면 한 건은 무효화될 수 있다.
» **비완료 의존성**: 어떤 트랜잭션에 의해 갱신이 시도됐으나 아직 확정되진 않은 값에 다른 트랜잭션이 접근할 때 발생한다.
» **불일치 분석**: 두 트랙잭션의 목적이 서로 상충할 때 양쪽의 처리 과정이 불일치할 수 있다.

이런 문제는 대개 **잠금**locking으로 해결된다. 잠금은 어떤 개체나 값을 한 트랜잭션에서만 이용할 수 있게 잠그는 것이다. 그러면 트랙잭션과 트랜잭션 사이에 대기 시간이 생겨 서로 충돌하거나 간섭하지 않는다.

보안

데이터베이스 보안 침해는 생각보다 많이 발생한다. 고객은 웹사이트에 당연히 보호 장치가 있을 것이라 생각하고 기업은 데이터를 안전하게 보호할 의무가 있다.

DBMS는 누군가가 허락 없이 데이터에 접근하고 함부로 데이터를 수정하는 행위를 방지하기 위해(후자는 데이터의 무결성integrity 을 지킨다고 한다) 두 가지 방법을 쓸 수 있다.

- » **임의적 접근 통제**: 데이터베이스 내의 개체마다 각 사용자가 접근할 권한을 지정한다. 일반적으로 강제적 통제보다 유연성이 크다.
- » **강제적 접근 통제**: 데이터베이스 내의 모든 개체에 보안 등급을 지정 하고 모든 사용자에게 인가 등급을 지정한다. 사용자는 자신의 등급 에 맞는 데이터 개체만 이용할 수 있다.

기본적으로 DBMS는 사용자와 데이터에 라벨을 지정함으로써 허가받지 않은 사람이 비공개 데이터를 열람하거나 수정할 수 없게 막는다. 여기에 더해 트랜잭션의 내용, 발생 시각, 요청자를 기록한 다. 이 기록을 로그log라고 부르며 로그를 토대로 수상한 행위를 탐 지할 수 있다(12장).

그런데 아무리 DBA가 DBMS 같은 도구를 이용해 보안을 강화 한다고 해도, 위에서 설명한 접근 통제 시스템만으로는 해결이 불가 능해 보이는 문제가 발생할 수 있다. 예를 들면 인가자가 비인가자에 게 정보를 유출하는 문제다. 가령 등급이 높은 사용자가 등급이 낮은 사용자에게 접근권을 주기 위해 데이터를 수정하는 것이다. 이런 행 동은 반드시 저지돼야 한다.

그리고 통계 데이터베이스에는 **추론**inference과 관련된 문제도 존 재한다. 통계 데이터베이스란 다른 사용자의 정보를 보여주진 않지 만 종합 통계는 제공하는 데이터베이스를 뜻한다. 사람들은 급여, 나이 같은 개인정보가 타인에게 노출되는 것은 꺼려도 그런 정보가 통계의 형태로 제공될 때는 신원이 드러나지 않으므로 조금 더 편하게 공유를 허락한다. 그런데 이때 필터링을 통해 특정한 사용자에 대한 추론이 가능해지는 문제가 발생할 수 있다. 가령 케임브리지에서 비단뱀을 키우는 사람의 평균 급여 데이터를 요청했는데 그 조건에 부합하는 사람이 단 한 명이라면 평균 급여가 곧 그 사람의 급여가 된다. DBMS는 이런 문제도 방지해야 한다.

데이터 암호화data encryption는 인터넷상에서 저장되거나 전송되는 데이터를 보호하는 수단이다(12장). 사회보장번호와 신용카드 번호처럼 민감한 정보를 보호하기 위해서는 접근 통제는 물론이고 정보 암호화도 필수다.

요약하자면 시중에 DBMS를 비롯해 데이터를 보호하기 위한 도구가 많이 나와 있지만, 어떤 것도 완벽하지 않기 때문에 항상 보안상 위험이 존재한다. 따라서 보안 시스템의 목표는 시스템에 침투했을 때 득보다 실이 더 많게 만들어서 공격 의지를 꺾는 것이다.

최적화

데이터베이스 시스템이 더 적은 공간을 차지하면서 더 신속하게 정보를 출력하거나 갱신하도록 최적화하는 방법은 여러 가지가 있다. 그중 하나는 더 효율적으로 질의를 짜는 것이다. 예를 들어 캘리포니아에서 비단뱀을 키우는 사람이 몇 명인지 알고 싶다면 캘리포니아 주민 수천만 명 중에서 비단뱀 주인을 찾기보단 비단뱀 주인 2000명 중에서 캘리포니아 주민을 찾는 편이 더 빠를 것이다.

중복된 정보 제거도 데이터베이스를 최적화하는 방법이다. 무엇보다 저장 공간을 아낄 수 있다. 데이터베이스에 중복된 정보가 없을 때 데이터가 통합됐다고 말한다. 예를 들어 환자의 진료 기록에 페이지마다 이름, 가입 보험사, 주소를 기입하는 것은 시간과 공간 낭비다. 만일 데이터가 통합돼 있다면 그런 정보가 반복 저장되지 않으며 관계형 데이터베이스에서는 한 테이블에만 저장될 것이다.

제일 중요한 점은 데이터베이스를 지능적으로 설계하는 일이다. 데이터베이스는 당신의 필요에 맞춰 정보를 가장 효율적으로 출력하고 갱신할 수 있어야 한다. 그러지 않으면 아무리 질의를 잘 작성하고 아무리 좋은 도구를 활용해도 설계상 허점 때문에 최적화가 되지 않아 시간, 돈, 공간이 낭비된다. 데이터베이스는 꼭 필요한 정보만 저장해야 하고, 서로 관련된 정보의 연관성이 잘 드러나도록 논리적으로 구성돼야 한다. 말인즉 차후에 어떻게 정보를 사용할지 고려해서 정보의 저장 방식을 결정해야 한다.

빅데이터

빅데이터big data는 일반 데이터와 무엇이 다를까? 기업은 컴퓨터가 등장하기 전부터 정보를 수집했지만, 컴퓨터 시대가 도래한 후 수집하고 저장할 수 있는 정보의 양이 어마어마하게 증가했다. 현재 수집되는 정보의 양은 전통적인 기법으로는 도저히 처리가 불가능한 수준이다. 그 많은 정보를 처리하기에 관계형 데이터베이스는 비용도

5장 데이터베이스: 모델

많이 들고 제약도 많아서 배제되는 추세고, 대신 더 확장성과 유연성이 좋은 비관계형 모델이 주목받고 있다. 현재 얼마나 많은 데이터가 생성되고 있는가 하면 2010년 한 해 동안 만들어진 데이터가 1.2제타바이트(1.2×10^{21}바이트)다.[4] 참고로 지구에 있는 모래알의 개수는 $10^{20} \sim 10^{24}$개로 추정된다. 그 많은 모래알을 일일이 체로 거른다고 생각해보자! 더욱이 연간 데이터 생성량이 2년마다 2배씩 증가한다고 치면 앞으로 또 수많은 데이터센터가 구축돼야 할 것이다.

그토록 방대한 데이터를 분석할 방법을 논하기 전에, 데이터를 설명할 때 사용되는 용어 몇 가지를 알아둘 필요가 있다. 먼저 **양**volume은 처리해야 할 데이터의 양을 가리킨다. 빅데이터는 그 이름에서 알 수 있듯이 처리해야 할 데이터가 어마어마하게 많다는 점이 가장 큰 문제고, 그래서 엔지니어들은 분산 시스템을 해법으로 생각했다. 다음으로 **속도**velocity는 새로운 데이터가 생성되는 속도를 가리킨다. 아마도 페이스북이 마이애폴리보다 데이터 속도가 훨씬 빠를 것이다. 페이스북은 매일 수많은 상호작용이 발생하기 때문에 거기서 발생하는 정보 중에서 무엇을 저장하고 폐기할지 결정하는 것이 중요하다. 온라인 쇼핑몰도 비슷한 고민을 한다. 사용자가 상품을 클릭하거나 검색어를 입력할 때마다 그 정보를 저장할지 결정해야 한다. 그런데 저장된 정보가 많으면 그만큼 그 정보를 분석해서 유용한 시사점을 도출하는 속도가 느려질 수 있다. 그리고 데이터를 처리하느라 각 고객을 위한 맞춤 정보를 표시하는 시간이 지체된다면 고객은 처리 속도가 더 빠른 쇼핑몰로 이탈할 것이다. 끝으로 **다양성**variety은 데이터의 출처와 형태가 얼마나 다양한지를 뜻한다. 다양성이 큰 데이터일수록 복잡한 문제도 많이 발생한다.

이제 당신은 데이터팀에 가서 이렇게 말할 수 있게 됐다. 현재 마이애폴리는 데이터의 다양성이 커서 데이터를 저장하기가 쉽지 않고 데이터의 속도와 양도 서버에서 감당할 수 있는 수준을 넘어섰다고 말이다. 물론 간단히 "돈이 더 필요해!"라고 말해도 된다.

당신이 방대하고 다양성이 큰 데이터를 보유했다고 해보자. 이 데이터를 그냥 보는 것만으로 뭔가 의미 있는 시사점을 얻을 확률은 희박하다. 데이터에서 어떤 명백한 패턴이 보이지 않는다면 더욱 그렇다. 당신이 빅데이터를 취급하다 보면 자연스럽게 접하게 되는 용어가 **하둡**Hadoop이다. 하둡은 어떤 질문의 답을 얻기 위해 데이터를 테스트하게 해주는 소프트웨어 프레임워크(특정한 작업을 용이하게 하는 요소들을 모아놓은 것—옮긴이)다. 앞에서도 말했지만 방대한 정보를 저장하고 처리할 때는 분산 시스템이 유용하다. 하둡은 다수의 고성능 프로세서가 데이터를 분담해서 처리하도록 만든다. 하둡에서 주로 사용되는 방식인 **맵리듀스**MapReduce는 맵과 리듀스라는 두 단계로 구성된다. 당신이 데이터를 분석하여 어떤 질문의 답을 얻기 원하고, 그래서 엔지니어들이 이론상으로 봤을 때 정답을 구할 수 있을 것으로 보이는 함수를 작성한다고 가정해보자. '맵' 단계에서는 분석 작업이 여러 부분으로 분할돼 다수의 기계에 배정된다. 이어서 '리듀스' 단계에서는 각 기계에서 도출된 결과가 하나로 결합돼 분석이 완료된다. 방대한 데이터를 기계 한 대로 분석하자면 오랜 시간이 걸리겠지만, 하둡은 분할정복 전략으로 시간을 단축한다. 하둡 외에 아파치 스파크Apache Spark도 인기를 끌고 있다.

결론

이제 당신은 마이애폴리가 백엔드에서 어떻게 돌아가고, 사용자들이 프런트엔드에서 무엇과 상호작용하며, 그 과정에서 데이터가 어떻게 저장되고 사용되는지 알게 됐다.

6장

기존 코드 활용하기: API, 라이브러리, 오픈소스 프로젝트

새로운 것을 개발할 때 타인이 이미 만들어놓은 걸 활용할 수 없다면 사회의 발전 속도가 얼마나 느려질까? 타인이 이룬 혁신의 결과물을 사용하도록 허락될 때 새로운 것이 더욱 빠르게 탄생한다. 예를 들면 기존의 치료제는 다른 질병의 치료에도 쓸 수 있다. 혹은 식기의 내구성을 키우기 위해 만들어진 유연한 유리로 쉽게 깨지지 않는 휴대폰 화면을 만들 수도 있다. 우리는 항상 혁신하기를 원하지만, 만약 모든 일을 백지상태에서 시작해야 한다면 불가능할 것이다.

다행히 마이애폴리도 백지상태에서 시작할 필요가 없다. 다양한 방법으로 기존의 코드를 활용할 수 있기 때문이다. 마이애폴리에 지도를 넣고 싶다고 해보자. 이미 다른 회사에서 시간과 돈을 들여 지도를 만들어놨는데 굳이 지도를 처음부터 만들 필요가 있을까? 구글이 구글 지도를 다른 개발자들도 이용할 수 있게 개방하자 웹 2.0 시대에 걸맞은 웹사이트와 애플리케이션이 앞다퉈 생겨났다(정보를 일방적으로 제공하던 초기의 웹 1.0을 넘어 누구나 쉽게 상호작용할 수 있는 인터넷 환경을 웹 2.0이라 한다—옮긴이). "바퀴를 다시 발명하지 말라"는 명언은 정보 공유가 당연시되는 IT업계에 잘 어울리는 원칙이다. 인터넷 기업들은 자사의 정보를 철저히 보호하면서도 새롭게 만든 것은 또 과거의 기업보다 시원스레 공유한다. 이런 협업 문화가 있기에 실리콘밸리가 수많은 기업을 배출하며 고속으로 성장하고 큰 부를 축적할 수 있는 것이다.

당신은 마이애폴리의 차별화에 주력해야지, 이미 다른 회사에서 제공하는 코드를 굳이 새로 작성한다고 아까운 자원을 낭비할 필요가 없다. 그러면 이미 만들어진 도구에는 무엇이 있을까? 이 장에서는 **애플리케이션 프로그래밍 인터페이스**API, Application Programming Interfaces의 기초를 배울 것이다.[5] 이어서 오픈소스 운동의 정의와 중요성도 다룰 것이다.

애플리케이션 프로그래밍 인터페이스

마이애폴리에서 가까운 ATM의 위치를 지도로 알려주고 신용카드로 결제를 받으려 한다고 해보자. 당신의 팀이 백지상태에서 기능을 구현한다면 개발 시간이 많이 늘어날 것이다. 하지만 구글 지도와 스트라이프Stripe처럼 타사가 만들어놓은 것을 사용하는 방법도 있다. API는 무료도 있고 유료도 있다. 마이애폴리에 구글 지도를 넣는 것은 무료지만, 스트라이프를 이용해 신용카드로 결제를 받으려면 건당 소액의 수수료를 지급해야 한다. 이처럼 다른 기업의 제품을 쉽게 가져다 쓰면서 스타트업이 빠르게 성장하고 비교적 짧은 시간에 복잡한 기능을 구현할 수 있게 됐다. 마이애폴리는 타사의 API를 이용할 뿐만 아니라 자사의 API를 공개하여 이득을 볼 수 있다. 다른 회사가 마이애폴리의 API에서 제공하는 데이터와 기능에 의존하게 된다면, 당신에게 마이애폴리는 훨씬 더 매력적인 사업 아이템이 될 것이다.

타사 API 활용하기

API를 사용할 때의 대표적인 장점은 다음과 같다.

- » **비교 우위**: 타사의 API를 이용하면 당신의 핵심 역량과 가치 제안에 집중할 수 있다. 전통적 기업이 서류 교정이나 실비 정산 따위의 비필수 업무를 외주화하는 것처럼 당신도 결제 처리와 지도 구현 같은 작업을 외주화할 수 있다.
- » **개발 시간 절감**: API로 비핵심 작업을 외주화하면 개발팀이 시간을 아낄 수 있다. 기능을 개발하는 시간만 아니라 유지하는 데 드는 시간도 절약된다.
- » **타사의 전문성 활용**: 기업이 공개하는 API는 대체로 그 기업의 핵심 역량과 깊은 관련이 있다. 그래서 각 기업은 API로 제공하는 정보나 기능을 확보하고 유지하기 위해 상당한 시간을 투입한다. 설령 당신의 팀이 잘할 수 있는 일이라고 해도 그 일을 주력으로 하는 회사가 있다면 그쪽에 맡기는 편이 더 효율적이지 않을까?
- » **정보 접근권**: 많은 API가 데이터에 접근할 권리를 제공한다. 이런 데이터는 일반적으로 해당 기업의 웹사이트에도 게시되지만 그 형식이 대량으로 수집하기에는 적절하지 않다. API를 쓰면 동일한 데이터를

한층 더 이용하기 쉬운 형식으로 확보할 수 있다. 날씨 API가 좋은 예다. 날씨 사이트에 일기 정보가 올라오긴 하지만 지구온난화 연구를 위해 10개 도시의 지난 50년간 기온을 수작업으로 복사해야 한다면 무척 고된 일이 될 것이다. 이때 API를 쓰면 필요한 데이터를 한꺼번에 받을 수 있다.

물론 단점도 존재한다.

» **의존성**: API를 제공하는 회사가 방침을 바꾸거나 API 제공을 중단하면 당신의 웹 애플리케이션이 제 기능을 못 한다. 타사의 제품에 의존하는 사업에는 항상 이런 위험이 존재한다. API 제공업체의 신뢰성을 가늠하기 위해 이런 질문에 답해보면 좋겠다. 그 회사가 대형 고객사를 많이 보유했는가? 실적이 좋은가? 장기간 API를 제공해왔는가?

» **커스터마이징 불가**: 당신에게 필요한 데이터나 기능을 정확히 제공하는 API가 시중에 존재하지 않을 수 있다. API는 보편적인 필요를 상정하고 제작되기 때문에 당신의 사이트에 완벽하게 부합한다는 보장이 없다. API를 활용하면 위에서 열거한 장점을 누리는 반면에, 백지 상태에서 개발하면 원하는 기능을 전부 구현할 수 있다.

어떤 API와 기능을 고려하느냐에 따라서 장점과 단점의 무게가 달라질 것이다. 다만 현재 IT업계의 분위기가 되도록 기존의 코드를 활용하는 쪽으로 기울어졌기 때문에, 너무 보수적으로 접근하면 마이애폴리가 경쟁에서 뒤처질 수 있다는 점을 기억하면 좋겠다.

API 공개하기

마이애폴리에 필적감정 기능이 추가됐다고 해보자. 이 기능은 과학 수사, 전자결제 인증, 역사 연구에도 사용될 수 있을 것이다. 그러려면 API를 공개하면 된다. API 공개에는 이러한 장점이 있다.

» **고객 통합성 강화:** 당신의 데이터나 기능을 활용하도록 잠재적 파트너들에게 개별로 솔루션을 개발해준다면 시간과 자원이 많이 소모된다. 그러지 말고 API의 형태로 솔루션을 표준화하여 그 안에서 파트너들이 원하는 것을 이용할 수 있게 하면 좋지 않을까?

» **타사의 당신에 대한 의존성 증가:** 당신의 API를 필수로 쓰는 회사가 많아지면 새로운 가치 창출 수단이 생긴 것이다. 다른 회사들이 당신에게 의존하기 때문이다. 시중에 페이스북을 기반으로 제작된 애플리케이션이 많이 나와 있다. 만일 페이스북이 사라진다면 얼마나 많은 회사가 도산할까? 다른 회사들이 의존하는 만큼 페이스북은 높은 가치를 인정받고 성공을 구가할 수 있다.

» **배포 수단 다각화:** API를 공개하면 이미 당신의 애플리케이션에서 제공되는 정보를 사용자들이 다른 방식으로도 소비할 수 있다. 이렇게 이용법을 다각화하면 그만큼 다양한 사용자가 공략 가능하다.

» **수입원:** API 사용료를 부과하면 적지 않은 수입을 올릴 수 있다.

» **더 많은 데이터 확보:** 타인이 당신의 API를 호출할 때마다 당신은 그 정보를 기록할 수 있다. 이 데이터를 토대로 업계 동향을 파악하거나 새로운 기능을 개발할 기회를 포착할 수 있다.

» **브랜드 가치 상승:** API를 무료로 제공하더라도 API를 사용하는 사람

이 많아질수록 브랜드 인지도가 높아지는 이점이 있다. 그러면 당신은 업계를 선도하며 지식 공유의 모범이 되는 사람으로 인정받을 것이다.

API를 공개했을 때의 단점도 존재한다.

» **자원**: API를 제공하려면 그만큼 개발과 유지보수에 공을 들여야 한다. 데이터의 출처가 바뀔 때마다 API도 수정해야 한다. 예를 들어 당신이 제공하는 데이터의 유형에 오디오를 추가한다면 API도 업데이트해야 한다. 그리고 당신의 API를 이용하는 개발자들이 고객 지원 서비스를 요청하거나 API에 포함된 함수를 설명하는 문서를 요구할 수 있다. API만 공개하고 고객 지원이 없으면 개발자들이 불만을 품고 이탈한다. API를 공개할 때는 자원이 많이 소모된다는 점을 생각해야 한다.

» **보안**: API는 사용자가 당신의 데이터를 이용할 수 있게 한다. 하지만 그 틈으로 당신이 공유할 의도가 없는 정보가 부적절하게 쓰일 위험성도 존재한다. 그래도 현재 시중에 수많은 API가 나온 모습을 보면 그런 위험을 충분히 예방하거나 해결할 수 있다고 봐도 좋을 것 같다.

» **비용**: 다른 개발자가 당신의 API를 '호출'하거나 '요청'할 때마다 마이애폴리는 행동을 취해야 한다. 이때 그 요청을 처리하는 비용은 누가 부담할까? 바로 당신이다! API를 공개하기 전에 요청을 처리하는 비용을 어떻게 감당할지 생각해야 한다.

API의 성패는 다른 개발자들이 얼마나 수월하게 사용법을 익히고 각자의 애플리케이션에 넣을 수 있느냐에 달렸다.

API의 작동 원리

API의 원리를 기술적으로 깊이 따지면 복잡하지만 그 기초는 간단하다. API는 소프트웨어 간 통신용 인터페이스다. 즉, 애플리케이션들이 인간의 개입 없이 대화하는 수단이다. 예컨대 마이애폴리에서 날씨를 보여주고 싶다면 날씨 API를 이용(호출)해서 최신 일기 정보를 가져오면 된다.

　물론 날씨 사이트에서 정보를 입수해도 된다(직접 접속). 하지만 API를 이용하면 브라우저로 직접 접속할 필요 없이 간단한 코드로 원하는 정보를 얻을 수 있다. 이때 무슨 코드를 써야 하는지 어떻게 알까? API와 함께 제공되는 '가이드'를 보면 프로그래밍 언어처럼 어떤 코드를 작성해서 무엇을 요청할 수 있는지 다 설명돼 있다. 당신은 가이드에 적힌 설명과 규칙을 읽은 후 getWeather 함수를 이용해 날씨 정보를 받아오기로 한다. 이 함수를 API에 전달하면 API는 서버와 통신해서 당신이 요청한 정보를 확보한다. 그리고 그 결과를 당신이 쉽게 이해할 수 있는 형식(주로 XML이나 JSON이 사용되는데 후자는 뒤쪽의 단락에서 설명할 것이다)으로 반환return(전달)한다. 이론상으로는 API가 허락하는 한 굳이 브라우저로 웹사이트에 접속하지 않고도 원하는 정보를 무엇이든 획득할 수 있다.

　요컨대 API는 소프트웨어 개발자들의 편의를 위해 만들어진 루틴(어떤 작업을 수행하기 위해 실행되는 일련의 명령―옮긴이)(주로 함수)과 그것을 사용하기 위한 규약의 집합체다. 개발자는 API를 이용해 안전한 경로로 애플리케이션에 접근해서 필요한 정보나 기능을 불러올 수 있다.

이제부터 API의 대표적 형태인 **표현 상태 전송**REST, REpresentational State Transfer과 **단순 객체 접근 통신규약**SOAP, Simple Object Access Protocol을 차례로 알아보자.

| REST |

REST(레스트)는 로이 토머스 필딩Roy Thomas Fielding이 웹을 더욱 확장성 있게 사용하도록 개발한 아키텍처 형식이다. REST에서 모든 요청은 두 부분으로 구성된다. 하나는 엔드포인트라고 부르는 URL이고 다른 하나는 요청 사항을 담은 메시지다. 이 메시지에는 개발자가 요구하는 행동(예: getWeather)과 그 행동에 대한 추가 정보를 제공하는 매개변수(예: getWeather의 대상을 오늘과 어제로 한정하기)가 명시되고, '키값'이라고 하는 개발자 아이디(누가 얼마나 빈번하게 요청하는지 기록하는 데 쓸 수 있다)가 필수로 들어가기도 한다. 이 모든 정보가 URL 안에 부호화돼 HTTP의 GET 방식으로 API에 전달된다. 그러면 API는 요청을 해독한 후 서버와 통신해서 개발자가 요구한 행동을 완료하고 그 결과를 응답으로 보낸다.

| SOAP |

1997년에 마이크로소프트의 프로젝트로 시작된 SOAP(솝)도 HTTP를 이용하여 서버에 데이터를 요청하는 수단이다. REST API는 구체적인 요청 사항을 URL에 부호화하는 반면에 SOAP은 요청 사항을 XML 문서로 전송한다. 이 XML 문서는 **웹서비스 기술 언어**WSDL, Web Services Description Language 파일에 명시된 구조를 따라야 한다. 비유하자면 SOAP은 봉투에 요청 사항을 담아서(요청 사항을 숨겨서) 보내는 방식이고, REST는 엽서에 요청 사항을 적어서(누구나 볼 수 있게) 보내는 방식이라 할 수 있다. 하지만 SOAP도 REST도 전달 수단은 우편, 즉 HTTP다.

| **REST와 SOAP 비교** |

REST와 SOAP은 다음과 같은 측면에서 차이가 있다.

- » **오버헤드**overhead: REST 요청은 URL로 기술해야 하지만 SOAP 요청은 문서로 기술한다. 그래서 일반적으로 SOAP 요청이 더 길고, 오버헤드(어떤 작업을 처리하기 위해 부수적으로 소비되는 시간이나 자원—옮긴이)가 더 많이 요구되며, 메시지의 각 부분에 요청 사항을 설명하는 정보가 더 많이 포함된다.
- » **투명성**: 엽서와 봉투의 비유를 다시 사용하자면, REST는 모든 내용이 공개되는 반면에 SOAP은 주소(엔드포인트 URL)만 드러난다.
- » **개발 시간**: 개발자의 숙련도에 따라 다르긴 해도 대체로 REST API가 SOAP API보다 개발 속도가 빠르다.
- » **유연성**: SOAP은 XML 문서를 사용하기 때문에 REST보다 많은 정보를 요청에 담을 수 있어서 유연성이 더 크다.

인증

앞에서 말했듯이 당신은 누가 당신의 API를 사용하고 무엇을 요청하는지 모니터링하고 싶을 것이다. 그리고 API로 제공되는 데이터가 정확한지, 또 접속 시 보안이 유지되는지 확인하기 위해 API 사용자와 커뮤니케이션하고 싶을 것이다. 그래서 API 인증이 필요하고 이때 사용할 수 있는 방식은 다음과 같다.

» **오픈API(무인증):** 오픈API는 아무 장벽 없이 사용하는 API다. 코드를 비교적 자유롭게 배포할 수 있고, 사용자를 모니터링할 필요가 없다면 굳이 요청을 관리하지 않아도 된다. 오픈API는 특정한 사람의 행동을 모니터링하거나 API 사용권을 제한할 의도 없이 익명의 데이터만 취합해도 충분할 때 매력적인 방식이다.

» **메시지 기반 인증:** 각 개발자의 키값 같은 자격 증명 정보가 API 요청 메시지에 포함돼서 전송된다. 혹은 요청의 HTTP 헤더에 그 정보가 포함될 수 있다.

» **SSL 엔드포인트:** 클라이언트가 서버의 진위를 확인하는 방식이다. 클라이언트는 서버 인증서를 받은 후 변개된 부분이 있는지 검사한다. 만일 변개된 부분이 발견되면 본래 의도했던 서버가 아닌 다른 곳에서 정보가 전송됐을 수 있으므로 그 정보는 신뢰하기 어렵다. 이 방식을 쓰면 공격자가 당신이 생각하는 제공자인 척 위장할 수 없다. 하지만 보안 소켓 계층SSL, Secure Sockets Layer 엔드포인트 방식은 클라이언트의 신원을 증명해주진 않기 때문에 여기 나열된 다른 방식과 함

께 사용한다.

» **클라이언트 인증서**: 안전한 경로로 클라이언트에게 인증서를 발급한 후 클라이언트가 요청할 때마다 인증서를 확인하는 방식이다. 막강한 인증 방식이지만 인증 속도가 크게 저하될 수 있다.

자바스크립트 객체 표기법

XML(4, 5장) 외에도 쉽게 접할 수 있는 구조화 언어가 **자바스크립트 객체 표기법**JSON, JavaScript Object Notation이다. JSON(제이슨)은 이름 과 값이 쌍을 이루어 작성되며 이 쌍들이 중첩될 수 있다. 예를 들어 책(객체)에는 저자, 제목, 출간연도를 설명하는 이름-값 쌍들이 포함 될 수 있다. 많은 API가 XML이 아닌 JSON 형태로 결과를 반환한다. 같은 정보를 담는다 해도 JSON과 XML은 그 구조가 다르다.

라이브러리

라이브러리library는 흔히 사용되는 기능(예: 드롭다운 메뉴, 팝업창 애니 메이션)을 정의하는 코드를 모아놓은 것이다. 예를 들어 당신은 수학 과 관련된 변수와 함수를 모은 라이브러리를 만들 수 있다. 이 라이 브러리를 공개하면, 자신의 애플리케이션에서 수학을 이용하고 싶 은 개발자는 누구나 당신의 라이브러리를 불러와서 시간을 아낄 수 있다. 이처럼 공개된 라이브러리를 이용하면 개발 시간과 인력이 절 감된다.

그런데 타인의 라이브러리에 얼마나 의존하는 것이 적당할까? 정답은 없고 개발 효율과 함께 저울질해봐야 할 문제다.

오픈소스

API와 라이브러리로 정보가 확산되면서 **오픈소스**open source 프로젝트가 증가하는 추세다. 오픈소스를 이해하려면 소프트웨어 개발의 역사를 훑어볼 필요가 있다.

현시점에서는 상상하기 어렵겠지만 예전에 대학의 연구자들만 소프트웨어를 개발하던 때가 있었다. 그 시절에는 새롭게 개발된 소프트웨어가 아무 제약 없이 공유되곤 했다. 모든 연구가 공익을 위한 것이었으니 당연했다. 이후 1960년대에 초대형 상업용 컴퓨터를 출시한 IBM 같은 기업은 그런 문화의 영향으로 소프트웨어를 무료 제공했다. 하지만 기술이 발달하고 경쟁이 심화되는 와중에 하드웨어의 가격이 하락하자 기업은 소프트웨어를 새로운 수익 창출 수단으로 봤다. 그래서 소프트웨어가 독점 자산이 되어 유료로 판매되기 시작했고 개발자의 허가 없이 복제하는 행위가 불법이 됐다.

이런 변화를 못마땅하게 여긴 사람이 MIT의 리처드 스톨먼Richard Stallman이다. 당시 자유 소프트웨어free software(사용에 제한이 없는 소프트웨어. 무단 수정이나 재배포가 금지되곤 하는 프리웨어freeware와는 다르다—옮긴이)로만 구성된 운영체제인 GNU 소프트웨어(윈도우나 맥OS의 자유 소프트웨어 버전이라고 보면 된다)를 개발하던 그는 MIT

의 간섭을 우려해 대학을 떠났다. 이후 소프트웨어의 상업화에 반대하고 누구나 소프트웨어를 동등하게 사용할 수 있어야 한다는 그의 주장에 많은 사람이 감화됐다. 급기야 스톨먼은 1985년에 GNU(그누) 프로젝트를 뒷받침할 자유소프트웨어재단FSF, Free Software Foundation을 설립하기에 이른다. FSF는 **카피레프트**copyleft의 기치 아래 소프트웨어의 자유로운 이용을 보장하는 일반 공중 사용허가서GPL, General Public License를 배포했다. 카피레프트는 독점적 권리(카피라이트)와 반대로 자유롭게 제품을 복제하고, 배포하고, 수정할 권리를 옹호하는 사상이다.

GPL이 독점 소프트웨어를 판매하는 행위에 도전하는 선언이었기 때문에 1990년대에는 자유 소프트웨어의 free를 '자유'가 아닌 '무료'로 오해하는 사람도 있었다. 하지만 자유 소프트웨어는 가격과 상관이 없다.

FSF는 "어떤 프로그램이 자유 소프트웨어가 되려면 사용자에게 4대 자유가 허용돼야" 한다고 정의한다.[6] 그 내용은 이렇다.

» 프로그램을 어떤 목적으로든 실행할 자유(자유0).
» 프로그램의 작동 원리를 살피고 그것을 필요에 맞게 수정할 자유(자유1). 따라서 사용자가 소스코드에 접근할 수 있어야 한다.
» 이웃을 돕기 위해 프로그램을 재배포할 자유(자유2).
» 프로그램을 개선하고 공익을 위해 그것을 공개할 자유(자유3). 마찬가지로 사용자가 소스코드에 접근할 수 있어야 한다.

FSF는 "공짜 맥주의 프리가 아닌 언론 자유의 프리" 같은 구호로 재단이 소프트웨어를 판매하는 행위 자체에 반대한다는 오해를 바로잡아나갔다.

3장에서 프로그램을 구성하는 코드를 '소스코드'라 부른다고 했다. 누구나 소스코드를 읽고, 이해하고, 수정할 수 있으려면 소스코드가 일반에 공개돼야 한다. 그래서 '오픈소스'라는 말이 탄생했다. 하지만 누구나 소스코드에 접근할 수 있다고 해서 그 프로그램이 오픈소스로 인정되는 것은 아니다. 오픈소스 프로그램은 그 소스코드를 누구나 제약 없이 다른 프로그램의 개발에 이용할 수 있어야 한다. 1988년에 설립된 단체 오픈소스 이니셔티브OSI, Open Source Initiative는 다음과 같은 내용으로 「오픈소스의 정의The Open Source Definition」를 발행했다.[7]

오픈소스는 소스코드에 대한 접근권만 의미하지 않는다. 오픈소스 소프트웨어는 그 배포 조건이 다음의 기준을 만족해야 한다.

» **자유로운 재배포**: 누구든 해당 소프트웨어를 그 밖의 출처에서 획득한 프로그램들을 포함하는 집합적 소프트웨어 배포본의 일부로 판매하거나 무료로 배포할 수 있어야 한다. 그런 행위에 로열티 등의 요금이 부과돼서는 안 된다.

» **소스코드**: 프로그램에 소스코드가 포함돼야 하며 컴파일된 형태뿐만 아니라 소스코드도 배포가 허용돼야 한다. 제품이 소스코드와 함께 배포될 수 없는 형태라면 대중이 합리적인 재배포 비용 이상을 지불

하지 않고 쉽게 이용 가능한 수단으로 소스코드를 획득할 수 있어야 하며, 특히 인터넷을 통한 무료 다운로드가 권장된다. 소스코드는 프로그래머가 프로그램을 수정하기 수월한 형태여야 한다. 소스코드의 고의적 난독화는 허용되지 않는다.

» **파생 저작물**: 프로그램을 수정하고 파생 저작물을 만드는 것이 허용돼야 하고, 이를 원 소프트웨어의 라이선스와 동일한 조건으로 배포하는 것이 허용돼야 한다.

» **저작자의 소스코드 보전**: 원프로그램을 수정하는 패치 파일patch file 이 소스코드와 함께 배포되도록 허용한다는 조건하에서 원프로그램의 소스코드가 수정된 형태로 배포되는 것을 금할 수 있다. 이때는 수정된 소스코드로 빌드된 소프트웨어의 배포가 분명히 허가돼야 한다. 원개발자는 파생된 저작물에 원프로그램과 다른 이름이나 버전 번호를 사용할 것을 요구할 수 있다.

» **개인이나 집단에 대한 차별 금지**: 어떤 개인이나 집단도 차별해서는 안 된다.

» **사용 분야의 차별 금지**: 누구나 어떤 분야에서든 프로그램 사용이 허용돼야 한다. 예를 들어 사업이나 유전자 연구에 사용하는 것을 금할 수 없다.

» **라이선스의 배포**: 프로그램에 결부된 권리는 프로그램을 재배포 받은 사람이라면 누구든 추가 라이선스를 획득하지 않고도 행사할 수 있어야 한다.

» **특정 제품에 한정된 라이선스 부여 금지**: 프로그램에 결부된 권리는 프로그램이 특정한 배포본의 일부일 때만 허용돼서는 안 된다. 만일

프로그램이 어떤 배포본에서 추출됐고 그 배포본의 사용 조건 아래에서 사용되거나 재배포된다면, 프로그램을 재배포 받은 사람은 누구든 원배포본에 결부된 것과 동일한 권리를 행사할 수 있어야 한다.

» **타 프로그램 제약 금지**: 프로그램과 함께 배포되는 타 프로그램을 제약해서는 안 된다. 예를 들어 함께 배포되는 타 프로그램이 오픈소스여야 한다고 제약할 수 없다.

» **기술 중립성**: 특정한 기술이나 인터페이스 형태가 라이선스 부여의 조건이 돼서는 안 된다.

비슷한 시기에 오픈소스 운영체제인 리눅스를 개선하고 그 사용법을 교육하는 목적으로 레드햇Red Hat이 설립됐다. 레드햇은 카피레프트 제품을 비즈니스 모델의 근간으로 삼은 최초의 기업이다. 이를 기점으로 오픈소스 시스템이 마이크로소프트를 포함해 대형 소프트웨어 회사의 지위를 위협하기 시작했다.[8]

이후 넷스케이프의 모질라 공용 라이선스Mozilla Public License 등 그 밖의 오픈소스 라이선스도 많이 나왔다. 오픈소스 문화의 확산을 증명하듯 현재 OSI에서 승인한 오픈소스 라이선스는 약 50개 존재하며 이는 크게 두 유형으로 나눌 수 있다.

» **학술용 라이선스**: 대학은 이 유형의 라이선스 아래에서 연구 성과를 대중에 배포하고 그 소프트웨어와 소스코드의 사용·복제·수정·배포를 허가한다. 그 시초라 할 수 있는 버클리 소프트웨어 배포판BSD, Berkeley Software Distribution 라이선스는 '무조건' 라이선스의 대표격이

다. 학술용 라이선스로 배포되는 코드는 상업용 소프트웨어의 제작을 포함해 어떤 목적으로든 사용 가능하다. 코드를 이용하기만 하고 결과물을 오픈소스로 제공하지 않아도 무방하다.

» **상호적 라이선스**: 이 유형의 라이선스하에서 배포되는 코드는 오픈소스 소프트웨어 집단에 편입된다. 그 코드는 누구나 어떤 목적으로든 사용할 수 있으며 거기서 파생된 코드는 반드시 동일한 라이선스에서 배포돼야 한다. 다시 말해 그 코드를 이용해 새로운 것을 만들었으면 그 또한 타인이 이용할 수 있게 해야 한다. GPL이 좋은 예다.

많은 사람이 오픈소스 코드는 품질이 떨어질 것이라고 생각한다. 코드의 품질을 평가하는 방법 중 하나는 신뢰성, 성능, 소유 비용을 따져보는 것이다. 아니면 이식성, 유연성, 자유성을 기준으로 삼을 수도 있다. 어떤 잣대를 들이대든 기존의 코드를 재사용할 때 생기는 장점도 많지만 타인의 코드와 시스템에 의존할 때 생기는 위험성이 존재한다. 그럼에도 상업용 소프트웨어만큼 복잡하고 우수한 오픈소스 제품이 많다.

소프트웨어 개발 키트

당신은 마이애폴리 사무실에서 **소프트웨어 개발 키트**SDK, Software Development Kit라는 말을 듣게 될 것이다. 특히 팀원들이 모바일 앱 개발(13장)을 이야기할 때 SDK가 자주 언급될 것이다. 여기서 간단히 설명하고 넘어가자면 SDK는 특정한 플랫폼(예: 애플 아이폰에 탑재된 iOS)용으로 소프트웨어를 개발할 때 도움이 되도록 플랫폼 제조사에서 제공하는 개발 도구다. SDK는 온라인에서 다운받을 수 있고 개발자가 해당 플랫폼용 소프트웨어 개발을 시작할 때 필요한 것들을 포함한다. 이를테면 개발 문서(가이드), 통합 개발 환경(3장), API, 라이브러리, 그 외의 유용한 도구(예: 오류를 잡는 디버깅 도구, 성능 측정 도구)가 포함된다. SDK의 목적은 개발 편의성을 키우는 것이다. 개발자가 믿고 쓸 수 있는 도구는 많을수록 좋다.

결론

당신의 팀은 API를 비롯해 기존의 코드를 활용하는 수단을 심층적으로 알아본 후 전반적 개발 계획을 수립한다. 유용한 API와 라이브러리를 쓰면 일정을 앞당길 수 있지만 당신의 팀은 그중 하나를 천천히 배제할 계획을 세운다. 기존 도구만으로는 마이애폴리에 필요한 기능을 모두 구현할 수 없기 때문이다. 그리고 몇몇 라이브러리는 성능이 좋지 않으며 불안정하다는 평가를 접하고 사용하지 않기로 한다. 당신은 자체 개발과 외주 사이에서 균형을 잡아야 한다. 이제 그에 대한 결정은 끝났다. 본격적으로 마이애폴리의 개발에 돌입할 시점이다. 그러면, 어떻게 해야 팀워크를 이끌어낼 수 있을까?

7장

소프트웨어 개발:
팀워크

사공이 많으면 배가 산으로 간다는 말이 있다. 프로그래밍도 마찬가지다. 그래서 당신이 엔지니어들을 잘 통솔해야 한다.

당신은 지난 몇 주간 야심만만한 엔지니어들로 작은 팀을 꾸렸다. 그들은 백엔드, 프런트엔드, 데이터베이스가 어떻게 상호작용하는지 알고 있으며, 이제 본격적으로 마이애폴리를 개발할 준비가 끝났다. 하지만 그 전에 당신은 협업 가이드라인을 마련하려 한다. 팀원들이 어떤 식으로 협업해야 좋을까? 두 사람이 동시에 같은 파일을 작업해도 괜찮을까? 엔지니어들이 서로의 작업물을 이해하려면 무엇이 필요할까?

이런 질문은 어떤 제품을 개발하든 중요하다. 그래서 팀 단위로 일할 때 더 빠르고 안정적인 코딩을 가능케 하는 소프트웨어 설계 원리와 도구가 많이 나와 있다. 당신도 엔지니어들과 커뮤니케이션하려면 그쪽 방면의 용어를 숙지해야 한다. 특히 버전 관리 시스템을 알아야 한다.

개발 문서

엔지니어가 동료에게 코드를 설명하는 가장 간단한 방법은 주석을 다는 것이다. 어떤 프로그래밍 언어든 코드의 줄이나 블록 옆에 그 기능이나 원리를 설명하는 주석을 달 수 있다. 예를 들면 "사용자 비밀번호를 변경"이라거나 "사용자를 데이터베이스에 추가"라고 쓰는 식이다. 이렇게 주석을 달면 새로운 엔지니어가 익숙하지 않은 코드베이스(전체 코드)를 빨리 이해하고 잘 보강할 수 있다. 그리고 주석은 평문으로 적혀서 읽기 쉬우니까 관리자가 코드를 검토할 때도 유용하다. 코드는 프로세스와 기능을 설명하고 지시 사항을 적어놓은 **개발 문서**documentation의 일종이다. 개발 문서는 주로 문단으로 구성된 글로 작성되고, 그 목적은 엔지니어들이 중요한 기능의 구조와 작동법을 신속히 이해하는 것이다. 가령 마이애폴리의 수석 엔지니어가 신용카드 결제를 처리하는 기능을 개발한다면 그 기능이 프로그램의 나머지 부분과 어떻게 연결되는지, 그 코드가 어떤 논리로 작동하고 어디에 저장되는지, 어떤 API가 사용되는지 등등을 설명하는 글을 적어서 동료들의 이해를 도울 수 있다.

이렇게 코드를 설명하는 문서 외에 코딩 스타일도 팀워크에 중요한 요소다. 여기서 **스타일**style이란 변수 명명법(변수의 이름을 정하는 방식), 들여쓰기와 공백의 사용법, 주석의 구조 같은 것을 말한다. 예를 들어 사용자에게 이름을 입력받아 데이터베이스에 저장하는 코드가 있다고 해보자. 엔지니어에 따라 사용자 이름이 저장되는 변수의 이름을 'name'으로 지정할 수도 있고 'var293'이라고 지정할 수도 있다. 물론 전자가 더 직관적이다. 이 같은 코딩 스타일은 당연히 중요하다. 그래서 모든 엔지니어가 지켜야 할 스타일 가이드를 상세히 확립하는 것이 업계의 관행이다. 그리고 프로그래머가 참고할 수 있도록 자체적인 스타일 가이드가 존재하는 프로그래밍 언어도 많다. 마이애폴리의 엔지니어들이 그런 가이드를 따른다면 모든 기능의 코드가 동일한 구조로 작성되고 변수명도 일관성 있게 정해져서, 새로운 엔지니어가 왔을 때 한층 쉽게 코드를 검토하고 협업할 수 있을 것이다.

프로그램 아키텍처

마이애폴리의 코드를 조직하는 방식은 여러 가지다. 3~5장에서 알아본 대로 개발자는 코드를 작성함으로써 프로그램의 논리적 흐름을 구현하고, 사용자에게 표시되는 화면을 만들고, 데이터베이스를 조작한다. 이런 코드를 모두 한 덩어리로 뭉쳐놓으면 프로그램이 굼떠지고 유지보수가 어려울 것이다. 어떤 프로그램의 코드가 전부 한 파일에 저장돼 있다고 해보자. 이때 문제가 발생하면 코드의 줄이 수백만에 달하는 파일에서 수정할 부분을 찾기가 얼마나 어렵겠는가?

다행히 프로그래밍도 이제 성숙한 분야가 되었으며, 지금까지 영리한 사람들이 코드를 현명하게 조직하는 방식을 많이 고안했다. 그런 코드 설계 원리를 따르면 개발 효율과 코드의 성능이 좋아지는 것은 물론이고 협업과 유지보수도 더 수월해진다.

코드를 조직할 때 가장 흔하게 사용되는 구조는 다층 아키텍처다. 그중에서도 3계층 아키텍처3-tiered architecture가 제일 많이 쓰인다. 3계층 아키텍처는 3~5장의 내용에 부합한다. 3계층 중 한 층은 데이터베이스와 관련된 부분을 처리하며 '모델'이라 불린다(5장). '컨트롤러'라는 중간층은 백엔드, 즉 프로그램의 논리적 흐름을 처리한다(3장). 그리고 사용자에게 표시되는 것을 담당하는 층을 '뷰' 또는 '프레젠테이션'이라고 부른다(4장). 이 외에도 여러 가지 아키텍처가 존재하지만 여기서는 각각의 차이점을 논하지 않고 애초에 그런 아키텍처들이 왜 존재하는지를 설명하려고 한다.

아키텍처가 존재하는 이유는 첫째, 병렬 작업에 유리하기 때문이다(이런 코드 설계 원리를 흔히 **관심사 분리**separation of concerns라고 말한다). 마이애폴리 팀에서 뷰, 컨트롤러, 모델을 전담하는 엔지니어가 따로 있다고 해보자. 그러면 컨트롤러 엔지니어는 모델 엔지니어에게 "방법은 아무래도 좋으니까 내가 사용자 이름만 받을 수 있게 해줘"라고 말할 수 있다. 다시 말해 뷰 엔지니어와 컨트롤러 엔지니어는 데이터베이스에 들어가서 이름을 가져오는 코드를 고민할 필요 없이, 당연히 이름을 가져올 방법이 존재하리라 가정하고 자신의 코드를 작성할 수 있다. 그리고 모델 엔지니어는 두 엔지니어에게 간단한 방법만 알려주면 된다. "사용자 이름이 필요하면 getUserName 함수를 호출해. 사용자의 위치가 필요하면 getUserLocation을 호출하고." 구체적으로 데이터베이스를 조작하는 코드는 모델 엔지니어가 자유롭게 작성하면 된다. 이렇게 애플리케이션을 구성하는 세 영역의 엔지니어들이 다른 영역의 코드에 신경을 안 써도 되면 각 영역을 비교적 독립적으로 개발할 수 있다.

아키텍처가 필요한 이유는 둘째, 유지보수에 유리하기 때문이다. 예를 들어, 컨트롤러 엔지니어가 모델 엔지니어에게 사용자의 이름, 주소, 우편번호가 필요하다고 말했다고 하자. 모델 엔지니어는 데이터베이스에서 각각의 정보를 가져오는 함수를 하나씩 만들어 컨트롤러 엔지니어에게 알려준다. 그러면 컨트롤러 엔지니어는 그 함수로 얻은 정보를 활용한 결과물을 뷰 엔지니어에게 보내서 화면에 표시되게 한다. 석 달 후 엔지니어들은 데이터베이스에서 정보를 가져오는 모델 코드가 비효율적이라고 판단한다. 하지만 뷰 엔지니어와 컨트롤러 엔지니어는 아무것도 건드릴 필요가 없다. 모델 엔지니어가 자신의 함수만 개선하면 된다. 이때 만일 명확한 아키텍처가 없다면 데이터베이스 코드가 아무 파일에나 들어갔을 수 있다. 그렇다면 해당 코드를 찾아서 수정하기가 훨씬 어려울 것이다.

아키텍처의 존재 이유 중 세 번째는 코드 재사용에 유리하기 때문이다. 뷰 엔지니어가 모든 페이지에 사용자 이름을 표시하려 한다고 해보자. 만일 페이지마다 데이터베이스에서 이름을 가져오는 코드가 따로 작성돼 있다면 일일이 다 수정하느라 애를 먹을 것이다. 하지만 이미 getUserName 함수가 존재하므로 그것을 쓰면 된다. 이런 추상화를 통해 엔지니어들은 코드를 더 효율적이고 경제적으로 작성할 수 있다.

이 세 가지 장점이 합쳐져서 만들어내는 효과는 명확하다. 바로 개발 시간 단축이다. 제품의 개발과 보수에 들어가는 시간이 짧아지면 그만큼 많은 시간을 더 수익성 좋은 활동에 투입할 수 있다.

버전 관리

프로그램 아키텍처가 잘 확립되면 관심사를 분리해서 동시에 여러 엔지니어가 동일한 제품을 개발하고 보수할 수 있는 환경이 만들어 진다. 하지만 관심사 분리가 완벽한 해결책은 아니다. 어떻게 하면 엔지니어들이 더 효과적으로 분업하고 협업할 수 있을까? 어떤 사람 이 특정한 파일을 수정했을 때 나머지 팀원들에게 어떻게 알려야 할까? 수정된 파일을 메일로 보내야 할까? 그리고 어떤 파일을 수정하려고 할 때 그것이 최신 버전인지 어떻게 알 수 있을까? 혹시 실수로 코드에 오류가 생기면 이전 버전으로 되돌리고 싶을 때도 있을 것이다. 이런 상황의 해법은 무엇일까? 바로 **버전 관리**version control다(개 정 관리revision control 또는 소스 관리source control라고도 한다). 버전 관리 는 문서의 변경 사항을 관리한다는 뜻한다. 당신의 팀은 방금 언급한 것과 같은 문제를 해결하기 위해 아마도 깃Git이나 머큐리얼Mercurial 같은 버전 관리 시스템을 이용할 것이다. 그러면 버전 관리 시스템의 기능과 장점을 알아보자.

충돌 해결

여러 엔지니어가 같은 제품을 개발하고 보수할 때 발생하는 충돌을 해결하기 위해 주로 사용하는 방법은 파일 잠금과 버전 병합이다.

파일 잠금file locking은 동일한 파일을 동시에 건드리는 것을 방지 하는 수단이다. 에세이가 담긴 문서가 있다고 해보자. 만일 두 사람 이 동시에 이 에세이를 편집한다면 누구의 편집본을 최종본으로 사용해야 할까? 혹시 두 편집본을 병합할 수 있을까? 파일 잠금은 먼저 파일을 연 사람에게 '쓰기' 권한(파일을 수정할 권한)을 부여하고 다른 사람들은 그 파일을 수정하지 못하게 잠그는 기능이다. 다른 사람들은 잠긴 파일의 내용을 볼 수만 있다('읽기' 권한).

파일 잠금의 장점은 같은 파일의 수정본이 두 개 생겨서 하나로 합쳐야 할 때 발생하는 복잡한 문제를 피할 수 있다는 것이다. 엔지니어1이 수정 중인 파일을 엔지니어2가 열면 양쪽에 알림이 간다. 하지만 이 방식에도 단점이 존재한다. 엔지니어2는 엔지니어1이 수정을 끝낼 때까지 기다려야 하고, 그러다 보면 작업이 지연되며 개발 속도가 떨어진다. 만일 엔지니어1이 파일을 열어놓고 며칠 병가라도 내면 큰일이다. 그러면 엔지니어2는 그 며칠을 꼼짝없이 기다리거나 상급자에게 강제로 파일 잠금을 해제해달라고 요청해야 한다. 그뿐만 아니라 서로 의존하는 두 파일이 각기 다른 엔지니어에 의해 잠겨서 호환성을 해치는 방향으로 수정될 수 있다는 것도 단점이다.

파일 잠금 외에 충돌을 해결하기 위해 많이 쓰는 방법이 **버전 병합**version merging이다. 이때는 여러 사람이 동일한 파일을 수정할 수 있다. 모두가 수정 작업을 끝내면 시스템이 변경 사항을 합칠 수 있도록 도와준다. 만약에 동일한 파일이라고 해도 엔지니어들이 저마다 다른 부분을 수정했다면, 편집자1이 에세이의 도입부를 수정하고 편집자2가 결말부를 수정했을 때처럼 그냥 합쳐버리면 그만이다. 하지만 두 엔지니어가 동일한 부분을 제각각 수정하면 **충돌**conflict이 발생해서 수작업으로 해결해야 한다. '충돌'이라는 말이 어딘가 어수선한 느낌을 주지만, 파일 잠금보다 버전 병합을 채택할 때 업무가 더 원활하게 처리된다고 느끼는 사람이 많다. 낭비되는 시간이 더 적기 때문이다. 엔지니어들이 동일한 부분을 수정하지만 않는다면 충돌이 거의 발생하지 않아 자연스럽게 병합이 이뤄진다. 버전 병합은 코드나 개발 문서 같은 텍스트 파일에 잘 맞는 방식이다. 텍스트는 비교하고 합치기가 쉽기 때문이다. 반면에 오디오나 이미지처럼 변동 사항을 비교하기가 쉽지 않은 파일에는 파일 잠금이 더 잘 어울린다.

중앙집중식과 분산

버전 관리 시스템은 중앙집중식 시스템과 분산 시스템으로 나뉜다. 중앙집중식 시스템에서는 모든 코드가 **저장소**repository라고 불리는 중앙 서버에 보관된다. 엔지니어가 파일을 열거나 저장하려면 네트워크로 이 중앙 서버와 연결돼 있어야 한다. 중앙집중식은 웹사이트를 불러올 때 사용되는 클라이언트-서버 모델과 비슷하다. 코드의 사본이 클라이언트, 즉 엔지니어의 컴퓨터에 존재할 수 있지만 중앙 서버에 모든 변경 내역이 보관된다. 어떤 이유로든 서버의 작동이 중단되면 코드와 변경 내역이 유실되거나 일시적으로 접근할 수 없게 되므로 서버가 단일 장애점이 된다.

반면에 분산 시스템에서는 전체 코드와 변경 내역, 즉 저장소가 엔지니어들의 컴퓨터에 보관된다. 그래서 네트워크에 접속하지 않아도 파일을 열고 저장할 수 있기 때문에 작업 속도가 빨라진다. 이렇게 각 엔지니어의 로컬local(원격remote과 반대되는 개념으로 사용자가 직접 조작하는 기기—옮긴이)에 있는 저장소는 다른 엔지니어들이 변경한 사항을 적용해 업데이트된다. 아니면 분산 시스템이어도 중앙 서버를 사용하는 경우가 있다. 각 엔지니어의 컴퓨터에 존재하는 저장소는 사실상 백업본이라고 할 수 있다. 이처럼 작업 속도도 빠르고 백업 기능도 있기 때문에 분산 시스템이 각광받는 추세다.

버전 관리의 장점

버전 관리 시스템을 이용하면 엔지니어가 저마다 코드의 수정본을 제출할 수 있고 모든 수정본이 독립적으로 관리되며 그 순서가 기록된다. 그래서 파일이 어떻게 수정됐는지 시간순으로 볼 수 있으면서 필요하면 파일이나 코드베이스를 이전 버전으로 되돌릴revert 수 있다. 그리고 수정본마다 수정 사항을 설명하는 엔지니어의 주석이 붙는다. 그래서 누가 무엇을 수정했는지 확인하며 필요하면 더 자세한 설명을 요구할 수 있다.

버전 관리 시스템은 파일의 변경 사항diff만 모니터링하기 때문에 속도가 빠르다. 만약에 편집자가 전체 원고에 한 문장만 추가했다면 다른 편집자들에게 굳이 원고 전체를 복사해서 전달할 필요 없이 어디에 무엇을 삽입했는지만 알려주는 게 더 효율적일 것이다. 같은 맥락에서 버전 관리 시스템은 두 가지를 모니터링한다. 변경된 줄의 번호와 변경 사항(추가 혹은 삭제된 코드)이다. 엔지니어가 파일을 저장하면 변경 사항이 코드베이스의 확정판, 즉 마스터 버전에 적용된다. 그래서 모든 엔지니어가 항상 코드베이스의 최신 버전을 이용하게 된다.

그리고 두 엔지니어가 각자의 사본에서 서로 별개인 기능들을 수정할 수 있다는 것도 버전 관리 시스템의 강점이다. 만약 그 기능들의 코드가 겹치지만 않는다면 수정 사항을 쉽게 병합할 수 있다. 만일 겹친다면, 버전 관리 시스템이 제공하는 충돌 관리 기능을 이용해 병합하거나 처음부터 파일 잠금으로 충돌을 방지하면 된다.

버전 관리 시스템을 쓰면 그때그때 코드베이스에 '태그'를 달 수도 있다. 앞에서 버전 관리 시스템을 쓰면 이전의 코드베이스를 볼 수 있다고 했다. 태그는 특정 시점의 코드베이스에 넣는 표시라 생각하면 된다. 예를 들어 릴리스release(소프트웨어를 출시, 공개, 배포하는 것—옮긴이)된 코드베이스에 '버전 1.0'이란 태그를 붙일 수 있다. 그리고 테스트가 끝났지만 아직 릴리스되지 않은 코드에 '베타' 태그를 붙이거나 최신 수정본에 '최신'이란 태그를 붙이면 찾기 쉬워진다.

● ● ●

결론

팀으로 개발하다 보면 여러 난관에 부딪히기도 하지만 스타일 가이드, 프로그램 아키텍처, 버전 관리 시스템이 잘 갖춰진다면 팀워크가 향상된다. 다음번에 누가 '사공이 많으면 배가 산으로 간다'고 말한다면 깃을 쓰라고 일러주자.

8장

소프트웨어 개발:
프로세스

2011년에 에릭 리스가 3년간 창업자들에게 자원 관리와 소프트웨어 설계에 관해 조언한 경험을 바탕으로 자신의 개발론을 정리한 『린 스타트업』을 출간한 후 린 스타트업Lean Startup 열풍이 불기 시작했다.[9] 린 스타트업의 골자는 피드백을 토대로 한 지속적인 제품 개발이며, 바로 그것이 이번 장의 주제다.

당신은 CTO에게서 마이애폴리의 개발 프로세스를 명확히 할 필요가 있다는 말을 듣는다. 명확히 하려면 어떻게 해야 할까? 한 달에 하나씩 새로운 기능을 발표한다는 목표를 세울까? 책임자가 새로운 기능을 빌드하고 테스트한 후 팀 전체에 공개하는 방식을 도입할까? 소프트웨어 개발의 작업 흐름은 어떻게 구성되고 어떤 식으로 관리해야 할까? 이런 부분은 웹 애플리케이션의 기술적 측면과 직접적인 연관이 없다. 하지만 소프트웨어를 개발할 때 반드시 고려해야 할 것이 프로세스의 복잡성과 예측불가능성이다. 소프트웨어 개발 팀이 어떻게 일하는지만 잘 알아도 당신은 더 우수한 관리자가 될 수 있다. 팀원들은 당신에게 나름대로 계획한 개발 프로세스를 말할 것이다. 이때 팀 전체가 동일한 프로세스에 합의하지 않으면 개발이 중

구난방으로 진행돼 결국에는 좌초되고야 만다. 다행히 마이애폴리의 엔지니어들은 개발 프로세스에 대한 이해가 깊다.

워터폴 모델

워터폴(폭포수) 개발 모델은 순차적으로 단계를 밟는 방식이다. 당신이 새 집을 구한다고 해보자. 일단 축하한다! 그런데 시장에 나온 매물 중에는 마음에 드는 집이 없다. 그래서 직접 짓기로 한다.

먼저 당신은 건축사무소에서 구체적인 일정과 요구 사항을 정한다. 예를 들면 자재의 종류, 방과 화장실의 개수 등을 결정한다. 요구 사항이 확정되면 당신은 건축설계사와 도면을 만든다. 그리고 시공업체를 선정해 공사를 시작한다. 업체에서는 열 달 후면 공사가 끝난다고 말한다. 열 달 후 당신은 완공된 집을 둘러본다. 새 집이 요구 사항에 맞게 지어졌는지 테스트하는 것이다. 어디 구멍이 크게 뚫리거나 계단이 비어 있지 않는다면 당신은 새 집에 들어가 나를 집들이에 초대할 것이다. 이상이 바로 요구 사항 기술, 설계, 실행, 시험, 유지보수로 이어지는 워터폴 모델의 5단계 개발 과정이다.

워터폴 모델에서는 입력과 출력이 자세히 정의되고, 이전 단계로 돌아가려면 막대한 비용이 든다. 예를 들어 '실행' 단계에서 집의 구조를 바꾸려고 한다면 철거, 재설계, 재시공 비용이 어마어마하게 발생할 것이다. 그래서 워터폴 모델에서는 일단 프로젝트 전체를 상세히 계획하고 시작하는 게 권장된다.

더 적절한 방식

소프트웨어 개발 과정을 어깨너머로라도 본 적 있다면 프로젝트 전체를 꼼꼼히 계획하기가 불가능에 가깝다는 사실을 잘 알 것이다. 몇 달 후에 어떤 기술이 새로 등장할지 누가 알겠는가? 그때 가서 그 기술을 써야 할지도 모른다. 그리고 코드의 일부분이 예상대로 작동하지 않는다면? 다른 방식으로 기능을 구현해야 할 수 있다. 혹은 다 만들고 났더니 첫 페이지의 구성이 너무 복잡하게 느껴진다면 어떻게 해야 할까? 이런 문제가 워낙 빈번히 발생하기 때문에 장기적이고 순차적인 개발 프로세스가 꼭 좋다고 할 수는 없다. 그리고 집을 지을 때와 달리 소프트웨어를 개발할 때는 신속한 이터레이션(다음에서 설명할 것이다)이 가능하다. 주택 건축과 달리 웬만해서는 처음부터 거액의 예산을 배정할 필요가 없기 때문이다. 그런 면에서 워터폴 모델은 소프트웨어 개발에 잘 맞지 않는다.

반복 점진 개발

1960년대에 **반복 점진 개발**IID, Iterative and Incremental Development이라는 진일보한 모델이 등장해 많은 소프트웨어 개발자의 환영을 받았다. 워터폴 모델은 장기적인 프로젝트를 상정하지만 반복 점진 개발 모델은 장기 프로젝트를 수많은 소형 프로젝트, 즉 **이터레이션**iteration으로 분할한다. 예를 들어 우리는 마이애폴리 프로젝트를 각각 송금 기능, 사진 업로드 기능, 스프레드시트로 데이터 내보내기 기능을 구현하는 프로젝트들로 나눌 수 있다. 각 이터레이션은 전체 프로젝트의 일부이면서 그 자체로 목표가 구체적인 독립 프로젝트다. 스프레드시트로 데이터 내보내기 기능은 사진 업로드 기능과 별도로 개발돼야 한다. 각각의 이터레이션을 통해 새로운 기능이 추가되면서 제품이 점진적으로 발전하는 형태다. 물론 기존의 기능을 개선하는 이터레이션도 있을 것이다.

반복 점진 개발에 속하는 대부분의 개발론에서 이터레이션 기간은 1~6주가 적당하다고 본다. 이처럼 이터레이션에 기한을 정하는 것을 **타임박싱**timeboxing이라 부른다. 1955년에 시릴 노스코트 파킨슨Cyril Northcote Parkinson이 "작업에 소요되는 시간은 작업에 할당된 시간만큼 늘어난다"는, 이른바 파킨슨 법칙을 주창했다.[10] 이 법칙에 따르면, 이틀이면 끝날 일에 일주일이 주어질 경우 실제로 시간이 일주일이 걸릴 만큼 생산성이 떨어진다. 타임박싱은 이런 현상을 막기 위해 고안된 기법이다. 그뿐만 아니라 일의 범위가 함부로 확장되는 것을 방지하는 효과도 있다. 가령 어떤 기능을 구현하는 데 일주일을 배정했으나 실제로 개발에 들어가니 생각보다 기술적으로 복잡한 문제가 존재해서 일주일 안에 개발을 끝내지 못했다고 해보자. 이때는 무조건 개발을 재개할 것이 아니라 일단 지정된 기한이 지났으니 과연 그 기능을 구현하는 것이 급한 일인지 재평가한 후 향후 일정을 조율하면 된다.

신속한 이터레이션은 소프트웨어를 개발할 때 항상 존재하는 예측불가능성에 대응하기 위해 필요하다. 기능 하나를 구현하고자 여러 차례 이터레이션을 반복할 수 있다는 면에서 반복 점진 개발 모델은 워터폴 모델과 달리 획일적으로 정해진 단계에 구애받지 않는다. 주택 건축에 대입한다면 이터레이션은 방 하나를 만드는 것이 될 수 있다. 차근차근 이터레이션을 진행해 방을 추가할 수도 있고 이전의 이터레이션에서 나온 피드백을 반영해 이미 만든 방을 다시 만들 수도 있을 것이다.

반복 점진 개발 모델에서는 우선순위가 중요하다. 대형 프로젝트를 다수의 이터레이션으로 분할했을 때 무엇을 먼저 처리해야 할까? 우선순위를 정하는 기준은 위험성일 수도 있고 고객일 수도 있다. 위험성이 기준일 경우는 위험성이 큰 순서로 처리하는 것이 권장된다. 예를 들면 애플리케이션의 뼈대가 되는 부분이나, 가장 복잡해서 실패할 확률이 가장 높은 부분을 개발하는 이터레이션을 먼저 수행하는 것이다. 그러고 나면 자신감이 붙고 프로젝트가 순조롭게 진행될 가능성이 커진다. 한편, 고객을 기준으로 삼는다는 건 고객의 피드백과 요청을 반영해 우선순위를 정한다는 의미다. 이때는 워터폴 모델의 엄격성과 대비되며 개발자들이 좋아하는 특성인 유연성이 생긴다. 그래서 고객을 기준으로 우선순위를 정하는 일은 '적응'을 통해 '발전'을 추구하는 행동이라 할 수 있다. 물론 위험성과 고객을 모두 기준으로 삼는 것도 가능하다. 어쨌든 우선순위를 잘 정해야 팀이 일사불란하게 움직일 수 있다.

이터레이션은 '납품'과 다르다. 이터레이션의 결과물이 항상 납품돼야 하는 것은 아니다. 즉, 항상 고객에게 제공돼야 하는 것은 아니다. 예를 들면 일단 수차례의 이터레이션을 통해 여러 기능을 구현한 다음 새 버전을 발표할 때도 있을 것이다. 하지만 납품된 결과물에 대한 고객의 피드백이 향후 이터레이션과 납품에 영향을 미칠 수도 있다. 그래서 주기적으로 이터레이션의 결과물을 고객에게 릴리스하는 편이 전략적으로 유리하다.

애자일 방법론

이제는 많은 기업에 **애자일**agile 방법론이 정착했다. 애자일 방법론은 방금 설명한 반복 점진 개발 모델과 마찬가지로 프로젝트를 구성하고 관리하는 방법론이다. 애자일 방법론이 반복 점진 개발 모델의 한 종류라고 보는 사람도 있고, 반복 점진 개발 모델의 장점을 취하면서 더 발전한 결과물이라고 보는 사람도 있다. 관점이야 어떻든 간에 초거대 기업과 야심만만한 스타트업을 막론하고 요즘 웬만한 IT 기업은 '애자일 개발 프로세스'를 따른다고 말한다.

애자일 방법론은 반복 점진 개발과 유사한 점이 많다. 우선 아직 완료되지 않은 작업들을 일정한 기준에 따라 우선순위대로 정리한 제품 백로그backlog가 존재한다. 그리고 팀 내에서 여러 이터레이션이 동시에 진행되고, 이터레이션이 완료되는 대로 사용자의 피드백을 받기 위해 그 결과물이 릴리스되므로 반복 점진 개발에 속하는 대부분의 방법론보다 활발하게 고객과 개발자의 협업이 이뤄진다. 피드백을 토대로 제품 백로그에 새로운 항목이 추가되거나 기존 항목의 우선순위가 바뀐다. '애자일'의 사전적 의미는 '민첩하다'지만 애자일 방법론에서 중시하는 점은 개발 속도를 높이는 것이 아니라 업무 흐름을 잘 구성하는 것이다. 그래서 애자일 방법론에는 다음과 같은 4대 원칙이 존재한다.

» 프로세스와 도구보다 사람들과, 그들 간의 상호작용이 더 중요하다.

» 상세한 개발 문서를 만드는 것보다 작동 가능한 소프트웨어를 만드는 것이 더 중요하다.

» 계약 협상보다 고객과의 협력이 더 중요하다.

» 계획을 고수하는 것보다 변화에 대응하는 것이 더 중요하다.

애자일 방법론에서는 팀워크와 전반적인 업무 환경이 중요시된다. 여기서는 내가 스타트업에서 애자일 문화를 피부로 느낀 경험에 비추어 그 특징을 이야기해보려 한다. 애자일 방법론에서는 개방된 공간에서 협업을 유도하는 것이 권장된다. 그래서 칸막이 없는 사무실이 경직성을 줄이고 창의성을 키우기 위한 환경으로 추천되기도 한다. 그리고 화이트보드를 많이 사용한다. 자율적으로 운영되는 소그룹들이 화이트보드를 이용해 그룹원들의 아이디어를 공유하며 발전시키고 나중에 참고하기 위해 사진으로 찍어둔다. 이렇게 브레인스토밍을 할 때는 단순하게 해야 한다. 애자일 방법론에서는 모든 방면에서 단순함이 중시되기 때문이다. 그래서 복잡한 프레젠테이션 슬라이드나 스프레드시트를 사용하지 않고 그냥 화이트보드에 아이디어를 적고 사진으로 찍어서 공유한다.

애자일 방법론을 도입한 개발팀에는 자율적으로 운영되는 소그룹들이 존재한다. 관리자도 소그룹에 권한을 위임한다. 그래서 소그룹 내에서 자체적으로 브레인스토밍을 하여 다음번 이터레이션의 내용을 결정하고 필요한 업무를 분장한 후 다시 모여 얼마나 진척이 있었고 각자 맡은 업무를 완수했는지 확인한다. 과거 조직관리

론에서는 사람들이 일하기 싫어하고 책임을 회피하기 때문에 처벌로만 동기를 부여할 수 있다고 봤다. 하지만 애자일 방법론은 사람들이 어려운 문제에 도전하기를 좋아하고, 일을 즐기며, 집단으로 일할 때 활력이 생긴다는 인식에 바탕을 두고 더 자연스러운 관리법을 추구한다. 그래서 업무 환경만 잘 갖춰진다면 팀의 생산성이 향상돼 더 좋은 제품을 만들 수 있다고 본다. 애자일 방법론에서 관리자의 역할은 무엇을 어떻게 하라고 일일이 지시하는 것이 아니라, 업무에 필요한 자원을 제공하고, 비전을 유지하고, 방해물을 제거하고, 팀에 애자일 문화가 잘 정착하도록 좋은 규칙을 강조하는 것이다.

| 장점 |

애자일 방법론의 장점은 명확하다. 신속한 이터레이션으로 팀이 복잡한 문제에 빨리 대응할 수 있다. 그리고 팀원들이 협업하는 방식을 꾸준히 개선하며 효율이 높아진다. 또한 점진적으로 새로운 기능을 추가하고 기존의 기능을 보완함으로써 전반적인 위험성을 줄이고 고객에게 더 빨리 새로운 버전을 납품할 수 있다. 그러면 고객은 제품이 수시로 업데이트되기 때문에 좋고, 기업은 신속하고 꾸준하게 피드백을 받아 제품에 반영하여 UX를 개선할 수 있어서 좋다. 수시로 업데이트를 내놓으면 팀원들도 활력이 생긴다. 그러면 당연히 생산성이 향상돼서 기업과 고객에게 모두 이득이 된다. 애자일 방법론은 이렇게 생산성을 키우고 제품의 품질을 높이기 때문에 급속도로 인기가 높아지고 있다.

릴리스 관리

이터레이션의 결과물을 어떻게 고객에게 납품해야 할까? 코드를 대중에게 릴리스할 때는 버그투성이 업데이트나 불량한 업데이트가 나가지 않도록 주의해야 한다. 코드 릴리스란 납품과 사실상 똑같은 의미다. 고객이 사용할 수 있도록 코드를 '가동'한다는 뜻이다. 이때는 크게 세 가지 환경 혹은 서버가 필요하다.

첫 번째는 코딩과 테스트가 이뤄지는 **개발 환경**development environment이다. 새로운 기능이 아직 개발 환경에 존재하는 시점에는 대중이 그 기능을 이용할 수 없다. 그래서 어떤 오류가 발생하더라도 기껏해야 기업의 개발 속도가 느려질 뿐 웹사이트를 이용하는 고객에게는 타격이 없다. 다시 말해 개발 환경에 있는 코드는 웹사이트의 '가동' 버전에 영향을 미치지 않는다.

이터레이션의 결과물을 업데이트나 새 버전의 형태로 릴리스할 준비가 끝나면 그 코드가 **스테이징 환경**staging environment에 업로드된다. 스테이징 환경은 개발 환경과 별도의 서버이며 가동 버전의 사본이 저장된다. 모든 제품이 스테이징 환경을 이용하진 않지만 스테이징 환경에서 제품을 테스트하면 새로운 기능이 최종적으로 납품될 준비가 됐는지 다시 한번 확인할 수 있다.

스테이징 환경에서 완벽하게 작동하는 코드는 배포deployment 준비가 완료된 것이므로 **운영 환경**production environment으로 이전된다. 운영 환경은 대중이 이용하는 웹사이트가 가동되고 모든 방문자에게 대응하는 서버다. 이런 릴리스 절차를 따르는 이유는 운영 환경에 정상 작동하는 코드만 올리기 위해서다. 물론 세상에 완벽한 것은 없기 때문에 그럼에도 버그가 발생할 수 있다.

● ● ●

결론

당신은 팀원들과 상의한 후 이 장에서 설명한 개발 모델 중 하나를 도입하기로 한다. 그리고 각 릴리스 단계를 잘 운용할 수 있도록 엔지니어들과 함께 릴리스 관리 시스템도 구축한다. 하지만 고객에게 새 기능을 선보이기 전에 혹시라도 버그가 있어서 문제를 해결하긴커녕 더 큰 문제를 일으키지는 않을지 확인해보는 편이 좋을 것이다. 다음 장에서 그 방법을 알아보자.

9장

소프트웨어 개발:
디버깅과 테스트

2009년 토요타의 일부 차량에서 가속페달이 즉시 제자리로 복원되지 않는다는 의혹이 제기됐고, 급기야 토요타는 2010년 1월에 410만 대를 리콜했다. 제품의 결함, 즉 버그bug 때문에 발생한 문제였다. 이런 일은 제조업만 아니라 IT업계에서도 발생한다. 페이스북, 구글, 마이애폴리는 언제든 버그가 생길 수 있다. 하지만 유능한 개발팀이라면 제품이 릴리스되기 전에 버그를 잡을 것이다.

당신의 팀이 작성하는 코드가 처음부터 다 잘 작동하리라고 생각하면 안 된다. 책을 출간하기 전에 원고를 교정하는 것이 당연하듯 개발 과정에서는 오류를 없애는 디버깅debugging이 중요하다. 오류 중에는 오탈자 같은 문법적 오류도 있고, 코드의 구조에 문제가 있거나 코드 간에 충돌이 일어나서 발생하는 오류도 있다. 개발자와 사용자가 심심찮게 발견하는 것이 버그인 만큼 디버깅은 수시로 이뤄진다. 그리고 예상외로 많은 시간을 잡아먹을 수 있다. 마이애폴리의 규모가 커지면서 엔지니어가 늘어나면 그만큼 버그의 출처를 찾기도 어려워질 것이다. 디버깅의 기본적인 개념과 원리를 이해하면 디버깅이란 행위가 얼마나 실험적이고 가변적인지 알 수 있다.

벅스 라이프, 버그의 일생

버그는 한마디로 오류다. 그 어원으로 거슬러 올라가면 재밌는 이야기가 숨어 있다. 예전에 천공카드로 코딩을 하던 시절, 유명한 컴퓨터과학자 그레이스 호퍼Grace Hopper가 컴퓨터의 비정상적인 행동을 발견했다. 그래서 원인을 찾아보니 천공카드에 나방의 사체가 끼어 있었다. 컴퓨터과학 역사상 최초의 버그가 출현한 순간이다.

요즘 말하는 버그는 진짜 벌레가 아니라 프로그래머가 (본의 아니게) 초래하는 오류다. 버그가 항상 쉽게 잡히는 것도 아니다. 버그는 크게 문법 버그와 의미 버그로 나뉜다.

» **문법 버그**syntax bug는 프로그래밍 언어의 규칙을 어겼을 때 발생한다. 예를 들면 세미콜론을 빠트리거나, 변수명을 잘못 적거나, 프로그래밍 언어가 지원하지 않는 구조를 사용했을 때 문법 버그가 생긴다. 문법 버그는 컴파일러나 인터프리터 같은 도구가 자동으로 포착하기 때문에 대부분 쉽게 고칠 수 있다. 코드를 마이크로소프트 워드 문서라고 친다면 문법 버그는 맞춤법 검사기에 걸리는 오류라고 할 수 있다.

» **의미 버그**semantic bug는 다시 두 종류로 나뉜다. 첫째, 프로그램을 충돌시키고 중단시키는 **런타임 오류**runtime error다. 예를 들어 프로그램이 존재하지 않는 파일을 열려고 하면 런타임 오류가 발생한다. 둘째, 프로그램을 중단시키진 않지만 뺄셈을 해야 할 곳에서 덧셈을 하는 것처럼 예상치 못한 결과를 야기하는 **논리 오류**logical error다. 우리가 글을 쓸 때 앞서 한 말과 모순된 말을 한다면 논리 오류를 범한 셈이

다. 하지만 맞춤법만 잘 지켰다면 맞춤법 검사기가 오류로 잡아내지 못할 것이다. 그래서 의미 버그는 문법 버그보다 발견하기가 어렵다.

모든 버그가 프로그래머의 부주의로 생기는 것은 아니다. 때로는 업데이트된 코드가 이전의 논리와 충돌해서 버그가 발생한다. 혹은 엔지니어 두 명이 각각 신기능을 구현한 코드를 병합했는데 그 속에서 충돌이 일어나 버그가 생길 수도 있다. 그러니까 버그가 있다고 해서 꼭 누가 잘못했다고는 말할 수 없다.

디버깅 과정

여기서 소개하는 디버깅의 6단계는 토르슈텐 그뢰트커Thorsten Grötker가 시놉시스Synopsys 동료들과 공동으로 작성한 「디버깅의 13대 원칙13 Golden Rules of Debugging」을 참고했다.[11] 이 6단계를 무조건 따라야 한다는 법은 없지만, 엔지니어가 문제를 '디버깅'한다면 이와 비슷한 단계를 밟고 있다고 생각해도 무방하다.

1. 문제를 추적한다

버그를 잘 잡으려면 일단 버그를 잘 추적해야 한다. 그래서 버그가 발견될 때마다 적절히 문서화할 필요가 있다. 그래야 차후 발생하는 버그를 더 신속하게 잡을 수 있으며, 팀 전체가 문제와 그 해법에 대해 동일한 정보를 제공받게 된다. 시중에 나온 버그 추적 시스템은 대부분 다음과 같이 작동한다. 먼저 버그가 발견되면 그것을 설명하는 '티켓'이 발행된다. 티켓의 상태는 기본적으로 '열림'이고 버그가 해결되면 '닫힘'으로 바뀐다. 그 중간 단계로 '작업 중' 같은 상태도 존재한다. 그리고 문제의 해결을 위임하기 위해 다른 팀원에게 티켓이 배정될 수도 있다.

그렇다면 버그의 정보를 적절히 문서화한다는 건 무슨 의미일까? 프로그램에 입력되는 것은 무엇이든 버그를 발생시킬 소지가 있으므로 문제의 원인이 될 만한 부분을 모두 기록해야 한다. 여기에는 사용자의 특정한 행동, 운영체제, 브라우저, 실제로 나타난 결과, 예상했던 결과 등 버그와 관련성이 의심된다면 무엇이든 포함된다. 그 중에는 운영체제와 브라우저처럼 상황이 바뀌어도 변하지 않는 요소, 즉 '정적' 요소도 존재하고, 동시에 실행되는 프로그램의 개수처럼 상황에 따라 변하기 쉬운 '동적' 요소도 존재한다. 전자는 주로 시스템의 설정이나 호환성과 관련이 있고 후자는 메모리나 네트워크와 관련이 있다.

2. 문제를 재현한다

버그를 분석해서 관련 정보를 상세히 기록했으면 이제 버그를 재현할 차례다. 버그가 발생했을 때와 동일한 상황을 만들어서 보고된 내용과 같은 결과가 나오는지 확인하는 것이다. 처음에는 수작업이 좀 필요하지만, 프로그램의 실패 상황을 다시 만들어야 추후에 버그가 제대로 수정됐는지도 확인할 수 있다.

9장 소프트웨어 개발: 디버깅과 테스트

3. 테스트한다

코드를 수정할 때마다 문제가 해결됐는지 확인하기 위해 다시 문제를 재현해야 한다. 이때 매번 수작업으로 문제를 재현하기는 무척 번거롭기 때문에 테스트를 자동화하면 좋다. 시중에 자동화 기술이 많이 나와 있으니 사용하는 프로그래밍 언어, 전체 시스템의 사양, 비용 등을 따져서 선택하면 된다.

디버깅을 할 때는 과학적 방법을 따르면 좋다. 가설을 세우고 그에 맞춰 코드를 수정한 후 테스트를 거쳐 결과를 평가하고 필요하면 그 과정을 반복하는 것이다. 그리고 코드를 수정하고 테스트할 때마다 수정 사항을 기록으로 남겨야 한다. 그래야 코드를 원래 상태로 복원해야 할 때 역추적이 가능하다. 코드를 수정할 때마다 파일을 따로 저장하는 것도 좋다.

마이애폴리의 업데이트를 릴리스하기 전에 문제는 없는지 어떻게 테스트해야 할까? 지난번 릴리스로 인해 사용자가 경험하게 된 버그를 잡으려면 서둘러야 하는 상황이다. 이럴 때는 주로 표현 계층, 기능 계층, 유닛 계층 중 하나를 선택해서 테스트를 수행한다.

어떤 계층에서든 테스트할 수 있지만 보통은 실행의 용이성, 상호작용의 용이성, 결과 분석의 용의성을 따져서 계층을 선택한다. 각 계층의 테스트 방법을 간단히 알아보자.

표현 계층presentation layer은 애플리케이션을 구성하는 모델-뷰-컨트롤러 중 뷰에 해당한다. 표현 계층에서 테스트할 때는 평범한 사용자처럼 마우스와 키보드로 애플리케이션을 사용한다. 가령 마이애폴리의 잔고 확인 기능에 버그가 있다고 해보자. 100달러를 입금

해도 잔고가 0달러로 표시되는 버그다. 이때 표현 계층에서 버그가 해결됐는지 확인하려면 웹페이지를 새로고침하여 잔고가 정확히 표시되는지 보면 된다. 표현 계층 테스트는 대체로 쉽고 빠르게 진행된다. 하지만 최종적으로 표시되는 금액만 보고는 백엔드에서 어떤 식으로 계산이 이뤄지는지 알 수 없기 때문에 분석에 한계가 있다.

기능 계층functionality layer은 애플리케이션의 기능을 구현하는 코드의 총합으로 마이애폴리의 컨트롤러와 모델에 해당한다. 기능 계층에서 테스트할 때는 주로 애플리케이션의 코드와 상호작용하는 간단한 프로그램을 별도로 만든다. 예를 들어 가짜 계정을 생성한 후 100달러를 입금하는 간단한 프로그램을 만들어서 입금 후 잔고가 100달러로 뜨는지 확인하는 것이다. 이런 유의 기능 테스트는 대체로 브라우저에서 새로고침 버튼을 누르는 것처럼 간단하고 자동화를 통해 대규모로 실시할 수 있다. 하지만 무조건 쉽게만 볼 수도 없는 것이 개발자가 별도의 프로그램을 만들려면 그만큼 시간과 노력이 들기 때문이다. 그래도 동일한 테스트를 수차례 반복해야 할 것으로 예상된다면 그 정도는 투자해볼 만하다.

마지막은 **유닛 계층**unit layer이다. 전체 프로그램을 작업별로 분할한 것을 유닛이라 부른다. 잔고 버그의 경우에는 기존 잔고를 가져오는 것, 입금액을 입력받는 것, 새 잔고를 계산하는 것, 새 잔고를 저장하는 것이 각각 유닛이다. 유닛 테스트는 스크립트로 자동화할 수 있으며, 프로그램의 각 부분이 어떻게 작동하는지 가장 면밀히 관찰할 수 있는 테스트다. 보통 그 목적은 일치성 검사다. 각 부분에서 예상되는 결과와 실제 결과가 일치하는지 검사하는 것이다. 일치하면 테스트가 계속 진행되고 불일치하면 오류가 보고된다. 그래서 프로그램의 어떤 영역에서 버그가 발생하는지 바로 확인할 수 있다. 잔고 버그의 예에는 몇 가지 유닛이 존재한다. 일단 잔고를 변화시킬 값을 검사해야 한다. 100달러를 입력했을 때 백엔드에서 100달러로 해석하는지 확인하는 것이다. 다음으로는 기존의 잔고를 검사해야 한다. 프로그램이 잔고를 정확하게 불러오는가? 이어서 기존 잔고에 100달러를 추가해서 최종값을 확인해야 한다. 최종값이 정확한가? 이렇게 단계별로 나눠 분석하면 어떤 단계에서 오류가 발생하는지 알게 된다.

당신의 팀은 버그를 추적하고 테스트하기 위해 쓸 수 있는 도구와 기술이 다양하다. 간단한 디버깅 기법은 print 함수를 이용하는 것이다. print는 프로그래머가 지시한 것을 화면에 출력하는 함수다. 잔고 버그의 예에서는 버그를 찾기 위해 코드의 행간마다 print문(文)을 삽입할 수 있다. 기존 잔고, 잔고에 추가될 금액, 새 잔고가 출력되게 하는 것이다. 그중에서 틀린 값이 나오면 어디가 문제인지 알 수 있다. 이처럼 print 함수로 유닛 테스트가 가능하다. 하지만 여기저기에 다 print문을 넣으면 코드가 지저분해질 뿐만 아니라 버그가 생길 때마다 수많은 출력문을 읽는 수고를 감수해야 한다. 다행히 더 편리한 방법들도 존재하다.

그중 하나가 **디버거**debugger를 이용하는 것이다. 디버거의 역할은 프로그래머가 프로그램의 작동 상황을 잘 관찰할 수 있게 프로그램을 중단하는 것이다. 프로그래머는 **중단점**breakpoint을 지정해서 원하는 시점에 코드의 실행을 멈추고 관련된 변수들의 값을 확인할 수 있다. 디버거에는 코드를 한 줄씩 끊어서 실행하는 기능도 있으므로 다음에는 어떤 줄이 실행되고 어떤 변수가 바뀔지 알 수 있다. 이렇게 코드의 논리를 차근차근 따라가다 보면 오류의 발생 지점을 쉽게 포착할 수 있다. 대표적인 디버거인 GNU의 GDB(그누 디버거)는 명령줄 인터페이스CLI, Command Line Interface(그래픽으로 표현된 이미지를 마우스로 클릭해 기능을 실행하는 '그래픽 사용자 인터페이스GUI'와 달리 사용자가 직접 명령어를 입력해야 하는 텍스트 위주의 인터페이스—옮긴이)에서 실행되고 주로 C언어와 연계해서 사용된다.

4. 테스트 결과를 해석해서 버그의 원인을 찾는다

테스트를 거듭하면 버그의 근원에 점점 더 가까이 접근하게 된다. 프로그래머들에게 물어보면 논리적 오류나 누락된 구문 때문에 그 고생을 시킨 지점을 찾을 때만큼 뿌듯한 순간도 없다고 말할 것이다. 버그는 소스코드는 물론이고 컴파일러(컴파일 언어를 사용한다면), 외부 라이브러리, API 등 어디에나 존재할 수 있음을 잊지 말자.

5. 로컬에서 버그를 수정한다

버그를 찾았으면 고쳐야 한다. 그러자면 어떤 기능의 코드를 통째로 재작성해야 할 수도 있겠지만, 어쨌든 프로그램이 충돌하는 '이유'가 파악됐으니 다행스러운 일이다. 버그를 수정한 후에는 나머지 기능도 모두 잘 작동하는지 확인하는 회귀 테스트regression test를 실시한다. 버그를 잡다가 또 다른 버그가 생긴다면 문제를 제대로 해결했다고 볼 수 없기 때문이다. 그리고 기왕 테스트하는 김에 차후에 그런

9장 소프트웨어 개발: 디버깅과 테스트

버그를 감지하도록 추가 테스트를 설계할 수도 있다. 회귀 테스트를 통과했다면 사태를 키우지 않고 잘 수습했다고 봐도 좋다.

6. 수정본을 납품한다

버그를 고치고 테스트를 완료했다면 웹사이트의 가동 버전을 업데이트해서 사용자들이 버그를 경험하지 않게 하면 된다. 이때는 8장에서 설명한 릴리스 관리 절차를 따른다.

결론

이제 당신은 마이애폴리의 완성도를 높이기 위해 사용할 수 있는 프로세스와 기술을 좀더 자세히 알게 됐다. 당신의 팀은 그런 도구를 활용해 마이애폴리를 업데이트하고, 테스트하고, 디버깅하고, 릴리스했다. 제품의 꾸준한 개선도 중요하지만 그만큼 중요한 것이 다음 장에서 다룰 사용자 유치다.

10장

사용자 유치와
분석

사용자는 다양한 **채널**channel로 당신의 웹사이트를 알게 된다. 그중 하나는 SNS, 이를테면 페이스북이나 트위터에서 마이애폴리를 알고 가입하는 것이다. 다른 채널로 '추천', 즉 입소문이 있다. 또 이메일 마케팅을 통해 사용자가 유입되기도 한다. 이렇듯 잠재 고객에게 웹사이트를 노출하고 방문을 유도하는 방법은 여러 가지가 있다. 이 장에서는 그중에서도 검색엔진과 관련된 중요한 채널 두 가지, 자연 검색과 유료 검색을 알아볼 것이다. **자연 검색**organic search은 통상적인 검색 결과를 말한다. **유료 검색**paid search은 검색 결과 페이지SERP, Search Engine Results Page 상단에 관련 광고가 뜨는 것을 가리킨다.

기업은 고객 데이터를 수집해서 행동을 분석한다. 대형마트를 예로 들자면 고객이 누구이고, 어떤 상품을 구입하며, 어떤 코너가 인기 있는지 등등의 정보를 토대로 상품을 발주하고, 가격을 책정하고, 배치를 바꾼다. 그런 정보를 영리하게 확보하기 위해 도입한 수단이 바로 멤버십카드다. 고객은 멤버십카드를 단순히 할인을 받는 용도로 생각하지만, 실제로는 멤버십카드를 통해 마트에 개인정보가 공급된다.

멤버십카드가 마트에 도움이 되는 이유는 점포에 들어온 고객이 웬만하면 뭐라도 하나 사서 나가기 때문이다. 하지만 온라인 고객은 다르다. 만일 당신이 마이애폴리에서 고객이 뭔가를 구입했을 때만 데이터를 수집할 수 있다면 귀중한 정보를 많이 놓치게 된다. 당신도 마트처럼 고객이 누구이고, 무엇을 원하고, 당신의 제품을 어떻게 생각하는지 알고 싶을 것이다. 그렇다고 마트와 똑같이 하기는 어려우므로 다른 방법을 찾아야 한다.

이 장에서는 검색엔진으로 사용자를 유입시키는 방법과 웹사이트에서 사용자의 행동을 추적하는 방법을 알아볼 것이다. 그리고 우리의 개인정보가 허락 없이 사용되지 않도록 제정된 새로운 데이터 보호 규정도 이야기할 것이다.

검색엔진 최적화

요즘은 검색엔진의 존재가 당연시되지만 인터넷 검색이 아예 불가능한 시대도 있었다. 최초의 검색엔진은 1990년에 등장한 아키Archie이며 파일명으로 검색이 가능했다. 그때부터 여러 개발자가 아키를 능가하는 검색엔진을 개발하려고 했다. 그리고 1994년에 야후가 찾을 수 있는 웹페이지란 웹페이지는 전부 수작업으로 데이터베이스에 등록해서 사용자가 카탈로그를 이용해 원하는 웹페이지를 찾는 검색 기능을 구현했다. 그러나 수작업에 의존하다 보니 웹페이지를 수집하는 속도가 너무 느려서 효율성이 떨어졌다. 한편 애스크지브스AskJeeves는 인터넷으로 질문하고 답을 얻는다는 새로운 방식을 제시했다. 엄밀히 말하자면 검색이라고 할 수 없었지만 인터넷을 통한 지식 공유의 효시가 됐다. 이런 선발주자들은 저마다의 전략으로 승부수를 던졌다. 하지만 머잖아 그들이 래리 페이지Larry Page와 세르게이 브린Sergey Brin이라는 스탠퍼드 대학원생들에게 패배할 줄은 누구도 예상치 못했을 것이다. 1998년에 페이지와 브린은 인터넷 전체를 스캔해서 각 웹페이지에 대한 설명을 저장해놓고 사용자가 검색어를 넣으면 그에 부합하는 웹사이트를 보여주는 방식을 개발했다. 그리고 구골(1 뒤에 0이 100개 붙은 수)에서 영감을 받아 그들의 검색엔진에 이름을 붙였으니, 바로 구글의 탄생이었다. 구글이 등장하면서 우리가 인터넷을 이용하는 방식도 완전히 달라졌다.

요즘 검색엔진들은 모든 웹사이트의 정보와 키워드를 저장한다. 그래서 사용자가 검색어를 넣으면 각 웹사이트를 설명하는 키워드와 대조해서 결과를 출력한다.

그렇다면 검색엔진은 어떻게 웹사이트의 제목과 키워드를 수집할까? 물론 야후처럼 수작업으로 카탈로그를 만드는 것은 아니다. 웹페이지의 개수가 날로 더 빠르게 증가하는 상황에서 수작업으로 일일이 다 수집하기란 애초에 불가능하다. 하지만 필요는 혁신의 어머니라는 말이 있듯이 구글의 똑똑한 엔지니어들은 **스파이더**spider라는 봇bot, 즉 자동화 소프트웨어가 웹페이지를 스캔하고 그 안에 포함된 링크를 타고 돌아다니게 했다. 이것을 거미가 인터넷을 기어다닌다는 의미에서 크롤링crawling이라 부른다. 스파이더가 모든 링크를 추적했으면 웹 전체를 발견했다고 볼 수 있다. 스파이더는 각 페이지를 스캔해서 그 페이지에 등장하는 키워드, 그 페이지를 링크한 다른 페이지의 개수 같은 정보를 기록한다. 이를 토대로 해당 페이지를 설명하는 데이터가 만들어지고 동일한 주제에 속하는 다른 페이지들과 중요도를 비교해서 순위가 매겨진다. 그리고 이 순위를 기준으로 사용자가 구글에서 어떤 주제로 검색했을 때 화면에 표시되는 순서가 결정된다. 대부분의 사용자가 검색 결과를 많아야 2~3페이지 정도까지만 본다는 점을 생각하면 이 순서는 무척 중요하다. 순위가 높은 사이트일수록 당연히 더 많은 트래픽이 몰린다. 어떤 주제로 검색해서 나온 사이트를 클릭하는 행위는 자연 검색이다. 그리고 구글 같은 검색엔진에서 사이트의 순위를 높여 자연 검색으로 사용자가 유입될 확률을 높이는 것이 **검색엔진 최적화**SEO, Search Engine Optimization다.

검색엔진 최적화를 이해하기 위해서는 검색엔진이 검색어와 데이터베이스 내의 키워드를 어떻게 대조하는지도 알아야 한다. 동일한 의미의 검색어를 입력한다고 해도 사용자에 따라 대소문자(Tennis와 tennis), 단복수형(racket과 rackets), 철자(racket과 racquet)를 다르게 넣을 수 있고, 중요하지 않은 단어나 구문(the, a 등)이 포함되거나 안될 수 있다. 일반적으로 검색엔진은 이런 변인을 소거한 후 검색어와 데이터베이스를 대조한다. 그래서 검색어에 부합하는 웹페이지들이 선정되면 순위를 매겨서 화면에 표시한다. 당연히 검색어에 가장 잘 맞는 페이지가 최상단에 표시되므로 사용자는 어떤 링크를 클릭할지 깊이 고민할 필요가 없다. 어떻게 보면 이것이 바로 검색엔진이 부리는 마법이라고 할 수 있겠다. 인터넷을 크롤링해서 데이터베

10장 사용자 유치와 분석

이스를 만드는 것은 누구나 생각할 수 있지만, 어떤 정보를 수집하고 그것을 어떻게 활용해서 화면에 표시할 순위를 매기느냐가 차별화 요인이 된다.

구글의 순위 알고리즘인 페이지랭크PageRank는 이미 유명하다. 그 원리가 자세히 공개되진 않았지만 순위 평가 시 무엇을 보는지 정도는 알려져 있다. 따라서 웹페이지를 만들 때 그런 점을 고려하면 좋을 것이다.

페이지랭크가 중요하게 보는 요소 중 하나는 키워드 밀도다. 어떤 키워드가 많이 포함된 페이지일수록 그 키워드와 관련됐을 가능성이 크다. 예를 들면 '테니스 라켓'을 100번 언급하는 페이지가 1번 언급하는 페이지보다 테니스와 관련됐을 가능성이 크다. 물론 웹 개발자가 순위를 높이기 위해 특정 키워드를 남발할 수도 있다. 영리한 수법 같지만 검색엔진 엔지니어들도 그렇게 호락호락하지 않다. 검색엔진은 그런 행위를 적발해서 순위를 떨어뜨린다.

페이지랭크는 키워드 근접성과 주목성도 본다. '테니스'와 '라켓'이 서로 붙어 있으면 '테니스 라켓'이라는 검색어와 관련됐을 가능성이 크다고 판단한다. 그리고 '테니스 라켓'이 제목으로 쓰인 웹페이지는 같은 키워드가 단순히 이미지의 설명문으로 쓰인 웹페이지보다 주목성이 크기 때문에 상대적으로 중요도가 높게 평가된다. 이런 요소가 순위에 영향을 미치는 것은 누가 봐도 당연하다.

끝으로 이야기할 요소는 링크 인기도다. 어떤 페이지를 많은 웹사이트가 링크했다면 그만큼 중요성이 큰 페이지라고 볼 수 있다. 특히 중요한 웹사이트(이 역시 링크 인기도 같은 요소들에 의해 결정된다)

가 링크한 페이지라면 중요성이 더욱 커진다. 예를 들어 당신이 만든 테니스 라켓 페이지를 US오픈 테니스 대회 웹사이트가 링크했다면 구글은 이를 중요한 단서로 보고 페이지의 중요도를 높게 평가할 것이다. 하지만 당신의 페이지에서 다른 유명한 사이트를 링크한 것은 인기도에 반영하지 않는다. 당신의 페이지에서 US오픈을 링크해봤자 순위에는 영향이 없다. 자기가 만든 페이지에 링크를 넣는 것은 아무나 할 수 있으므로 특별하게 취급할 이유가 없다.

이런 원리를 이용해서 웹페이지의 순위를 높이는 것이 검색엔진 최적화다. 당신이 만든 페이지에 무엇을 넣을지는 당신의 자유다. 웹페이지를 잘 설명하는 제목을 넣고, 키워드를 전략적으로 사용하고(밀도, 근접성, 주목성을 고려해서), HTML의 메타 태그(구글 봇에게 정보를 제공하는 태그)와 이미지 태그에 설명을 잘 넣으면 순위가 달라질 것이다. 그 밖에 정기적으로 내용을 업데이트하는 것과 크롤러에게 각 페이지의 구조, 내용, 중요도 등을 알려주는 사이트맵을 만드는 것도 알고리즘이 인지하는 신뢰성을 높이는 방법이다.

다만 짐작하다시피 링크 인기도를 높이기는 무척 어렵다. 다른 사람들에게 억지로 당신의 페이지를 링크하라고 시킬 수는 없기 때문이다. 그러니까 당신의 신뢰도와 인지도를 높이는 수밖에 없다.

검색엔진의 순위 알고리즘을 잘 알아야 검색엔진 최적화도 잘할 수 있다.

　　　　　　　　　　　　　　　10장 사용자 유치와 분석

검색엔진 마케팅

구글이나 빙 같은 검색엔진에 광고를 내는 것은 인터넷에서 가장 유동 인구가 많은 번화가에 광고를 내는 것과 같다. 이제부터 그 원리를 알아보자.

검색엔진 마케팅SEM, Search Engine Marketing이라는 개념 자체는 간단하다. 다시 마이애폴리가 테니스 웹사이트라고 해보자. 테니스 라켓을 검색하는 사용자라면 테니스 장비를 새로 사려고 할 확률이 높을 것이다. 사용자가 '테니스 가방'으로 검색했을 때 마이애폴리 광고가 뜨게 하려면 당신은 '테니스 가방'이라는 키워드를 구입해야 한다. 그렇게 해서 검색 결과에 뜬 마이애폴리 광고를 사용자가 클릭하면 키워드를 구입할 때 정해진 요율만큼 광고비가 부과된다. 하지만 그 이면에는 더 복잡한 사정이 숨어 있다.

많은 사람이 동일한 키워드를 구입하고 싶어 한다. 테니스 웹사이트를 운영하는 사람이라면 누구나 '테니스 가방' 키워드를 구입하려 할 것이다. 그러면 구글은 검색 결과 최상단에 표시할 광고를 어떻게 선정할까? 실시간 경매를 통해서다. 이때 선정 기준은 입찰가와 품질이다.

광고를 만들 때 당신은 입찰가를 입력해야 한다. 동일한 키워드를 구입했어도 입찰가가 높은 광고가 표시될 확률이 당연히 더 높다. 구글이 광고 수입을 최대한 올리려면 모든 조건이 같다고 했을 때 입찰가가 높은 광고를 내보내는 것이 더 이득이기 때문이다. 하지만 사용자가 광고를 클릭했을 때만 구글에 수입이 생기므로 품질도 입찰

가만큼 중요하다. 이렇게 한번 생각해보자. 당신은 다른 종목의 장비를 사려는 사람들도 테니스 장비에 관심을 보일 수 있다고 생각해서 축구화 키워드를 구입한다. 그러면 어떻게 될까? 경매를 통해 마이애폴리 광고가 선택된다고 해도 사용자는 광고를 클릭한 순간 축구와 무관한 테니스 사이트임을 알게 된다. 그러면 아마도 지체 없이 뒤로가기 버튼을 누를 것이다. 구글은 이런 행동을 인지할 수 있다. 그래서 광고가 고객이 원하는 검색 결과와 무관하다고 판단되면 품질 점수가 하락한다. 그러니까 경매에서 이기고 싶으면 광고의 목표 고객을 잘 설정하고(품질을 높이고) 경쟁자를 이길 만한 가격으로 입찰해야 한다.

이런 방식을 **실적 기준 광고 모델**performance-based advertising model 이라고 부른다. 종래의 광고 방식과 달리 사용자가 광고를 클릭할 때만 광고비가 부과된다는 장점이 있다. 그래서 광고주, 검색엔진, 사용자 모두에게 이득이다. 광고주는 사용자가 클릭하지 않으면 광고비를 내지 않아도 된다. 검색엔진은 사용자가 클릭할 만한 광고를 표시해서 수입을 올린다. 사용자는 자신이 원하는 것과 관련 있는 광고만 보게 된다. 이를 생활정보지 광고와 비교해보자. 생활정보지는 실제로 광고를 보는 사람이 몇 명이든 간에 광고주가 일정한 광고비를 지불하고 독자는 자신과 무관한 광고를 수백 개씩 봐야 한다. 요즘처럼 데이터로 광고의 목표 고객을 세밀히 지정할 수 있는 시대에는 비효율적인 방식이다.

검색 광고는 검색어와 관련된 광고만 나가기 때문에 효율적이다. 목표 고객에게 부합하는 키워드만 구입하면 되니까 예전처럼 팬히 돈만 많이 쓰고 엉뚱한 사람들에게 광고를 내보낼 위험이 없다. 더욱이 사용자가 광고를 클릭했을 때 웹페이지의 어느 부분을 보여 줄지도 지정할 수 있다. 그래서 사용자를 무조건 마이애폴리의 첫 화면으로 데려오지 않고 '테니스 라켓' 광고를 클릭한 사람에게는 바로 테니스 라켓 목록부터 보여줄 수 있다.

애널리틱스

애널리틱스analytics는 여러 측정치를 바탕으로 사용자가 웹사이트를 어떻게 이용하는지 분석하는 소프트웨어다. 애널리틱스의 출발은 지금처럼 사용자의 행동을 추적하는 소프트웨어가 아니었다. 애널 리틱스는 디버깅에 참고하기 위해 사용자의 행동을 저장하는 오류 로그로 시작됐다.[12] 자동으로 웹 문서에 오류 기록이 남게 했기 때문에 '웹로그'라고 불렀다. 하지만 시간이 지나면서 경영과 마케팅 쪽 사람들이 웹로그 데이터를 디버깅에만 쓰기는 아깝다고 생각했다. 그것으로 고객을 분석할 수 있다고 판단한 것이다.

1995년에 스티븐 터너Stephen Turner가 복잡한 로그 파일에서 유용한 부분만 추출해 분석하는 아날로그Analog라는 프로그램을 만들었다. 이후 웹트렌즈Webtrends가 등장하면서 로그 파일에 저장된 데이터를 한층 편리하게 시각화할 수 있게 됐다. 웹사이트 사용 양상에 관한 의미 있는 데이터를 수집하고 시각화하는 이유는 의사결정 시사용자의 특성과 습관이라는 정보를 참고하기 위해서다.

그렇다면 웹 애플리케이션 회사들은 어떤 데이터를 수집할까? 몇 가지 유형이 있지만 여기서는 **클릭스트림 데이터**clickstream data만 다루려고 한다. 사용자가 마이애폴리에 접속하면 어떤 페이지를 방문하고 어떤 요소를 클릭했는지 흔적이 남는다. 이런 활동을 모두 기록한 것이 바로 클릭스트림 데이터이고, 이 데이터는 주로 웹로그, 웹비콘, 자바스크립트 태깅, 패킷 스니핑을 통해 수집된다.

웹로그

사용자가 웹사이트에 접속하면 브라우저는 웹사이트가 저장된 서버에 요청을 보낸다. 그러면 서버는 페이지를 전송하기 전에 "A사용자가 오후 12:00에 접속함" 같은 기록을 남긴다. 이것이 **웹로그**web log다. 웹로그의 단점은 서버가 요청을 받으면 무조건 기록이 남기 때문에 검색엔진 봇의 접속도 똑같이 기록된다는 것이다. 인간의 활동만 추적하고 싶다면 웹로그는 최선책이 아닐 것이다. 더군다나 동일한 사용자의 재방문을 식별하기 어렵기 때문에 마케팅 분석이 까다로워진다. 왔던 사람의 재방문을 새로 온 것과 똑같이 친다면 수치가 부정확해질 수밖에 없다. 그리고 혹시 **캐시**cache라는 말을 들어봤는지 모르겠다. 브라우저가 서버에 요청을 보내고 이미지를 포함해 모든 자원을 전송받으려면 시간이 걸린다. 그래서 브라우저는 서버와 상호작용을 최소화해서 효율을 높일 목적으로 로컬에 웹사이트의 사본을 저장해놓는데, 이를 캐시라 부른다. 그런데 웹로그는 서버가 활용될 때만 기록되기 때문에 웹페이지의 캐시 버전에서 발생하는 활동은 기록에 남지 않는다. 이런 점에서 웹로그는 서버 사이드 데이터 수집(데이터를 저장하는 소프트웨어가 서버에 존재)의 한 예다.

웹비콘

혹시 이메일을 받았는데 사용자가 허용하기 전에는 이메일 클라이언트에서 표시하지 않는 이미지가 포함된 적이 있는가? 그게 바로 웹비콘이다. 웹비콘은 대부분 투명한 1×1 픽셀 이미지이며 웹페이지와는 다른 서버에 저장된다. 알다시피 브라우저가 이미지를 불러오려면 서버에 추가로 요청을 보내야 한다. 그래서 브라우저가 웹비콘을 요청하면 그 별도의 서버에 기록이 남는다. 별도의 서버를 이용하는 이유는 어떤 데이터를 수집할지 좀더 유연하게 지정하며 여러 웹페이지에서 데이터를 수집할 수 있기 때문이다. 여러 웹페이지에서 동일한 웹비콘을 요청하면 그 요청이 모두 같은 서버로 전달된다. 그래서 요청의 출처는 달라도 모든 데이터가 동일한 서버에 저장된다. 하지만 웹비콘은 이미지 요청을 전제하므로 사용자가 이미지를 차단하는 도구를 사용한다면 유익한 데이터를 수집할 수 없다. 스패머들이 웹비콘으로 이메일 계정의 사용 유무를 확인하기 때문에 일부 이메일 클라이언트에서는 사용자가 스팸이 아니라고 확인해주기 전에는 이미지를 표시하지 않는다. 일부 이메일 서비스는 웹비콘을 이용해 상대방이 이메일을 읽었는지 확인해준다.

자바스크립트 태깅

자바스크립트 태깅이 등장하면서 웹 애널리틱스의 성격이 바뀌었다. 앞에서 자바스크립트를 이용해 특정한 이벤트가 발생했을 때 정해진 코드를 실행할 수 있다고 했다. 예를 들면 사용자가 어떤 버튼을 클릭했을 때 팝업창을 띄우는 것이다. 마찬가지로 '페이지 로딩 완료' 이벤트가 발생했을 때 특정한 코드를 실행할 수 있다. 이 코드로 사용자 정보, 시간, 웹페이지 설명을 수집한다면 자바스크립트를 애널리틱스 도구로 이용할 수 있을 것이다. 실제로 그렇다. 방법도 간단해서 페이지를 다 불러왔을 때 실행할 자바스크립트 코드만 넣으면 끝이다. 혹시 캐시 페이지가 열린다고 해도 사용자에게 표시되는 시점에 자바스크립트가 실행되므로 웹로그보다 좋다. 그리고 특별한 태그를 넣은 자바스크립트 코드는 차후에 데이터를 필터링할 때 요긴하게 쓰인다.

이상이 간단한 설명이고 여기에 쿠키가 더해지면 이야기가 좀 더 복잡해진다. 웹사이트는 당신이 접속해서 무엇을 클릭했는지부터 시작해 당신과 관련된 정보를 브라우저에 저장하는데 이를 쿠키cookie라고 부른다. 그래서 다음번에 다시 당신이 접속하면 웹사이트는 브라우저에 쿠키가 있는지 확인한 후 쿠키가 있으면 당신이 이미 왔다 갔던 사람임을 인지하고, 쿠키 내의 정보를 이용해 페이지를 당신에게 맞춰 커스터마이징한다. 만일 쿠키에 당신이 알아보는 신발에 대한 정보가 저장돼 있다면 다음번에 접속했을 때는 페이지 상단에 그 신발이 표시될 수 있다. 다시 애널리틱스 이야기로 돌아가자면 자바스크립트 코드는 쿠키를 이용해서 사용자의 활동을 로그에 기록한다. 브라우저에 쿠키를 저장한 후 코드의 나머지 부분이 다 실행되면 그 정보를 서버에 보내서 저장한다. 이 서버는 웹사이트를 운영하는 회사 혹은 별도의 애널리틱스 서비스 업체가 보유한 것이다.

예전에는 사내의 IT 부서에서 애널리틱스를 전담했지만 요즘은 전문적인 애널리틱스 서비스가 존재한다. 이런 서비스에서 제공하는 자바스크립트 코드만 웹사이트에 넣으면 나머지는 그쪽에서 다 알아서 한다. 애널리틱스 서비스에는 시각화 도구를 이용해 데이터를 더 쉽게 이해하게 해준다는 장점도 있다. 대표적인 서비스가 구글에서 무료로 제공하는 구글 애널리틱스Google Analytics다. 구글 애널리틱스는 로그 파일에 데이터를 저장한다. 그리고 몇 시간마다 로그 파일을 분석해서 사용자가 볼 수 있는 데이터로 가공한다. 이 데이터는 구글 애널리틱스 웹사이트에 접속해야 볼 수 있다.

이런 방식은 여러 가지 장점이 있는데 무엇보다 편의성이 좋다. 서비스 업체에서 제공하는 코드를 복사해 붙이기만 하면 바로 추적 및 시각화 시스템이 작동한다.

하지만 요즘은 자바스크립트를 차단하는 사용자들이 있기 때문에 어느 정도는 데이터 손실을 감수해야 한다. 그리고 애널리틱스 서비스를 이용하면, 다시 말해 직접 애널리틱스 정보를 수집해서 분석하지 않으면 마이애폴리의 귀중한 데이터가 타인의 손에 들어간다는 사실도 명심해야 한다.

패킷 스니핑

패킷 스니핑packet sniffing은 쉽게 말해 마이애폴리의 접속자와 마이애폴리를 호스팅하는 서버 사이에 중개인을 두는 것이다. 사용자가 마이애폴리의 첫 화면을 요청하면 특수한 소프트웨어와 하드웨어의 결합체인 '패킷 스니퍼'를 거쳐서 요청이 전송된다. 패킷 스니퍼는 중간에서 사용자에 대한 정보를 저장한 후 다시 서버로 보낸다. 그리고 서버가 응답으로 보내는 웹페이지 파일도 패킷 스니퍼를 경유해서 사용자에게 전달된다. 쉽게 말해 패킷 스니퍼는 사용자 데이터가 지나갈 때 그것을 저장하고 웹페이지 정보가 지나갈 때 또 그것을 저장한다.

패킷 스니퍼의 장점은 웹사이트 소스코드에 별도의 코드를 추가할 필요가 없고 서버에 전달되는 모든 요청을 가로채 웹사이트에서 일어나는 활동 전반을 분석할 수 있다는 점이다. 하지만 초기에 설치하는 과정이 까다로울 수 있고 웹사이트의 캐시 버전으로 전달되는 요청은 기록되지 않는다. 또 패킷 스니퍼는 사용자의 비밀번호와 신용카드 번호 같은 민감한 데이터도 가로채므로 주의해야 한다. 이런 데이터를 취급할 때는 개인정보 보호에 각별히 신경써야 한다.

시각화

데이터가 효과적으로 표시돼야 그 시사점도 잘 알 수 있다. 그래서 많은 서비스 업체가 시각화에 공을 들인다. 이제 애널리틱스도 무조건 데이터를 많이 모으기보다는 데이터를 잘 가공해서 보기 좋게 표현하는 능력이 중요한 시대가 될 것이다.

클릭 밀도click density(사이트 오버레이site overlay라고도 부른다)는 사용자들의 클릭에 근거해 그들의 의도를 짐작하게 해준다. 그 결정체가 **히트맵**heat map이다. 히트맵은 마우스 움직임을 근거로 사용자가 웹페이지에서 어디를 보는지 색상으로 표시한 이미지다. 마우스가 자주 지나가는 곳은 진한 빨강으로 표시되고 마우스가 거의 지나가지 않는 곳은 파랑으로 표시된다.

애널리틱스는 '무엇'(접속 횟수, 가입 횟수 등)뿐만 아니라 '왜'에도 답할 수 있어야 한다. 그래서 요즘은 유입경로funnel를 시각화하여 사용자가 특정한 작업을 완료하는 과정을 추적하는 것이 중요시된다. 이렇게 하면 작업을 완료하기까지 각 단계에서 몇 명이 이탈했는지 정확히 알 수 있다.

시각화 유형을 다 나열하자면 끝이 없지만 요점은 애널리틱스 데이터가 중요한 만큼 그것을 이해하기 쉽게 표현할 방법을 찾으려고 기업이 꾸준히 노력한다는 것이다. 표현도 수집만큼 중요하다.

GDPR

지금까지 데이터 수집에 대해 말했는데 요즘은 개인정보 보호에 관심이 무척 높다. 그래서 2016년에 유럽연합 국가들을 대상으로 이전보다 더 포괄적이고 강력한 데이터 보호 규정을 적용하는 **일반 데이터 보호규칙**GDPR, General Data Protection Regulation이 제정됐다. 2018년 5월부터 시행된 GDPR에 따라 기업은 어떤 데이터를 수집하든 수집목적, 보관 기간, 공유 계획 등을 사전에 고지할 의무가 생긴다. 기업은 사용자의 분명한 동의를 얻은 후에만 개인정보를 이용할 수 있고 사용자는 언제든 동의를 철회할 수 있다. 여기서 GDPR을 상세히 설명할 수는 없지만 당신의 팀에서 데이터의 추적, 수집, 보관, 처리를 논할 때는 반드시 GDPR을 진지하게 고려해야 한다.

결론

이 장에서 미처 설명하지 못한 도구가 많다. 구글 애널리틱스에 가입하면 데이터를 분류하고 더 심도 있게 분석하는 도구가 많음을 알게 될 것이다. 예를 들면 사람들이 검색엔진에서 무엇을 검색하여 당신의 웹사이트로 유입됐는지 알 수 있다. 이 같은 사이트 검색 분석SSA, Site Search Analytics을 이용해 사용자의 행동이 어떤 맥락에서 나왔는지 파악할 수 있다. 추측에 의존해야 하는 클릭스트림 분석이나 히트맵 분석과 다른 점이다.

이제 검색엔진, 데이터 수집, 데이터 보호 규정에 관해 기본적인 지식을 습득했으니 마이애폴리도 큰물에서 놀 때가 됐다. 성장할 때가 됐다는 말이다. 하지만 그 성장세를 과연 잘 감당할 수 있을까?

11장

퍼포먼스와
확장성

열정적인 사업가인 당신은 마이애폴리의 사용 현황을 꼼꼼히 관찰하며 문제가 발생하면 즉각 대처한다. 팀원들이 보내는 애널리틱스 보고서를 꼬박꼬박 챙겨 읽다 보니 이제 성공의 징후가 감지된다. 사용자가 눈덩이처럼 불어나고 있다. 그래서 전에 없이 많은 트래픽이 발생하고 있으니 사이트를 개선할 방법을 논하자고 팀원들이 요청한다. 일부 엔지니어는 몇몇 페이지가 비정상적으로 느리며 현재의 시스템 구성으로는 분석 결과상 나타나는 사용자 증가 속도를 감당할 수 없다고 말한다. 일례로 각 서버에서 초당 처리할 수 있는 요청의 개수가 한정되다 보니 웹사이트 로딩이 한참 걸린다. 어찌 보면 기분 좋은 고민이라고 할 수 있지만 가볍게 여겨서도 안 된다.

퍼포먼스performance는 웹사이트의 속도를 말한다. 얼마나 빨리 로딩되느냐, 얼마나 많은 바이트가 전송되느냐 등등 사용자가 요청한 정보를 얼마나 신속하게 받느냐와 관련돼 있다.

확장성scalability은 작업량 증가에 대응하는 능력이다. 더 많은 사용자, 더 많은 데이터, 더 많은 연산을 얼마나 잘 감당할 수 있는가를 말한다. 단순히 사용자가 한두 명 늘어나는 차원을 넘어 수천, 수만 명이 늘어나는 상황을 상정해야 한다.

퍼포먼스와 확장성이 동일한 개념은 아니지만 동시에 문제가 될 수 있다. 사용자가 증가하면 사이트가 최대한 효율적으로 작동하게 만들어야 한다. 그래서 팀원들이 당신에게 어떤 기술을 사용하면 좋을지 설명하기 시작한다. 여기서 그런 기술을 다 다룰 수는 없지만, 아래에서 설명하는 방법 정도만 알아도 어떤 식으로 문제를 해결해야 하는지 감이 잡힐 것이다.

퍼포먼스 향상법

백엔드와 프런트엔드를 최적화해서 퍼포먼스를 향상할 수 있다. 하지만 백엔드는 페이지 로딩 시간 중 일부에만 영향을 미칠 뿐이다. 전체 로딩 시간 중에서 가장 큰 비중을 차지하는 것은 UI용 자원을 다운받는 시간이다. 예를 들면 웹페이지에 표시되는 요소들을 HTTP로 요청하고 받는 시간이다. 그래서 비록 페이지 로딩 시간이 퍼포먼스에 영향을 끼치는 많은 요인 중 하나에 불과하다고 해도, 그 시간을 단축하기 위해 자원의 우선순위와 배치 방식을 고민해야 한다.

백엔드 고려 사항

앞에서 설명한 좋은 설계의 원칙들을 참고해 효율을 높일 수 있다. 예컨대 추상화를 통해 애플리케이션의 여러 영역에서 코드를 효과적으로 재사용하는 것이다.

그리고 잘나가는 IT 기업들을 보면 효율을 높이기 위해 코드를 재작성하는 경우가 많다. 이때는 데이터베이스 질의를 비롯해 특정한 작업에 관여하는 요소(예: 넷플릭스의 영화 추천 알고리즘)를 최적화하는 게 한 가지 방법이다. 또 다른 방법으로 애플리케이션을 다른 언어로 완전히 재작성할 수도 있다. 앞에서 저수준 언어가 더 효율적이라고 했다(3장). 그래서 많은 IT 기업이 그런 언어를 활용하는 쪽으로 애플리케이션을 재작성한다. 일례로 트위터는 루비 온 레일즈 Ruby on Rails에서 스칼라Scala와 자바로 전환했다. 페이스북도 PHP 코드를 고도로 최적화된 C++ 코드로 변환 중이며, 이런 예는 얼마든지 더 들 수 있다. 하지만 코드를 다른 언어로 변환하려면 막대한 시간과 노력이 투입돼야 하기 때문에, 현재 사용 중인 언어가 이제 정말로 목적에 부합하지 않는지 신중히 따져봐야 한다.

프런트엔드 고려 사항

사용자가 웹사이트에 접속해서 HTML 문서를 요청하고 다운받는데는 시간이 별로 안 걸린다. 시간을 많이 잡아먹는 것은 웹페이지에 사용되는 각종 자원을 다운받을 때다. 이 단락에서는 프런트엔드 개발자가 퍼포먼스 향상을 목표로 할 때 사용할 수 있는 방법을 이야기해보려 한다.

| HTTP 요청 축소 |

페이지 자원을 받기 위해 전송되는 HTTP 요청의 건수를 줄이면 로딩 시간이 줄어든다. 요청을 줄이는 방법은 스크립트와 스타일시트를 병합하는 것부터 시작해 여러 가지가 있다. 여기서는 이미지에 초점을 맞춰 CSS 스프라이트CSS sprite와 **이미지맵**image map을 알아보자.

마이애폴리의 로고를 절반은 사이트의 좌상단 모서리에, 나머지 절반은 우상단 모서리에 표시하고 싶다고 해보자. 이때 각각을 따로 디자인할 수도 있겠지만 그러면 요청을 두 번 받아야 한다. 하지만 전체 로고만 요청받고 CSS 속성을 이용해 필요 없는 부분을 가리는 방법도 있다. 이를 CSS 스프라이트라 부르며 요청 횟수를 줄일 때 유용하다.

이번에는 사이트에 팀원들의 얼굴 사진을 넣고 그걸 클릭하면 그 사람의 링크드인 페이지로 연결되도록 한다고 해보자. 이때 독사진을 이용하면 브라우저가 각각의 사진에 HTTP 요청을 보내야 한다. 하지만 단체 사진을 넣고 이미지맵을 이용해서 사진 속 각 영역에 서로 다른 링크를 넣으면 요청 횟수를 한 번으로 줄일 수 있다.

| 캐시 |

사용자가 똑같은 페이지에 반복해서 접속할 때 매번 모든 자원을 재요청해야 한다면 너무 비효율적이다. 친구를 만날 때마다 전화번호를 물어보면 그 친구는 제발 좀 번호를 저장하라고 타박할 것이다. 이와 마찬가지로 브라우저도 서버에 자꾸 요청을 보내는 것이 싫어서 웹페이지를 캐시에 저장한다. 캐시에 저장되는 자원은 이미지, CSS 파일, 자바스크립트 파일 등 HTML 문서에 비해 변경 빈도가 낮은 파일이다. 사이트에 새로운 문장을 추가할 일은 많겠지만 로고나 페이지 스타일을 그만큼 자주 바꾸진 않을 것이다. CSS와 자바스크립트는 HTML 문서에 넣지 않고 별도의 파일로 만들면 캐시에 저장된다.

| 압축 |

인터넷에서 다운받은 대용량 파일이 크기를 줄이기 위해 .zip으로 압축된 모습을 봤을 것이다. 이처럼 응답의 용량을 줄이면 서버에서 브라우저로 전송하는 시간이 줄어든다. 하지만 단점이 있다. 서버에서 파일을 압축하고 브라우저에서 압축을 풀려면 컴퓨터의 처리 능력이 추가로 요구된다. 따라서 모든 자원을 압축할 필요는 없다.

응답의 용량을 줄이기 위해 **코드 경량화**minification도 시도해볼 수 있다. 코드 경량화는 불필요한 공백, 주석, 문자를 모두 삭제하는 것이다. 코드를 작성할 때 들여쓰기와 주석을 사용하면 가독성이 좋아진다. 하지만 서버에서 브라우저로 코드를 전송할 때는 그런 것이 불필요하게 용량을 키우는 요인이 되기도 한다.

| 스타일시트와 스크립트의 배치 |

앞에서 스타일시트(CSS 문서)와 스크립트(자바스크립트 문서)는 주로 별도의 파일로 만들어 HTML 문서에 링크한다고 했다. 이때 어디에 링크를 넣느냐에 따라서 페이지가 로딩되는 방식이 달라진다. 페이지를 로딩하는 데 5초가 걸린다고 해보자. 여기서 두 가지 시나리오를 생각해볼 수 있다. 첫 번째 시나리오에서는 화면에 아무것도 나타나지 않다가 5초 후에 페이지 전체가 한꺼번에 표시된다. 두 번째 시나리오에서는 페이지가 조금씩 표시되면서 5초 후 완성된다. 어느 쪽이 더 좋을까? 아마 많은 사람이 후자라고 대답할 것이다. 화면에 아무 반응이 없으면 사용자는 혹시 무슨 문제가 있는 것은 아닌지 궁금해지기 때문이다. 그래서 두 번째 시나리오와 같은 **점진적 로딩**progressive loading이 필요하다. 점진적 로딩을 하기 위해서는 스타일시트를 HTML 문서의 상단에, 자바스크립트는 하단에 링크해야 한다. 많은 브라우저가 일단 스타일시트를 처리한 후에 요소들을 불러온다. 그러지 않으면 나중에 다시 요소들을 그려야 할 수 있기 때문이다. 그래서 스타일시트는 HTML 문서의 상단에 링크해야 페이지가 빨리 표시된다. 반대로 스크립트를 하단에 링크해야 하는 이유는 브라우저가 일단 스크립트를 다 다운받고 난 후에 스크립트 이하의 요소들을 그리기 때문이다.

인프라 변경

마이애폴리 같은 웹 애플리케이션은 대부분 저장 공간이 별로 크지 않은 서버 한 대에 데이터베이스도 한 개만 연결해서 시작한다. 그러다 사용자가 늘어나면 그들의 요청을 원활히 처리할 수 있도록 서버를 추가해야 한다. 하지만 사용자 수가 어느 수준을 넘어서고 그들이 서로 상호작용하기 시작하면 데이터베이스 한 개에 모든 데이터를 기록하기가 어려워진다. 속도가 말도 못 할 만큼 느려지기 때문이다. 이럴 때 데이터베이스를 원활히 이용하려면 데이터베이스의 사본을 여러 개 만드는 **리플리케이션**replication이 필요하다.

하지만 리플리케이션은 단순한 복제가 아니다. 만약에 질의가 '읽기'뿐이라면, 다시 말해 사용자가 데이터베이스에 저장된 정보를 열람하려고만 한다면 사본을 여러 개 만들기만 해도 사용자 증가에 대응할 수 있을 것이다. 하지만 사용자가 '쓰기'를 하려고 한다면, 즉 데이터베이스에 저장된 내용을 바꾸려고 한다면 어떻게 해야 할까? 예를 들어 친구를 추가하는 상황을 생각해보자. 이때는 물론 모든 데이터베이스 사본을 갱신해야 한다. 그러나 모든 사본에 새로운 친구를 추가하는 것은 비효율적이다. 그래서 나온 해법이 쓰기용으로 사용할 주 데이터베이스를 지정해서 갱신 작업을 전담하게 하고 나머지 사본은 읽기용으로만 사용하는 것이다. 그러면 데이터베이스에 확장성이 생긴다.

그렇게 추가된 서버와 데이터베이스에 사용자들을 분산하려면 어떻게 해야 할까? **로드 밸런서**load balancer를 이용해서 그들의 요청을 분산하면 된다. 로드 밸런서는 복잡한 알고리즘으로 최적의 분산 패턴을 찾는다. 가장 단순한 방식은 일정한 순서로 사용자들을 서버에 할당하는 라운드 로빈round-robin 방식이다. 사용자들을 접속한 차례대로 A서버, B서버, C서버에 할당하는 것이다. 그런데 이렇게 하면 각 서버의 가용성을 고려하지 않기 때문에 효율이 떨어질 수 있다. 예를 들면 나머지 서버에 여유가 있는데도 이미 부하가 많이 걸린 서버에 활동량이 많은 사용자를 배정하게 된다. 그래서 서버의 사용량을 기준으로 사용자를 분산하는 방법이 더 좋을 수 있다. 로드 밸런서는 어떤 서버가 다운되면 트래픽을 다른 서버로 보내기 때문에 시스템의 안정성이 높아진다는 장점도 존재한다.

결론

당신은 퍼포먼스의 중요성과 로딩 시간을 단축하는 방법을 알게 됐다. 그리고 당신의 웹 애플리케이션이 성장하면 더 많은 사용자를 수용할 수 있도록 설비에 투자해야 한다는 사실도 깨달았다. 설비 투자는 곧 퍼포먼스 향상으로 이어지지만 그만큼 비용이 든다. 그래도 퍼포먼스와 비용 사이에서 고민하는 것은 애플리케이션이 성장 중이라는 의미니 행복한 고민이다. 그런데 당신은 성장에도 맹점이 있음을 알게 된다. 바로 보안 문제다. 다음 장에서는 위협적인 공격의 유형과 대응법을 알아볼 것이다.

11장 퍼포먼스와 확장성

12장

보안

이 장을 함께 쓴 아시 아그라왈에게 감사드립니다.

2017년 7월 말에 개인신용정보 업체 에퀴팩스Equifax가 정체불명의 해커들에게 고객 1억 4500만 명의 운전면허증 번호와 사회보장번호를 포함한 개인정보를 탈취당했다고 밝혔다.[13] 에퀴팩스 이전에도 타깃 코퍼레이션, 애슐리 매디슨, 시티그룹 등의 보안이 뚫린 적 있을 만큼 해킹의 위협은 날로 더 심각해지고 있다.

에퀴팩스 사태는 그 데이터의 민감성 때문에 특히 더 큰 충격을 안겼지만 사실 해킹은 어느 기업에든 발생할 수 있다. 사이버보안 시스템의 허점을 노리는 해커들은 여러 가지 이유로 기업의 디지털 자산을 노린다. 어떤 해커는 탈취한 데이터를 은밀히 경매에 붙이고, 어떤 해커는 그저 해킹의 스릴을 즐긴다. 단순히 복수심이나 명예욕 때문에 해킹하는 경우도 있다. 그런데 모든 해커가 악의를 가진 것은 아니다. 화이트해커white hat hacker라고도 불리는 윤리적 해커들은 보안상 허점을 찾아서 기업에 알려준다. 그럼에도 디지털 세상에는 여전히 비윤리적 해킹이 판치고 있다.

해킹은 컴퓨터의 연산 능력을 낭비시키고 데이터를 유출하며 사업에 지장을 끼친다. 설령 데이터 유출이 신분 도용으로까지 이어지지 않더라도, 민감한 정보가 새어나갔다는 사실만으로 소비자의 신뢰가 깨질 수 있다. 꼭 사업의 관점에서만 생각할 것이 아니라 기업은 윤리적으로나 법적으로도 보안에 만전을 기할 책임이 있다. 당신의 회사에서도 당연히 사이버보안이 중요하다. 이번 장에서는 당신과 사용자를 안전하게 보호하는 방법을 알아보기로 하자.

사이버보안이란 무엇인가?

전자적 데이터와 물리적 데이터를 보호하는 행위를 정보보안이라 말하고, 사이버보안은 이 정보보안의 한 유형이다.[14] 『옥스퍼드 영어사전』에서는 사이버보안을 전자적 데이터를 보호하는 행위로 정의하지만, 이는 데이터가 아닌 컴퓨터 자원의 보호를 간과했다는 점에서 올바른 정의라 보기 어렵다.[15] 사이버보안은 데이터와 관련 없는 해킹에도 대응하는 행위다. 예를 들면 전력망을 교란하는 해킹을 막는 것도 사이버보안에 속한다. 데이터 유출과 관련이 없어도 디지털 도구를 이용한 파괴 공작은 모두 사이버보안의 대상이다. 그래서 이 책에서는 사이버보안을 데이터와 연산 능력 등 전자적 자원의 무단 사용을 방지하는 행위로 정의한다. IT 전문가들은 사이버보안을 간단히 보안이라고 말하므로 이 장에서 보안이라고 쓴 단어도 사이버보안을 뜻한다.

사이버보안 기법 중 일부는 악의적 제삼자의 개입을 방지하기 위해 안전하게 통신하는 법을 연구하는 암호학에 뿌리를 둔다. 암호학은 메시지의 글자를 역순으로 배열하거나 어미를 변형하는 것 같은 단순한 방식에서 시작했으며, 수 세기가 흐른 지금은 수학에 토대를 둔 복잡한 암호체계들이 탄생했다. 이런 암호체계들이 잠시 후 소개할 사이버보안 기법 중 일부의 근간이 됐다.

인터넷이 성장하면서 디지털 공간에서 암호학과 보안의 중요성이 대두했다. 최초의 컴퓨터 바이러스는 1988년에 출현한 모리스웜morris worm으로 알려져 있다.[16] 이 프로그램은 여러 네트워크 프로토콜의 취약성을 이용해서 컴퓨터에 침투하고 순식간에 확산됐다. 모리스웜의 제작 목적은 순전히 인터넷의 규모를 측정하는 것이었으나, 본래 의도와 달리 연산 능력을 과도하게 소모하면서 수많은 컴퓨터에 타격을 입혔고 피해액이 수십만 달러에 이르렀다. 이후 공격 수법이 고도화되고 인터넷에 연결된 사용자와 장비가 기하급수적으로 증가하면서 해킹의 잠재적 위협도 급격히 증가했다.

CIA 삼각형

CIA 삼각형을 알면 해킹의 지형을 더 잘 이해할 수 있다. 대표적인 정보보안 모델인 CIA 삼각형은 기밀성, 무결성, 가용성을 보안의 3대 원칙으로 제시한다. 이런 상황을 가정해보자. 앨리스는 밥에게 비밀 메시지를 전달하면서도 경쟁자인 찰리가 그 정보를 취득하는 것은 막고 싶다.[17] 이때 앨리스와 밥이 안전하다고 느끼려면 세 가지 측면을 고려해야 한다.

» **기밀성**Confidentiality: 메시지가 비밀로 유지돼야 한다. 따라서 앨리스와 밥을 제외하고 찰리 같은 제삼자에게 노출되면 안 된다.

» **무결성**Integrity: 메시지의 내용이 중요하니까 찰리가 변조할 수 없어야 한다. 밥이 메시지를 받았을 때 앨리스가 보낸 것과 동일하다고 믿을 수 있어야 한다.

» **가용성**Availability: 메시지가 긴급을 요하므로 앨리스는 밥이 꼭 받아서 읽기를 바란다. 찰리가 메시지 전달을 방해할 수 없어야 한다.

이제부터는 이 기밀성, 무결성, 가용성 모델을 토대로 통상적인 공격 수법과 대응 방안을 논하려 한다. 이렇게 CIA 삼각형을 이용해 과거에 있었던 해킹 사례를 유형별로 분류하면, 당신의 시스템에 존재하는 취약점을 이해하고 애플리케이션에 어떤 보안 기법을 도입하면 좋을지 미리 생각해볼 수 있다. 여기서 모든 사례를 다룰 수는 없고 또 모든 공격 수법이 이처럼 깔끔하게 분류되지도 않는다. 하지만 애플리케이션의 보안성을 검토할 때 CIA 삼각형을 어떻게 활용할 수 있는지 알게 될 것이다.

기밀성

누구나 부끄러운 별명이나 연애사처럼 타인에게 들키고 싶지 않은 것이 있다. 애플리케이션도 마찬가지로 비밀에 부치고 싶은 정보가 있다. 예를 들면 비밀번호와 사용자 데이터는 당연히 비밀로 유지돼야 한다. 사회보장번호나 생일처럼 신원 확인용으로 쓸 수 있는 데이터를 '개인 식별 정보PII, Personally Identifiable Information'라고 부른다. 애플리케이션은 PII를 포함한 사용자 정보를 염탐꾼이 보지 못하게 막아야 한다. 기밀성은 간단히 말해 비밀을 유지하는 것이다. 물론 말처럼 쉽지 않다는 점은 어릴 적 경험으로 잘 알 것이다.

공격자가 기밀성을 타격하는 방법 중 하나는 사회공학적 공격이다. 사회공학적 공격이란 인간의 심리를 이용해 사용자가 비밀정보를 누설하게 만드는 것이다. 가장 많이 쓰이는 수법이 온라인에서 신망 있는 사람이나 기관을 사칭해 민감한 정보를 갈취하거나 악성 소프트웨어를 다운받게 하는 피싱이다. 여기서는 드래그네트 피싱, 스피어 피싱, 클론 피싱을 알아보자.

드래그네트(저인망) 피싱drag-net phishing은 불특정 다수를 노리고 대량으로 이메일을 발송하는 수법이다. 공격자는 권위 있는 인물이나 기관(예: 국세청)을 가장해 얼핏 진짜처럼 보이는 이메일을 보낸다. 하지만 사용자가 이메일에 있는 악성 링크를 누르면 실제 웹사이트(예: 국세청 사이트)와 똑같이 생겼거나 공식적인 느낌이 나는 가짜 사이트로 연결된다. 함정에 빠진 사용자는 개인정보(예: 사회보장번호)를 입력해서 공격자에게 신분 도용의 빌미를 제공한다. 피싱 메일은 멀쩡한 파일인 것처럼 바이러스를 첨부하기도 한다. 무심코 파일을 다운받아서 열면 바이러스가 실행되면서 컴퓨터가 공격자의 손아귀에 떨어진다. 드래그네트 피싱의 대표적인 사례는 '나이지리아 왕자' 사기다. 공격자가 왕자를 사칭해, 막대한 재산을 이전해야 하는데 도움이 필요하다며 소액의 수수료를 은행 계좌로 보내주면 큰 돈으로 후사하겠다고 약속하는 수법이다. 물론 실제로 왕자는 존재하지 않고 피해자는 보낸 돈을 돌려받을 수 없다. 민감한 정보를 요구하진 않는다고 해도 기본적으로 여타 드래그네트 피싱과 동일한 수법이다.

스피어(작살) 피싱spear phishing은 드래그네트 피싱과 반대로 특정인을 노린다. 공격자는 피해자가 잘 알거나 신뢰하는 사람으로 위장해 이름이나 직함을 부르는 등 관계성을 증명한다. 전형적인 수법은 특정한 서비스의 사용자에게 메일을 보내는 것이다. 여기서는 지메일을 예로 들어보겠다. 공격자는 지메일 공식 계정과 유사한 계정으로 사용자의 계정이 해킹당했다는 메일을 보낸다. 그 안의 링크를 누르면 개인정보를 탈취하는 가짜 페이지로 연결된다. 하지만 사용자는 지메일 페이지로 착각해 비밀번호를 입력한다. 이 수법으로 2016년 미국 대선 당시 힐러리 캠프의 선대본부장이었던 존 포데스타의 메일이 유출되기도 했다.[18]

클론 피싱clone phishing은 여기서 더 나아가 사용자의 이전 메일을 도용해 관계성을 가장한다. 과거에 받았던 메일을 본뜬 메일을 보내면서 악성 링크나 파일을 첨부하는 것이다. 실제로 받았던 메일과 상당히 유사하기 때문에 사용자가 진짜인지 피싱인지 분간하기가 더 어렵다.

그래서 메일 서비스 업체들은 꾸준히 새로운 피싱 방지 기법을 도입하고 있다. 자연어 처리, 머신러닝 등을 이용한 패턴 대조 기술이 피싱 메일 필터링 효과가 좋다. 지금까지 설명한 피싱 수법은 공격자가 어느 정도 IT 분야의 전문성을 갖추어야 하지만, 그런 전문성 없이 공격하는 수법도 존재한다. 예를 들면 전화를 이용하는 보이스 피싱이다. 공격자가 전화로 국세청 직원을 사칭하며 국세청 공식을 가장한 사이트에서 세금을 납부하지 않으면 법적 조치를 취하겠다고 협박하는 수법이 의외로 잘 통한다. 물론 그 돈은 국세청이 아닌 공격자의 주머니로 들어간다.

피싱에 당하지 않으려면 방심하지 말아야 한다. 모르는 사람이 보냈거나 제목이 수상한 메일은 열어봐서는 안 된다. 스팸 필터가 많이 발전했다고는 해도 완벽하진 않기 때문이다. 그리고 가급적 전화나 메일로는 개인정보를 전달하지 않는 편이 좋다. 부득이하게 개인정보를 전달해야 할 때는 상대방의 신원이 진짜인지 반드시 확인해야 한다.

이 단락에서는 공격자가 사회공학적 공격이나 피싱으로 사용자의 데이터를 갈취하는 방법을 알아봤다. 그 외에도 흔히 쓰는 기밀성 공격 수법으로는 패킷 스니핑packet sniffing, 포트 스캐닝port scanning, 키로깅keylogging이 있다. 기밀성을 지키고 싶다면 정보의 접근로를 잠그는 것이 좋다(가장 쉬운 방법은 컴퓨터나 폰을 사용하지 않을 때 잠금 상태로 두는 것이다). 다음으로는 메시지의 무결성을 공격하는 수법을 알아보자.

무결성

어릴 때 전화 놀이를 해봤을 것이다. 이 사람에게서 저 사람에게 귓속말로 메시지가 전달되다 보면 오해가 오해를 부르면서 메시지가 처음과는 전혀 달라진다. 다시 말해 원본 메시지의 무결성이 깨진다. 여기서 무결성이란 메시지의 신뢰성을 뜻한다. 메시지가 변조되지 않았고 발신자가 진짜임을 믿을 수 있느냐 하는 것이다. 보안된 다른 사용자는 사칭하기가 어렵기 때문에 무결성 공격은 보통 기술적으로 복잡하다. 이 단락에서는 중간자 공격, 인젝션 공격, 위조 공격을 알아볼 것이다.

중간자 공격man-in-the-middle attack은 공격자가 발신자와 수신자 사이에서 메시지를 가로채는 수법이다. 대표적으로 리플레이 공격replay attack은 공격자인 찰리가 앨리스와 밥의 통신을 엿듣고 비밀을, 예를 들면 비밀번호를 탈취한 후 그걸 이용해 앨리스를 사칭한 메시지를 보내는 것이다. 그러면 밥은 그 메시지가 앨리스에게서 온 줄로 알지만 실제로는 찰리가 보냈기 때문에 메시지의 무결성이 깨진다. 또 한편으로 리플레이 공격은 찰리가 앨리스의 비밀을 알고 있다는 점에서 기밀성 공격에도 속한다. 따라서 CIA의 범주 중 두 개를 동시에 공격하는 수법이다.

인젝션(주입) 공격injection attack은 악의적 입력으로 애플리케이션을 통해 파괴적인 코드를 실행하는 것이다. 가령 사용자의 입력을 받아 SQL 데이터베이스 질의를 보내는 웹 애플리케이션이 있다고 해보자. 공격자는 유해한 코드를 입력해 애플리케이션이 유해한 질의를 실행하게 만든다. 이 질의는 예를 들면 전체 데이터베이스를 파괴하는 것일 수 있다. 인젝션 공격은 매우 빈번히 발생하고 파괴력이 크기 때문에 '오픈 웹 애플리케이션 보안 프로젝트OWASP, the Open Web Application Security Project'에서 정리한 2017년 10대 중대 웹 애플리

케이션 보안 위험 중 1위를 차지했다.[19]

　크로스사이트 스크립팅XSS, Cross-Site Scripting도 인젝션 공격의 일종이다. XSS는 웹사이트에 코드를 심어 민감한 정보, 주로 쿠키를 탈취하는 수법이다. 앞에서 설명했듯이 쿠키는 웹사이트가 사용자 커스터마이징과 인증을 위한 정보를 저장하는 텍스트 파일이다. 당신의 웹사이트가 HTML 형식으로 된 사용자 댓글을 렌더링한다고 해보자. 공격자는 댓글에 스크립트 태그를 써서 방문자의 쿠키를 탈취하는 자바스크립트 코드를 넣을 수 있다. 이후 다른 사용자가 그 페이지를 열면 해당 스크립트가 자동으로 실행되고, 공격자는 그렇게 탈취한 쿠키를 이용해서 피해자의 신분을 도용할 수 있다.

　위조 공격forgery attack은 공격자가 사용자를 사칭하는 것이다. 중간자 공격과 유사하지만 중간자 공격은 두 사람 간에 오가는 메시지를 탈취하는 반면에 위조 공격은 일방향 통신 경로를 공략한다. 예를 들어 크로스사이트 요청 위조CSRF, Cross-Site Request Forgery는 사용자가 웹사이트에 보내는 통신에 개입한다. CSRF는 사용자가 웹사이트를 떠나도 재방문 시 사용자를 인식하도록 쿠키가 살아 있다는 점을 악용하는 수법이다. 당신이 며칠 전에 평소 좋아하는 온라인 쇼핑몰에 접속했다고 해보자. 당신이 사이트를 떠난 후에도 쿠키는 유지된다. 공격자는 당신이 피싱 메일의 링크를 클릭하게 만들거나 XSS를 통해 스크립트를 실행함으로써 쇼핑몰에 악의적 요청(예: 계정 삭제)을 전송한다. 그러면 웹사이트는 아직 쿠키가 만료되지 않았으므로 그 요청을 실행한다. 이 공격을 막기 위해서 일반적으로 쓰는 방법은 세션(사용자가 접속해서 브라우저를 종료할 때까지 서버에 유지되는 정보—옮긴이)마다 비밀 토큰(CSRF 토큰)을 발급해 오로지 해당 사용자가 현재 웹사이트를 이용 중일 때만 요청을 실행하는 것이다.

여기서 보듯이 절대로 사용자를, 특히 사용자의 입력을 믿어서는 안 된다. 사용자의 입력은 반드시 정해진 패턴을 따르게 해서 유효성을 검사해야 한다(예: 은행에서 입출금 요청 금액이 음수가 아닌 십진수인지 확인하는 것). 이렇게 유효성을 확인함으로써 해커가 당신의 애플리케이션에 코드를 주입하거나 유해한 결과를 초래할 위험을 줄일 수 있다. 무결성 공격에 쉽게 당하지 않으려면 당신의 기술 스택(애플리케이션이 사용하는 언어와 프레임워크)을 면밀히 이해해야 한다. 그래야 공격자가 어떤 취약점을 이용해 코드를 주입할 수 있는지 파악할 수 있다.

이 단락에서 알아본 무결성 공격은 보안 공격 중에서 가장 기술적으로 복잡한 공격이라고 봐도 좋다. 우리는 공격용 코드를 심어서 타격을 주는 중간자 공격, 인젝션 공격, 위조 공격에 대해 살펴봤다. 그 외에 데이터 디들링data diddling과 살라미 공격salami attack이라는 수법도 존재한다. 말했다시피 무결성을 지키려면 사용자의 입력을 철저히 검사하고 당신이 무엇을 가정하든 그것이 진실인지 무조건 확인해야 한다. 그러면 이제 데이터의 가용성을 공격하는 수법을 알아보자.

가용성

성공에 목마른 스타트업은 애플리케이션이 대박을 쳐서 트래픽이 100배쯤 증가하는 날을 하나같이 꿈꾼다. 축하한다. 그런 일이 당신에게 일어나고 있다! 하지만 유감스럽게도 서버가 폭증하는 트래픽을 감당할 능력이 부족해서 서버와 사이트가 다운된다. 2013년에 그런 이유로 대참사가 발생했다. 미국인 수백만 명이 오바마케어에 가입하려고 healthcare.gov로 몰리면서 사이트가 다운된 것이다. 다행히도 엔지니어들이 사이트를 복구하면서 가입 절차가 잘 마무리됐지만, 사이트 인프라의 문제 때문에 수많은 사람이 울화통을 터트린 것도 사실이다. 이렇게 애플리케이션이 트래픽을 감당하지 못하는 상태를 '서비스 거부DoS, Denial-of-Service'(도스)라고 부른다. 그 상황에서는 사용자가 자원을 이용할 수 없으므로 자원의 가용성이 깨졌다고 말한다.

공격자들은 일부러 서비스 거부를 유발해서 정상적인 사용자가 이용할 수 없게 만들려는 목적으로, 애플리케이션이 다운될 때까지 가짜 요청을 보낸다. 이를 'DoS 공격'이라고 말한다. 정상적 이용의 증가로 발생하는 서비스 거부에 대응하려면 애플리케이션이 감당할 수 있는 트래픽을 늘리는 방법뿐이지만, DoS 공격은 악의적 요청을 차단함으로써 방어할 수 있다. DoS 공격을 효과적으로 막아내려면 두 가지가 중요하다. 첫째, 예상되는 트래픽 패턴을 정의해야 하고 둘째, 그 패턴에 부합하지 않는 트래픽을 차단해야 한다.

간단한 방법은 공격자의 요청이 발신되는 서버를 추적하여 그 서버에서 들어오는 트래픽을 모조리 차단하는 것이다. 하지만 가장 흔하게 사용되는 DoS 공격 수법인 '분산 서비스 거부DDoS, Distributed Denial-of-Service'(디도스) 공격에 당할 때는 그런 식으로 대응하기가 어렵다. DDoS 공격은 많은 서버에서 악의적 요청을 보내기 때문에 그런 요청을 다 걸러낼 수 있는 트래픽 패턴을 정의하기가 쉽지 않다. 그래서 클라우드플레어Cloudflare 같은 서비스는 머신러닝을 동원하는 등 향상된 패턴 도출 기법으로 애플리케이션에 대한 DoS와 DDoS 공격을 막아준다.

공격자들은 랜섬웨어ransomware를 이용해 데이터의 가용성을 깨트리기도 한다. 랜섬웨어는 사용자가 본인의 데이터를 사용할 수 없게 만드는 소프트웨어다. 랜섬웨어가 단순히 컴퓨터를 잠가버리기만 한다면, 보안 전문가에게는 성가시긴 해도 해결하기 어려운 문제는 아니다. 하지만 대다수의 랜섬웨어는 사용자의 데이터를 추출해서 암호화한 후 데이터를 해독해줄 테니 돈을 내놓으라고 협박한다. 다음 단락에서 살펴볼 테지만 암호화가 잘된 데이터를 해독키 없이 해독하기란 거의 불가능하다. 그래서 피해자는 데이터를 복구하기 위해 돈을 지불하는 수밖에 없다.

가용성 공격은 코드가 탑재되거나 인터넷에 연결된 하드웨어 장비에 특히 위험하다. 스턱스넷Stuxnet이라는 웜바이러스가 원심분리기(연구 장비) 1000대를 파괴한 사건이 유명하다. 스턱스넷은 특정한 유형의 소프트웨어를 구동하는 기기를 공략해서 거기에 연결된 원심분리기들을 망가질 때까지 회전시켰다. 스턱스넷과 같은 공격을 막는 행위는 산업 시스템의 보안을 목적으로 하는 '제어 시스템 보안control system security'에 속한다. 고장난 원심분리기야 교체하면 되지만 제어 시스템 공격으로 수력발전소나 댐 같은 초대형 시스템이 오작동하면 엄청난 불상사가 초래될 수 있다.

이번 단락에서는 데이터를 탈취하거나 조작하는 것이 아니라 본래 데이터를 받아야 할 사람이 데이터를 보지도 사용하지도 못하게 만드는 공격 수법을 알아봤다. 그 외에 물리적 전력 공격과 세션 하이재킹 공격session hijacking attack도 가용성 공격에 속한다. 가용성 공격을 방어하려면 모든 요청의 유효성을 검사하고 미심쩍은 요청은 걸러내는 것이 중요하다.

CIA 삼각형이 취약성을 발견하고 해커가 정보를 탈취할 경로를 색출하기에 유용한 모델이긴 하지만 그것만으로 모든 공격 유형을 망라할 수는 없다. 따라서 블랙햇Black Hat이나 데프콘Defcon 같은 행사에 참석하거나 책과 기사로 최신 보안기술 동향을 익히고, 당신이 사용하는 서비스의 기술적 역량과 결함을 항상 잘 파악해두어야 한다. 미국 국립표준기술연구소NIST와 유럽연합 네트워크 정보보호원ENISA에서도 사이버보안에 관한 정보를 습득할 수 있다.

예방

다행히 애플리케이션을 보호하는 예방법이 존재한다. 여기서는 널리 사용되고 효과가 입증된 기법을 몇 가지 설명할 텐데, 이 외에도 여러 기법이 있으니 아래는 개략적인 소개라고 생각하면 좋겠다. 보안에 만전을 기하려면 전담 인력을 두고 꾸준히 대응력을 키워야 한다.

암호화
암호화는 최강의 방어 수단이다. 평문으로 된 메시지를 암호문으로 바꾸면 제삼자가 평문으로 복원할 수 없다. 암호화의 핵심은 데이터의 표현 방식을 바꾸는 것이다. 따라서 오디오와 이미지를 포함해 어떤 유형의 데이터든 암호화가 가능하다. 그리 안전하진 않아도 간단한 암호화 방법은 문자를 역순으로 배열하는 것이다. 예를 들어 "the quick brown fox jumps over the lazy dog"라는 평문을 역순으로 치환하면 "god yzal eht revo spmuj xof nworb kciuq eht"이 된다. 언뜻 봐서는 아무 의미 없는 메시지 같지만 눈치 빠른 사람이라면 'eht'가 두 번 나오는 데서 많이 쓰이는 단어인 'the'의 존재를 알아차리고, 이 메시지의 암호화 알고리즘과 내용을 간파할 것이다.

여기서 보듯이 간단한 암호화 규칙은 위험하다. 간단한 규칙은 수학과 언어학 모델로 풀 수 있기 때문에 그 대신 잘 알려지고 철저히 검증된 암호화 프로토콜과 시스템을 사용해야 한다. 복잡한 암호화 기법도 이론적으로는 해독이 가능하지만 워낙 많은 자원과 시간이 소요되기 때문에 현실적으로 불가능하다고 볼 수 있다.

많은 암호화 프로토콜과 시스템이 기본적으로 공개키 암호화 방식이다. 공개키 암호화는 공개키public key와 개인키private key라는 보조 정보를 이용한다. 개인키는 본인만 알아야 하지만 공개키는 누구나 알 수 있다. 앨리스가 밥에게 공개키 방식(비대칭 방식이라고도 한다)으로 암호화된 메시지를 전달하려면 암호화 알고리즘에 메시지와 함께 밥의 공개키를 입력하면 된다. 그렇게 생성된 암호문을 밥이 해독하려면 암호문과 함께 개인키를 해독 알고리즘에 입력하면 된다. 참고로 공개키와 개인키를 안전하고 효율적으로 생성하기는 어렵다. 대부분의 키 생성 암호 시스템(RSA가 제일 유명하다)은 수학적으로 생성한 큰 수를 키로 사용한다.

　인터넷에서 보안 통신에 사용되는 전송계층 보안TLS, Transport Layer Security이 공개키 방식 암호화 프로토콜이다. TLS는 2단계로 나뉜다. 1단계는 두 개체(클라이언트와 서버)가 진짜임을 확인해서 메시지를 교환하는 보안 채널을 만드는 것이고, 2단계는 클라이언트에서 서버로 혹은 서버에서 클라이언트로 데이터가 안전하게 이동하도록 보호하는 것이다. TLS는 웹사이트와 API 등의 보안에 보편적으로 사용된다.

　데이터를 안전하게 보호하려면 암호화가 필수다. 고객과 기업의 데이터를 포함해 모든 데이터는 기본적으로 암호화된 후 필요할 때만 해독돼야 한다. 데이터의 생명 주기는 사용 중(영구 보관소에서 추출됨), 휴면 중(영구 보관소에 보관됨), 전송 중(이 시스템에서 저 시스템으로 이동 중)이라는 3단계로 구성된다. 암호화는 주로 휴면 중 데이터와 전송 중 데이터를 보호하기 위해 사용한다. 예를 들어 TLS는 전송 중 데이터를 보호한다.

　통신업계와 메신저업계에서는 데이터 생명 주기 전체에 걸쳐 데이터를 암호화하는 제품도 나오고 있다. 이를 종단간 암호화end-to-end encryption라 부른다. 다시 앨리스와 밥의 이야기를 해보자. 앨리스가 밥에게 보내는 메시지가 종단간 암호화를 거치면 원본 메시지를 앨리스와 밥만 볼 수 있다. 설령 앨리스가 타사의 클라이언트를 통해서 메시지를 보낸다고 해도 평문 메시지는 암호화 직후 클라이언트에서 삭제된다.

　종단간 암호화는 이메일이나 메신저와 관련해서 주로 언급된다. 하지만 이메일에서는 사용률이 비교적 저조하다. 그 이유는 크게 두 가지로 첫째, 이메일 서비스 업체가 스팸을 필터링하려면 메일의 내용을 읽을 수 있어야 하기 때문이다. 둘째, 이메일 서비스 업체가 다양하게 존재하지만 종단간 암호화에 대한 산업 표준이 존재하지 않기 때문이다. 예컨대 지메일에서 암호화한 메일을 야후 계정으로 보낸다고 하면 두 업체에서 동일한 암호화 프로토콜을 사용해야 한다. 혹은 발신자와 수신자가 동일한 프로토콜을 사용하기로 합의하고 공개키를 교환해야 하는데 꽤 번거로운 일이다. 반면에 메신저업계에서는 종단간 암호화가 서서히 대세로 자리 잡는 추세다. 진정으로 보안을 생각한다면 시그널Signal 메신저를 사용해야 한다. 시그널은 종단간 암호화를 지원하는 오픈소스 애플리케이션이다(그래서 보안 전문가를 포함해 누구나 소스코드를 읽고 보안성을 확인할 수 있다). 보안이 막강해서 페이스북 메신저와 왓츠앱 같은 다른 (비오픈소스) 메신저도 종단간 암호화에 시그널 프로토콜을 이용한다.

비밀번호

개인적 차원에서는 강력한 비밀번호를 이용하는 것이 가장 중요한 예방법이다. 비밀번호를 안전하게 만들고 사용하려면 특수문자와 숫자를 포함해서 길게 만들며 똑같은 비밀번호를 재활용하지 말아야 한다. 이렇게 말하면 흘려듣는 사람이 많지만 절대로 가볍게 볼 문제가 아니다. 2016년에 버라이즌Verizon이 발행한 데이터 유출 보고서에 따르면 비밀번호를 허술하게 만들거나 도난당해서 데이터 유출 사고가 발생하는 비율이 전체 유출 사고 중 63퍼센트나 된다.[20]

2017년에 비밀번호 관리 프로그램 라스트패스LastPass에서 발행한 「비밀번호 스캔들The Password Exposé」 보고서에는 라스트패스의 비즈니스 사용자가 이용하는 비밀번호가 평균 191개라고 되어 있다.[21] 그 많은 비밀번호를 일일이 기억하는 것은 무리다. 그래서 라스트패스와 1패스워드1Password 같은 비밀번호 관리자는 사용자가 비밀번호를 훨씬 쉽게 관리하고 사용할 수 있도록 모든 비밀번호를 단일한 '금고'에 넣고 마스터 비밀번호로 잠근다. 그리고 웹사이트에서 자동으로 아이디와 비밀번호를 입력해주는 '자동 채우기' 기능과 자동으로 강력한 비밀번호를 생성하는 '비밀번호 만들기' 기능을 제공한다. 사용자는 마스터 비밀번호만 기억하면 된다. 이렇게 하는 이유는 아무리 외우기 쉽게 만들었다고 해도 수많은 비밀번호를 기억하기보다 복잡한 비밀번호 하나를 기억하는 편이 훨씬 쉽기 때문이다. 그러면 나머지 비밀번호는 모두 유추하기 어렵게, 즉 훨씬 강력하게 만들 수 있다.

비밀번호 관리자가 절대 해킹당하지 않는다는 보장은 없지만 겹겹이 암호화된 금고 안에 데이터가 보관되기 때문에 훨씬 안전하다. 설령 해커가 금고를 탈취한다고 해도 다중으로 암호화되어 마스터 비밀번호로 잠겨 있기 때문에 내용을 볼 수 없다. 금고를 깨려면 사용자의 마스터 비밀번호가 필요하다(마스터 비밀번호는 해싱hashing이라는 기법을 이용하기 때문에 어느 곳에도 저장되지 않는다). 따라서 마스터 비밀번호만 해커가 추측하지 못하도록 잘 만들어놓으면 된다. 비밀번호 관리 프로그램을 사용하라고 하면 처음에는 거부감이 들 수 있지만, 그만큼 비밀번호를 안전하게 생성하고, 관리하고, 이용할 방법도 없다는 것이 보안 전문가들의 중론이다.

사용자가 만든 비밀번호는 절대로 유출돼선 안 된다. 그러므로 앞에서 말했듯이 해싱으로 비밀번호를 보호한다. 암호화를 통해 데이터가 암호문으로 변환되듯이 해싱을 통하면 데이터가 해시hash로 변환된다. 해시는 암호문과 달리 원문으로 복원할 수 없다. 원문과 똑같은 사본을 해싱해야만(예를 들면 사용자가 입력한 비밀번호가 처음에 정한 비밀번호와 동일해야만) 동일한 해시가 생성되기 때문에 정보의 위변조를 검사할 때 유용하다. 하지만 해싱에 사용된 원문을 따로 저장하지 않기 때문에 해시로는 원문을 알 수 없다.

본인인증 수단

사용자가 본인임을 증명하기 위해 제시해야 하는 것을 인증 요소라고 말한다. 인증 요소는 지식 요소(사용자가 아는 것), 소유 요소(사용자가 가진 것), 속성 요소(사용자의 신체 특성)로 나뉜다.

지식 요소는 가장 흔하게 사용되는 인증 수단이다. 비밀번호만 해도 사용자가 '알아야' 하는 정보다. 또 다른 예로 보안 질문이 있다("태어난 도시는?" "처음으로 산 차의 모델명과 연식은?"). 영화 〈인셉션〉을 봤다면 알겠지만 지식 요소는 비교적 쉽게 무너진다. 이유는 세 가지인데 첫째, 대부분 단순하고 둘째, 주로 불변하는 정보이며 셋째, 익숙한 형태이기 때문이다. 사람들은 비밀번호를 쉽게 기억하기 위해 생일이나 반려동물 이름 같은 개인정보를 토대로 만드는 경향이 있다. 그런 정보는 대부분 추측하기 쉽다. 보안 질문에 요구되는 정보는 뒷조사를 좀 하면 알 수 있고, 설령 공격자가 사용자의 첫 차를 모른다고 해도 입력할 만한 모델명과 연식이 한정되기 때문에 일일이 넣어볼 수도 있다. 지식 요소가 현재 가장 많이 사용되는 인증 수단이라고는 해도 점점 더 보안이 중요해지는 시대에 충분한 수단은 아니다.

그래서 이중 인증2FA, 2-Factor Authentication이 도입되는 추세다. 이중 인증에는 지식 요소 외의 인증 요소가 추가로 요구된다. 보통은 소유 요소가 요구되는데, 사용자가 가진 물건으로 본인임을 인증하는 방식이다. 집이나 차의 문을 열기 위해 사용하는 열쇠와 같다고 생각하면 된다. 많은 웹 애플리케이션에서 요구하는 소유 요소는 사용자의 휴대폰이다. 휴대폰에 문자메시지를 통해, 혹은 오시Authy나 듀오Duo 같은 모바일 앱을 통해 일회용 비밀번호OTP, One-Time Password를 전송하는 것이다. 문자메시지는 전화번호와 연동돼 있어서 비교적 해킹이 쉽다. 공격자가 통신사 고객센터에 전화해서 피해자를 사칭하며 분실 신고를 한 후 피해자의 전화번호로 다른 폰을 개통하면 OTP를 탈취할 수 있다. 가장 안전한 소유 요소는 유비키Yubikey처럼 인증 목적으로 제작된 별도의 하드웨어다. 작은 USB 메모리처럼 생긴 유비키는 사용자의 컴퓨터에 꽂으면 인터넷을 이용하지 않고 OTP를 생성한다.

추가 요소로 속성 요소가 사용되기도 한다. 속성 요소는 사용자의 신체적 특성을 이용하는 생체 인식을 말한다. 지문으로 잠금을 해제하는 아이폰의 터치아이디, 홍채 스캔과 안면 인식이 속성 요소다. 속성 요소가 사용하기 쉬운데도(지문 스캔이 OTP 입력보다 편하다) 다른 인증 방식만큼 많이 보급되지 않은 이유는 생체 데이터는 해킹당해도 바꿀 수 없기 때문이다. 예를 들어 지문 데이터를 탈취당해도 지문을 바꿀 방법이 없다. 비밀번호 변경과는 차원이 다른 문제다. 그래서 해킹의 위험을 줄이기 위해 웬만하면 생체 데이터를 로컬에 암호화해서 저장한다. 예를 들면 폰에 바로 저장한다. 그러면 데이터가 이동하지 않기 때문에 공격면(공격자가 애플리케이션을 타격할 수 있는 지점의 개수)이 좁아진다. 즉, 해킹의 소지가 줄어든다. 따라서 속성 인증은 보통 애플리케이션이 설치된 기기가 생체 데이터를 클라우드에 저장하지 않을 때만 이용한다.

다중 인증MFA, Multi-Factor Authentication을 쓰면 리플레이 공격 등으로 비밀번호를 탈취당했을 때 사용자를 보호하는 효과가 커진다. 해커가 피해자의 비밀번호로 로그인을 시도해도 추가 인증 데이터가 없으면 로그인이 불가능하다. 물론 비밀번호가 유출됐다는 의심이 든다면 반드시 변경해야 한다. 사용자의 입장에서는 은행, SNS를 막론하고 어떤 앱에서든 MFA를 지원한다면 MFA를 켜는 것이 가장 안전하다. 그런데 기업은 무작정 MFA를 의무 사항으로 만들기가 어렵다. 아무리 MFA로 보안이 강화된다고 해도 모든 소비자가 보안을 일순위로 생각하지는 않으므로 사람에 따라서는 번거롭다고 여길 수 있기 때문이다. 그렇지만 MFA를 의무 사항까진 아니어도 선택 사항으로 만드는 것이 현명하다.

네트워크 보안

네트워크 보안은 정보를 이용하고 전송하는 네트워크를 보호하는 것으로, 사용자의 측면과 기업의 측면을 모두 고려한다. 이 단락에서는 당신이 개인 사용자로서 쓸 수 있는 예방법과, 홈 네트워크가 됐든 회사 네트워크가 됐든 동일한 네트워크상의 사용자들을 보호하기 위해서 쓸 수 있는 예방법을 알아보자.

인터넷을 탐색할 때 개인적 차원에서 가장 간편한 예방법은 HTTPS를 이용하는 것이다. 하이퍼텍스트 보안 전송 프로토콜Hypertext Transfer Protocol Secure을 뜻하는 HTTPS는 TLS(앞의 '암호화' 단락 참고)를 통해 트래픽을 안전하게 전송한다. HTTP는 암호화가 되지 않으니까 URL을 입력할 때 꼭 맨앞에 HTTP 대신 HTTPS를 입력하자. 파이어폭스와 크롬 같은 브라우저에서는 HTTPS로 접속했을 때 쉽게 알 수 있도록 URL 막대에 자물쇠가 표시된다. 브라우저에 따라서는 접속하려는 웹사이트의 TLS 시스템이 구식이거나 안전하지 않으면 자동으로 차단하기도 한다.

HTTPS만 사용한다고 능사는 아니다. 웹에서는 항상 경계를 늦추지 말아야 한다. 파일은 반드시 신뢰할 수 있는 사이트에서만 다운받고, 스트리밍 사이트의 광고에 악성 소프트웨어가 포함됐을 가능성을 염두에 둬야 한다. 그런 광고를 막으려면 유블록uBlock 같은 광고 차단기를 설치하면 된다. 그리고 공격자들이 어떤 도메인(예: google.com)으로 연결된다고 써놓고 실제로는 다른 위험한 사이트로 연결하는 수법을 많이 쓰니까, 앞에서 설명한 피싱 공격에 당하지 않으려면 무작정 링크를 클릭하지 말고 브라우저에 직접 URL을 입력하는 것도 좋은 방법이다.

더 안전하게 웹을 탐색하려면 가상 사설 네트워크VPN, Virtual Private Network를 쓰면 된다. 보통은 전문 업체의 서비스를 이용한다.

VPN은 암호화된 터널을 경유해 네트워크 요청(주로 웹사이트 탐색용)을 별도의 서버로 보내고, 이 서버에서 다시 그 요청을 공용 네트워크로 전달한다. 카페 같은 공공장소에서 제공되는 네트워크를 이용할 때 VPN을 쓰면 트래픽이 암호화되고 그 출처가 VPN 업체의 IP 주소로 표시돼서 좋다. 설령 그 네트워크가 안전하지 않아도 데이터는 VPN 터널에서 암호화되기 때문에 안전히 보호된다.

많은 직장에서, 특히 원격 근무가 활성화된 직장에서 각자의 로컬 네트워크(예를 들면 가정의 와이파이 네트워크)로 접속한 직원들을 VPN을 이용해 동일한 사설 네트워크에 접속된 것처럼 만든다. 그러면 같은 VPN에 접속된 컴퓨터들이 서로를 안전한 기기로 인식한다. 말하자면 VPN이 사원증 같은 인증 수단이 된다.

방화벽firewall이나 프록시proxy로도 네트워크를 보호할 수 있다. 방화벽은 사용자가 지정한 사이트와 송수신하는 트래픽을 모두 차단해서 악성 사이트와 공격자를 막는다. 프록시는 사용자와 외부 네트워크 사이에 개입해서 악성 사이트를 차단하고 염탐자나 잠재적 공격자에게 사용자의 IP 주소를 숨기는 등 여러 기능을 수행한다.

애플리케이션 보안 확립하기

이제 지금까지 알아본 공격법과 대응법을 참고해서 애플리케이션의 보안을 강화할 차례다. 이는 애플리케이션 보안 시동, 보안 유지, 피해 최소화라는 3단계로 구성된다.

애플리케이션 보안 시동

애플리케이션 보안이라고 하면 막막할 수 있다. 다행히 시중에 도움이 될 만한 오픈소스 라이브러리가 많다. 보안은 어려운 문제이고 보안에 실패하면 애플리케이션이 공격에 무방비로 노출되기 때문에 라이브러리를 필수로 써야 한다. 인기 있는 오픈소스 라이브러리는 누구나 코드를 보고 빈틈을 잡아낼 수 있기 때문에 강력하다. 라이브러리를 찾을 때는 관리가 잘 되는지, 개발자가 문제에 신속히 대응하는지 따져보자.

위에서 여러 가지 공격법과 방어법을 설명했는데 그 요점은 한마디로 절대 사용자를 믿지 말라는 것이다. 특히 SQL 인젝션 같은 무결성 공격은 공격자가 무언가를 입력해서 애플리케이션이 오작동하게 만드는 수법이다. 그러므로 앞에서 말했듯 사용자가 입력한 내용의 유효성을 확인하는 것이 방어의 원칙 중 하나다.

또 다른 원칙은 접근 통제다. 적절하게 권한을 지정해서 각 사용자가 꼭 필요한 것만 이용할 수 있게 해야 한다. 가령 사용자에게 mybank.com/아이디/home이라는 전용 페이지를 만들어주는 은행이 있다고 해보자. 공격자는 아이디를 추정해서 다른 사용자의 페이지를 찾는 기밀성 공격으로 민감한 정보를 손에 넣을 수 있다. 이런 불상사를 막으려면 은행 측은 사용자가 전용 페이지에 접속하려 할 때 무조건 페이지를 로딩하지 않고 우선 로그인한 사용자의 아이디와 접속하려는 페이지의 소유자 아이디가 동일한지 확인해야 한다. 이처럼 사용자가 어떤 콘텐츠(예: 은행의 개인 페이지)를 보거나 어떤 행동(예: 예금 인출)을 하려 할 때 우선 적절한 권한이 있는지 확인한다면 접근 통제가 잘 된다고 볼 수 있다.

보안 유지

이제 당신은 보안성 있는 애플리케이션을 만들었으니 마케팅에 주력하고 싶을 것이다. 하지만 옛말에 악당은 항상 부지런하다고 했다. 나쁜 놈들은 쉬지 않고 당신의 자원을 공격할 것이다. 그러니까 딱히 새로운 기능을 개발할 때가 아니라고 해도 항상 애플리케이션의 보안을 유지하기 위해 신경써야 한다. 그러자면 무엇보다 테스트와 업데이트가 중요하다.

보안 테스트는 애플리케이션을 개발하는 도중에 수행하는 테스트와 별개다. 통상적인 테스트로 버그를 다 잡을 수는 없다. 논리 버그나 렌더링 버그는 기껏해야 사용자에게 불편을 끼치는 것이 전부지만 보안 버그는 대참사를 야기할 수 있으므로 반드시 잡아야 한다. 그래서 개발자들은 보안 공격에 대비하여 모의 훈련인 침투 테스트를 진행한다. 침투 테스트 시에는 주로 퍼징fuzzing이라는 기법이 사용되는데, 애플리케이션에 무작위로 생성된 데이터를 입력해서 기대한 결과가 나오는지 보는 것이다. 퍼징은 극단적인 상황을 만들기 때문에 여타 테스트에서 잡아내지 못했던 버그를 발견할 수 있다. 그리고 많은 기업이 공격자보다 먼저 취약점을 발견하고 해결하기 위해 윤리적 해커를 기용하기도 한다.

애플리케이션의 버그만 고민할 문제가 아니다. 당신의 애플리케이션은 분명히 외부에서 제작한 플랫폼, 프레임워크, 라이브러리에 의존하고 있을 것이다. 그러면 원개발자가 보안 결함을 발견하고 그것을 해결하는 업데이트, 즉 '패치'를 내놓았을 때 신속하게 설치해야 한다. 그러지 않으면 애플리케이션이 보안 결함에 계속 노출될 것이다. 에퀴팩스 사태도 외부에서 개발된 라이브러리를 몇 달째 업데이트하지 않다가 해커들에게 당한 것이다.[22] 아무리 유명하고 인기 있는 라이브러리라고 해도 보안상 취약점이 존재하지 않는다는 보장이 없다. 역대 최악의 보안 구멍을 만든 하트블리드Heartbleed 취약점은 TLS 프로토콜용으로 널리 사용되는 오픈SSL 라이브러리의 취약점이었다. 앞에서도 말했지만 TLS는 컴퓨터 간에 통신하는 수단이다. 해커들은 하트블리드 취약점을 이용해 서버에 악의적 요청을 넣음으로써 서버가 그들이 이용할 수 있는 것 이상의 정보를 전송하게 만들었다. 그러다 보면 타인의 아이디와 비밀번호 같은 개인정보가 넘어오기도 했다. 해커들이 그런 짓을 벌일 수 있었던 이유는 서버가 요청받은 정보의 분량이 적정한지 검사하지 않았기 때문이다. 그래서 사용자의 입력을 검사하는 게 중요하다.

피해 최소화

지금까지 설명한 기법을 모두 사용한다고 해도 해커가 시스템에 침투할 가능성은 여전히 남아 있다. 신종 공격 수법이 시시각각 등장하기 때문에 어떤 애플리케이션도 100퍼센트 안전하지 않다. 만에 하나 공격당했다면 중요한 자원을 보호하면서 신속하게 사태를 수습해야 한다. 그 첫 번째 단계는 시스템 로그 확인이다. 로그는 시스템에서 발생한 행동, 트랜잭션, 이벤트의 기록이다. 로그 기능을 켜두면 시스템이 지속적으로 모니터링되며 원하는 것을 기록할 수 있어서 좋다. 예를 들면 사용자가 로그인하거나 애플리케이션이 API를 호출할 때마다 기록을 남긴다. 당신의 사이트에서 발생하는 행동은 대부분 적절한 행동일 테니까 로그에 남은 행동도 대부분 무해할 것이다. 그러나 뭔가 미심쩍은 행동이 발생한다면 로그를 확인해 악의적 행동이나 사기 행각을 더 쉽게 발각할 수 있다. 신용카드 회사에서 어떤 사용자의 접속 국가가 자꾸 바뀌는 것을 포착했다고 해보자. 그 사람이 세계 여행을 하는 중이 아니라면 신분이 도용됐을 가능성이 있다. 이때 로그를 들여다보면 상황을 파악하고 적절히 대응할 수 있다. 이를테면 버그를 수정하거나 악성 사이트를 차단 목록에 넣는 등 예방책을 추가로 도입하는 것이다.

가용성 공격으로 데이터를 이용할 수 없게 됐을 때는 최대한 빨리 서비스를 복구해야 한다. 그래서 데이터의 암호화된 백업본을 물리적으로 다른 장소에 보관하는 것이 현명하다. 그러면 사고(예를 들면 휴대폰 침수)로 데이터가 유실된다고 해도 최소한 일부나마 안전하게 복구할 수 있다. 다른 장소에 백업본이 있으면 물리적 공격을 받았을 때도 데이터가 보호된다.

데이터 백업은 특히 민감한 서비스를 제공할 때 중요하다. 일례로 영국 국민보건서비스NHS 산하 병원 60여 개가 워너크라이Wanna-Cry 랜섬웨어에 감염됐던 사태를 생각해보자.[23] NHS의 느슨한 보안 의식이 문제의 원인이었지만 다행히도 백업 시스템이 작동했기 때문에 대부분의 병원에서 해커에게 돈을 지불하지 않고도 데이터를 멀쩡히 복구할 수 있었다. 병원은 위중한 병을 앓는 환자들도 있는 만큼 신속한 복구 능력이 필수다. NHS 외에도 많은 기업이 강력한 백업 시스템으로 데이터를 복구할 수 있었기 때문에 워너크라이는 여타 랜섬웨어에 비하면 금전적으로 그다지 재미를 못 봤다.

결론

이 장에서는 사이버보안과 관련해 흔히 쓰이는 공격법과 방어법을 알아봤다. 먼저 CIA 삼각형에서 제시하는 보안 원칙을 토대로 공격자가 방어막을 뚫을 수 있는 틈이 무엇인지 살펴봤다. 이어서 암호화, 다중 인증, 방화벽 등 공격을 방지하는 수단을 이야기했다. 끝으로 보안 시동, 보안 유지, 피해 최소화라는 보안 확립 방안을 설명했다. 유감스럽게도 당신의 애플리케이션을 노리는 악당이 많다. 당신이 책임지고 그들의 공격을 막아내야 한다. 건투를 빈다!

13장

모바일의
기초

이 장을 함께 쓴 아시 아그라왈과 치나르 바너지에게 감사드립니다.

지금까지는 마이애폴리가 웹 애플리케이션으로만 존재한다고 가정했지만 현실에서는 많은 제품이 스냅챗Snapchat이나 리프트Lyft처럼 모바일 애플리케이션으로도 존재하거나 아예 모바일로만 존재한다. 그런 제품을 개발하는 기업은 당연히 휴대폰에 맞게 애플리케이션 경험을 최적화해야 한다. 휴대폰은 우리가 항상 갖고 다니는 소형 기기인 만큼 기존의 컴퓨터와는 다른 점이 많다. 물론 우리가 지금까지 이야기한 것이 아무 쓸모가 없다고 할 수는 없겠지만, 모바일 애플리케이션으로 성공하려면 데스크톱 경험을 재현하는 수준에 그쳐서는 안 된다. 모바일 기기에 적합한 경험을 제공해야 한다. 그러면 이제부터 모바일 개발의 세계로 들어가보자!

개요
....

1970년대에 발명된 휴대폰은 눈부신 발전을 거듭하며 휴대용 컴퓨터로 자리매김했다. 2000년대 초반에는 전화를 걸고 문자를 주고받는 것 외에 이메일도 이용할 수 있는 블랙베리가 큰 인기를 끌었다. 이후 스마트폰이 등장하면서 사용자가 폰으로 할 수 있는 활동이 폭발적으로 증가했다. 이제 우리는 휴대폰으로 운동을 추적하고, 알람을 맞추고, 공유 차량을 부르며 전에 없이 편리한 생활을 영위하고 있다. 이 장에서는 스마트폰을 중심으로 설명하겠지만 모바일 기기에는 그 밖의 휴대용 컴퓨터들도 포함된다.

바야흐로 모바일 애플리케이션의 전성시대다. 전 세계 휴대폰 사용자는 2018년에 50억 명을 돌파했다.[24] 웹사이트 트래픽도 데스크톱 기기보다 모바일 기기에서 더 많이 발생하고[25] 몇 년 안에 모바일 애플리케이션의 연매출이 2000억 달러에 육박하리란 전망도 있다.[26] 고무적인 소식이다. 그러면 도대체 모바일 애플리케이션이란 무엇일까? 간단히 말해 모바일 기기에서 동작하도록 설계되고 작성된 프로그램이다. 이제부터 살펴보겠지만 모바일 애플리케이션은 새로운 기회의 문을 열어주는 한편, 그 문을 통해 새롭게 신경써야 할 문제와 제약 사항도 함께 들어온다.

모바일 앱을 개발하는 이유

모바일 애플리케이션을 '어떻게' 개발하는지 알려면 먼저 '왜' 개발하고 '언제' 개발하는지 알아야 한다. 그 답이 명확하게 나올 때도 있다. 예를 들어 차량 공유 애플리케이션과 지도 애플리케이션은 본질적으로 모바일 사용이 필수다. 물론 다른 제품은 그렇지 않을 수 있다. 하지만 모바일 애플리케이션은 기능과 사용자층을 다각화하고 강화하는 토대가 된다는 점에서 개발 로드맵에 오를 만하다. 그래서 당신은 마이애폴리도 새로운 사용자를 유치하기 위해 모바일 애플리케이션이 필요하다고 판단한다.

마이애폴리는 데스크톱 웹 애플리케이션으로 출발했지만, 애초에 모바일 애플리케이션의 기능과 제약 사항을 고려해 설계되는 제품도 많다. 이를 모바일 퍼스트 개발이라고 한다. 모바일 퍼스트 전략을 취하면 모바일 UX가 향상되고 데스크톱 애플리케이션은 간소화된다. 모바일용으로 설계된 애플리케이션은 화면에 표시되는 요소가 적기 때문에 데스크톱용으로 변환하기 쉽지만, 반대로 데스크톱용을 모바일용으로 변환하려면 무엇을 뺄지 고민해야 한다.

모바일 앱과 데스크톱 앱 비교

모바일 앱도 우리가 지금까지 이야기한 웹 애플리케이션과 유사하다. 전통적인 웹 앱처럼 모바일 앱도 프런트엔드와 백엔드가 있다.

API 같은 외부 자원을 활용하는 것도 똑같다. 이 장에서 전통적인 웹 앱이라고 하면 데스크톱 웹 앱을 가리킨다. 그 외에 워드프로세서나 동영상 편집기처럼 다운받아서 쓰는 데스크톱 앱도 존재하지만 여기서 모바일 애플리케이션과 비교하는 대상은 데스크톱 웹 애플리케이션이다.

모바일용 애플리케이션 개발은 데스크톱용 애플리케이션 개발과 상당히 다르다. 그 차이점을 알면 왜 모바일 애플리케이션을 따로 만들어야 하는지 이해가 갈 것이다. 두 플랫폼은 크기, 상호작용 방식, 기능, 휴대성이라는 네 가지 측면에서 큰 차이가 있다. 하나씩 알아보자.

» **크기**: 모바일 화면은 데스크톱 화면보다 훨씬 작기 때문에 한 페이지에 들어갈 수 있는 내용도 제한된다. 거기에 맞춰 UI를 만들어야 한다. 예를 들면 데스크톱 웹 앱은 커다란 메뉴 막대에 모든 항목을 표시하는 반면에 모바일 앱은 공간을 절약하기 위해 접이식 메뉴를 많이 사용한다.

» **상호작용 방식**: 모바일 기기와 데스크톱은 상호작용 방식도 다르다. 데스크톱에서는 마우스나 트랙패드로 커서를 움직이고 키보드로 문자를 입력하지만 스마트폰에서는 터치로 다 해결한다.

» **기능**: 모바일 기기는 기본적으로 탑재된 기능이 전통적인 노트북과 다르다. 모바일 기기에는 보통 카메라, 위치 서비스, 블루투스, 푸시 알림 시스템이 내장된다. 그래서 모바일 앱에서는 데스크톱 앱과 전혀 다른 기능을 구현할 수 있다. 예를 들어 인스타그램은 대부분의 사

람이 주로 폰으로 사진을 찍는다는 점에 착안해서 처음부터 모바일 앱으로 출발했다.

» **휴대성**: 모바일 기기는 어디든 갖고 다니며 사용한다. 그래서 모바일 앱을 개발할 때는 ① 콘텐츠를 간단히 표시해야 하고, ② 실시간 이용성을 고려해야 하며, ③ 셀룰러 데이터cellular data(이동통신사를 통해 사용하는 모바일 데이터—옮긴이)가 인터넷 회선과 다르다는 사실을 기억해야 한다. 좀더 자세히 알아보자. 사람들은 보통 잠깐 짬이 날 때 스마트폰을 이용한다. 그래서 사용자 상호작용이 간단명료해야 한다. 데스크톱 웹 앱은 메뉴에 층이 여럿이어서 더 많은 항목을 보여줄 수 있지만 시간이 빠듯한 사람에게는 그런 구조가 별로 효율적이지 않다. 그리고 사람들이 이동 중에 폰을 확인하니까 모바일 앱은 차량 공유 같은 실시간 행동을 집중 공략할 수 있다. 끝으로 셀룰러 데이터로 인터넷을 이용할 때가 많은데, 셀룰러 데이터는 와이파이나 유선 인터넷보다 속도와 안정성이 떨어질 수 있다. 그래서 모바일 애플리케이션은 최적화로 속도를 높여야 한다. 수많은 모바일 앱이 사용자의 시간을 차지하려고 경쟁하는 상황에서 사용자는 굳이 굼뜬 앱을 참으며 쓰지 않고 다른 앱으로 이탈할 것이다.

이런 차이가 있기 때문에, 모바일 앱을 개발할 때는 제약 사항만 생각하지 말고 기존에 없던 혹은 기존보다 더 큰 기회 역시 고려해야 한다.

모바일 앱의 종류

모바일 앱은 크게 웹 앱, 네이티브 앱, 하이브리드 앱으로 나뉜다. 세 가지 모두 흔하게 볼 수 있고 제품에 따라 가장 적합한 유형도 달라진다. 이 단락에서는 각 유형의 기술적 측면과 사용성을 이야기하겠다.

웹 앱

모바일 웹 애플리케이션은 사용자가 사파리나 크롬 같은 웹브라우저로 URL을 열어서 사용하는 웹 애플리케이션이기 때문에 세 유형 중에서 데스크톱 웹 애플리케이션과 가장 유사하다. 보통은 모바일 웹사이트라는 더 친숙한 이름으로 불린다. 그리고 많은 제품이 데스크톱 웹 애플리케이션과 동일한 백엔드에 프런트엔드만 바꿔서 쓴다. 아니면 아예 데스크톱과 모바일에서 모두 사용 가능한 반응형 웹사이트를 만드는 경우도 있다. 반응형 웹사이트는 화면 크기에 따라 표시 방식이 달라지기 때문에 태블릿이나 가로로 돌린 화면에서도 잘 표시된다. 화면 크기에 맞춰 요소들이 자동으로 커지거나 줄어들고, 사라지고 이동함으로써 쾌적한 UX를 만든다.

모바일 웹사이트는 데스크톱 웹사이트를 토대로 비교적 쉽게 개발할 수 있지만 기기에서 바로 작동하지 않고 브라우저 안에서 작동하기 때문에 속도가 느리다. 더군다나 기기에 내장된 기능을 사용하는 데 제약이 있기 때문에 모바일 앱 특유의 강력한 기능을 구현하기 어렵다. 그래서 많은 기업이 독립된 모바일 애플리케이션을 개발하는 쪽으로 방향을 전환했다.

네이티브 앱

네이티브 앱은 폰의 운영체제에서 바로 작동한다. 가장 많이 쓰이는 운영체제는 각각 구글과 애플이 개발하는 안드로이드와 iOS다. 간혹 윈도우나 리눅스 기반 운영체제가 설치된 폰도 있지만 대다수는 안드로이드 아니면 iOS다. 네이티브 애플리케이션은 대개 앱스토어에서 다운받고 화면에 아이콘으로 표시된다. 굳이 브라우저를 거치지 않고 폰에서 바로 구동되기 때문에 모바일 웹 앱보다 속도가 빠르다.

개발자들이 네이티브 애플리케이션을 만드는 이유는 무엇보다도 카메라와 GPS처럼 기기에 내장된 기능을 쉽게 활용할 수 있기 때문이다. 이런 기능은 외부의 백엔드나 API와 달리 오프라인 상태에서도 이용 가능하기 때문에 애플리케이션 역시 오프라인에서 구동된다. 네이티브 앱은 기기의 저장 공간에 전용 데이터베이스를 저장해놓을 수 있다. 그러면 사용자의 상호작용을 추적하고 저장하며, 인터넷에 접속하지 않아도 기기에 담긴 사진이나 메모 같은 콘텐츠를 제공할 수 있다. 갤러리 앱이나 음악 플레이어가 좋은 예다.

그리고 이런 로컬 데이터베이스는 개인 맞춤 콘텐츠를 제공할 때도 요긴하게 사용된다. 데스크톱 웹 애플리케이션도 개인화를 위한 정보를 저장할 수 있지만 보통은 아이디를 기준으로 한다. 예를 들면 아이디에 구매 이력을 연결하는 식이다. 사람들이 브라우저나 컴퓨터를 하나만 쓰지 않기 때문에 어쩔 수 없는 조처다. 하지만 폰은 보통 하나씩만 쓴다. 그러니까 모바일 애플리케이션은 번거로운 가입과 로그인 절차가 대부분 없다. 이는 신규 사용자를 유치하는 데 도움이 된다.

끝으로 네이티브 앱은 웹 앱보다 보안성이 강하다. 모바일 운영 체제에서 모바일 웹사이트에는 제공하지 못하고 독립 앱에만 제공할 수 있는 보안 기능을 갖추기 때문이다. 그리고 애초에 앱스토어에 등록되려면 심사를 거쳐야 하는 반면 모바일 웹사이트에는 그런 절차가 없다.[27] 하지만 또 한편으로는 네이티브 앱이 모바일 웹사이트보다 폰의 내장 기능을 더 많이 이용하기 때문에 공격자들에게 더욱 좋은 먹잇감이 될 수 있다. 물론 모바일 앱과 모바일 웹 앱 모두 해킹의 위험성이 존재하므로 어느 쪽을 선택하든 보안에 각별히 신경써야 한다.

하이브리드 앱

모바일 애플리케이션의 마지막 유형은 네이티브 앱과 웹 앱을 혼합한 하이브리드 앱이다. 하이브리드 앱도 모바일 웹사이트처럼 웹브라우저로 구동되지만 웹뷰web view를 통해 브라우저가 앱에 내장된다는 차이점이 있다. 브라우저를 쓰기 때문에 네이티브 애플리케이션만큼 빠르진 않아도 그와 비슷하게 카메라와 GPS 같은 내장 기능을 사용할 수 있다. 그리고 앱스토어에 등록되고 폰 화면에 독립된 아이콘으로 표시된다. 하이브리드 앱은 데스크톱 웹 기술을 사용해서 개발할 수도 있기 때문에 이미 데스크톱 웹 앱이 존재한다면 개발이 용이하다.

이렇게 기기에 내장된 기능을 이용할 수 있고 개발이 수월하다는 장점과 별개로 하이브리드 앱은 태생적 한계가 존재한다. 일단 웹뷰를 이용하기 때문에 느리고 내장 기능을 전부 이용하진 못한다. 그리고 웹뷰가 웹 기술이기 때문에 기기 자체의 설계 원칙을 다 준수할 수도 없다. 설령 그 원칙을 모두 지키는 것이 가능하다고 해도 실천하기는 어렵다. 그래서 많은 기업이 초기에 우선 가벼운 앱이라도 만들기 위해 하이브리드 애플리케이션을 개발한 후 장기적으로 네이티브 애플리케이션으로 전환하는 방식을 택한다. 그리고 웹 개발 경험은 있지만 모바일 플랫폼 쪽으로는 전문성이 부족할 때나 속도를 좀 손해 봐도 되는 단순한 앱을 개발할 때도 하이브리드 앱이 좋은 선택이 될 수 있다.

이상이 웹, 네이티브, 하이브리드 앱의 차이점이다. 그러면 이제부터는 데스크톱 앱과 다른 기술로 개발되는 독립 실행형 앱(네이티브 앱과 하이브리드 앱)의 개발에 대해 이야기해보자.

독립 실행형 애플리케이션 개발

독립 실행형 애플리케이션Standalone application은 웹브라우저를 거치지 않고 자체 아이콘으로 실행되는 애플리케이션을 말한다. 독립 실행형 애플리케이션은 특정한 운영체제에 맞춰 제작할 수도 있고 모든 스마트폰에서 돌아가도록 제작할 수도 있다. 이 단락에서는 두 방식이 어떻게 다르고 어떤 장단점이 있는지 살펴볼 것이다.

안드로이드와 iOS 비교

앞에서 설명했듯이 네이티브 모바일 앱은 폰의 운영체제에서 바로 구동된다. 그런데 안드로이드와 iOS용 앱을 동시에 개발하는 것은 부담스럽기 때문에 많은 기업이 우선은 한 플랫폼에만 집중한다. 이때 선택이 쉽지 않으므로 먼저 두 플랫폼의 차이점을 알면 좋겠다. 안드로이드와 iOS는 사용자층, 개발 과정, 앱 등록이라는 세 가지 측면에서 크게 다르다.

플랫폼을 선택할 때 보통은 사용자층이 제일 중요한 고려 사항이다. iOS는 서양에서 강세이고 안드로이드는 전 세계적으로 사용자가 더 많다. iOS는 고가 브랜드라서 사용자들이 평균적으로 애플리케이션 구매와 앱 내 구매에 돈을 더 많이 쓴다.

물론 두 플랫폼은 기술적 측면에서도 다르다. 안드로이드 앱은 안드로이드 스튜디오Android Studio IDE에서 자바나 코틀린Kotlin으로 개발되는 반면에 iOS 앱은 엑스코드XCode IDE에서 애플이 자체 개발한 프로그래밍 언어인 스위프트Swift로 개발된다. 코틀린과 스위프트는 신생 언어이기 때문에 사용자가 비교적 적지만 자바는 이미 널리 사용되는 인기 언어다. 아마 당신의 팀에도 자바로 개발한 경험을 갖춘 사람이 적어도 한 명은 있을 것이다. 그리고 엑스코드는 맥에서만 구동되기 때문에 개발에 진입 장벽이 있지만, 안드로이드 스튜디오는 모든 컴퓨터에서 구동된다. 또한 애플의 방침 때문에 iOS 앱 개발에는 제약이 더 심하다. 안드로이드는 오픈소스라서 개발자가 필요하면 소스코드를 분석하여 플랫폼을 더 깊이 이해할 수 있다.

안드로이드는 보급된 기기의 종류도 많고 현재 구동 중인 운영체제의 버전도 다양해서 애플리케이션 개발 시간이 더 많이 걸린다. 그에 비하면 iOS가 탑재된 기기는 그 종류가 한정돼 있고 모두 애플

제품이다. 그래서 변동성이 작다. 반면에 안드로이드 기기는 1000개가 넘는 업체에서 제조한다.[28] 그러다 보니 개발자가 고려해야 할 화면의 크기와 기기의 사양이 천차만별이다. 구글이 안드로이드 기기를 모두 제조하지는 않기 때문에 제조사에 최신 버전으로 운영체제를 업데이트하라고 강요하지 못한다. 제조사로서는 운영체제를 업데이트하려면 자사 제품에서 잘 돌아가도록 수정해야 하기 때문에 번거로울 수 있다. 그래서 소비자에게 최신 버전 업데이트를 제공하지 않는 경우가 많아서 파편화fragmentation가 발생한다. 파편화란 사용자들이 쓰는 운영체제가 여러 버전으로 나뉜다는 뜻이다. 사정이 이렇다 보니 안드로이드 앱을 개발할 때는 앱이 다양한 버전의 운영체제에서 똑바로 작동하는지 확인해야 한다. 그리고 구버전 운영체제는 12장에서 설명했듯이 보안 위험을 키울 수 있다. 실제로 많은 해커가 파편화로 생긴 틈을 타고 안드로이드 기기에 악성코드를 심으려 한다.

끝으로 안드로이드와 iOS는 앱스토어에 앱을 등록할 때도 차이가 난다. 양측이 구체적인 수치를 공개하진 않지만 앱스토어에 등록을 신청한 앱이 실제로 수락되는 비율은 안드로이드 쪽이 더 높은 것으로 알려져 있다. 다시 말해 애플 앱스토어는 안드로이드 플레이스토어보다 앱 등록이 거부될 확률이 높다.

안드로이드와 iOS 모두 장단점이 있다. 일반적으로 주력 플랫폼을 정할 때는 사용자층과 개발 용이성이 제일 중요하게 고려된다. 하지만 여전히 선택이 어렵거나 양 플랫폼을 동시에 공략하고 싶다면 크로스플랫폼 개발이 좋은 대안일 것이다.

크로스플랫폼 개발

완전한 네이티브 앱을 만들면 최고의 성능을 낼 수 있겠지만 안드로이드와 iOS 양 진영에 네이티브 앱을 내놓고 유지하려면 개발비가 꽤 많이 든다. 서로 개발 언어가 다르고 앱을 수정할 때마다 업데이트와 테스트도 플랫폼별로 실시해야 하기 때문이다. 그래서 크로스플랫폼cross-platform 솔루션의 인기가 높아지고 있다. 크로스플랫폼 모바일 개발은 단일한 앱이 여러 모바일 운영체제에서 돌아가게 만드는 것이다. 시중에 크로스플랫폼 모바일 개발을 지원하는 프레임워크들이 나왔고 그중에는 자바스크립트 같은 웹 기술만으로 코드를 작성할 수 있는 프레임워크도 많다. 이런 프레임워크를 이용해 네이티브 앱이나 하이브리드 앱을 크로스플랫폼으로 만들 수 있다.

크로스플랫폼 네이티브 앱 개발을 위한 프레임워크를 사용하면 개발자는 프레임워크에서 제공하는 요소를 이용해 앱을 개발하고, 그 요소들은 다시 각 플랫폼의 네이티브 요소로 변환된다. 이 방면으로는 리액트 네이티브React Native, 플러터Flutter, 자마린Xamarin이 인기 있는 도구다. 각 프레임워크가 플랫폼 중립적인 코드를 네이티브 코드로 변환하는 방식은 다르지만 그 결과물은 완전한 네이티브 앱에 필적할 만큼 빠르게 작동하는 모바일 앱이다. 단, 특정한 기능을 구현하기 위해서는 각 플랫폼에 맞는 코드를 추가해야 할 수도 있다. 그래도 코드베이스에서 플랫폼 중립적인 코드가 대부분을 차지한다.

크로스플랫폼 하이브리드 앱 개발용 프레임워크로는 아이오닉Ionic, 아파치 코르도바Apache Cordova, 온센UIOnsen UI가 있다. 말했다시피 하이브리드 애플리케이션은 데스크톱 웹 애플리케이션의 개발 용이성과 네이티브 모바일 애플리케이션의 기능성을 겸비한다. 이 프레임워크들도 크로스플랫폼 네이티브 앱 개발용 프레임워크와 마찬가지로 플랫폼 중립적인 코드를 하이브리드 코드로 전환한다. 그리고 위에서 설명한 것처럼 기기의 내장 기능도 이용할 수 있다.

네이티브 개발 vs 크로스플랫폼 개발

크로스플랫폼 개발은 개발 효율, 개발자 기용, 사용자 노출이라는 세 가지 측면에서 장점이 있기 때문에 고려해볼 만하다.

네이티브 개발과 비교해 크로스플랫폼 개발의 가장 큰 장점은 개발 효율이 극적으로 향상되는 것이다. 개발자가 단일한 코드베이스만 작성하고 유지하면 되기 때문에 새 업데이트를 훨씬 빨리 내놓을 수 있다. 웹 기술을 사용하는 것도 개발 시간을 단축하는 요인이다. 네이티브 코드는 변경 사항이 있으면 다시 컴파일해야 하지만 웹 코드는 재시작 없이 바로 변경 사항이 적용된다(이를 '핫리로드hot reload'라고 한다). 네이티브 코드 컴파일에 수십 분이 아니라 단 몇 초만 걸린다고 해도 장기적으로 보면 상당한 시간 손실이 발생한다.

크로스플랫폼 개발은 웹 기술을 사용하기 때문에 개발자도 더 구하기 쉽다. 자바스크립트 같은 기본적인 웹 기술은 많은 개발자가 숙지하기 때문에 신규 개발자가 프로젝트에 빨리 적응할 수 있다. 그리고 iOS와 안드로이드 전문가를 따로 영입할 필요도 없다.

끝으로 크로스플랫폼 개발은 사용자 유치에도 유리하다. 주력 플랫폼을 정할 필요 없이 처음부터 양 플랫폼 사용자를 동시에 공략할 수 있기 때문이다.

하지만 크로스플랫폼 개발도 단점이 있으므로 페이스북과 에어비앤비처럼 유명한 기업이 크로스플랫폼에서 손을 뗀 사례도 많다. 크로스플랫폼 앱은 개발 속도가 빠른 대신 실행 속도가 떨어진다. 기기에서 크로스플랫폼 코드를 네이티브 코드로 변환하는 시간이 필요하기 때문이다. 그래서 분초가 중요할 만큼 실행 속도가 빨라야 하는 앱이라면 UX가 나빠질 수 있다. 그리고 크로스플랫폼으로 개발된 앱은 네이티브 코드 구조를 완전히 반영하지 못한다. 프레임워크에서 대부분 알아서 처리한다고 해도 플랫폼의 특성을 모두 활용하지는 못한다. 그래서 복잡한 제품을 개발할 때는 플랫폼 전용 코드가 적지 않게 필요해진다. 그러다 보면 결과적으로 두 개의 플랫폼이 아니라 세 개의 플랫폼을 지원하는 격이 돼서 크로스플랫폼 개발의 장점인 신속한 이터레이션이 어려워진다. 끝으로 크로스플랫폼 프레임워크들의 역사가 아직 길지 않기 때문에 버그가 발생할 확률이 더 높다. 요컨대 크로스플랫폼 개발이 신생 앱을 개발할 때 요긴하긴 하지만 모바일 개발의 문제를 모두 해결해주는 만병통치약은 아니다.

결론

데스크톱에 주력할 때와 모바일에 주력할 때를 결정하는 기준은 결국 제품 로드맵이다. 많은 제품이 신속한 출시를 위해 크로스플랫폼 프레임워크를 써서 하이브리드 앱으로 제작된다. 하지만 UX를 극대화하기 위해 완전한 네이티브 앱으로 개발되는 제품도 있다. 또 어떤 제품은 모바일 웹사이트만으로 충분하다. 어느 쪽을 택하느냐는 회사의 우선순위와 서버의 트래픽 허용량에 달린 문제다. 사용자에게 의미 있는 모바일 경험을 선사하려면 더 많은 노력과 자원이 투입돼야 하겠지만 그만큼 사용자가 늘어나고 만족도가 올라갈 것이다.

14장

사물인터넷

이 장을 함께 쓴 치나르 바너지에게 감사드립니다.

마이애폴리를 개발하면서 당신은 인터넷에 연결된 기기가 노트북만이 아니라는 사실을 깨닫는다. 스마트폰, 스마트 온도조절기, 스마트전구 등 주변의 많은 기기가 이미 인터넷에 연결돼 있다. 몇 년 후면그런 기기의 수가 500억 대에 이르리란 전망도 있다.[29, 30] 이런 현상을 전문용어로 **사물인터넷**IoT, Internet of Things이라고 부른다.

사물인터넷 속 사물

그렇다면 사물인터넷에서 '사물'은 무엇일까? 인터넷에 접속되고 센서가 내장된 모든 기기를 가리킨다. 스마트 전구가 IoT 장비일까? 맞다. 스마트 스피커는? 맞다. 스마트 칫솔은? 맞다. 이 책은? 아마 아닐 것이다.

이론상으로는 컴퓨터처럼 인터넷에 연결되는 모든 것이 IoT 장비다. 하지만 현실에서 IoT라고 하면 온도조절기나 냉장고처럼 이전에는 인터넷에 연결되리라 생각하지 않았던 장비를 뜻한다.

유용한 IoT 장비는 다음의 세 가지 조건을 만족한다.

» 내장 센서로 중요한 데이터를 수집한다.
» 인터넷으로 그 데이터를 전송하고 분석 결과를 받는다.
» 그 분석 결과를 토대로 의미 있는 행동을 유발한다.

요컨대 IoT 장비에는 데이터 수집, 데이터 전송, 행동 유발이라는 세 가지 조건이 있다. 예시를 보며 더 자세히 알아보자. 마이애폴리 사무실에 최신 스마트 냉장고를 들였다고 해보자. 제조사는 편의상 '루스트'라고 칭하겠다. 이 냉장고는 일반 냉장고처럼 생겼지만 문에 터치스크린 패널이 달려 있다. 이 패널로 직원들은 냉장고를 사무실 와이파이에 연결하고, 기능을 설정하고, 알림 같은 정보를 볼 수 있다. 그리고 이 냉장고에는 내장 센서로 식품의 무게를 재서 어떤 식품을 언제 재주문해야 하는지 알려주는 재밌는 기능이 탑재되었다. 예를 들면 우유 선반의 무게를 재는 센서가 존재한다.

우유 센서가 우유 선반의 무게 데이터를 수집하면 냉장고가 인터넷을 통해 그것을 다른 컴퓨터로 전송한다. 이때 우유 선반이 가벼우면, 즉 우유가 부족해질 것 같으면 냉장고로 알림이 전송된다. 그러면 냉장고는 사용자에게 우유를 채우라고 알리거나(터치 패널, 이메일, 문자 알림 등을 통해) 온라인으로 새 우유를 주문함으로써 행동을 유발한다.

14장 사물인터넷

이제 IoT 장비가 무엇인지 알았으니 이 장비들이 어떤 식으로 공조하는지 알아보자. 사물인터넷은 IoT 장비들이 서로 연결되어 인간이 조작하지 않아도 알아서 데이터를 공유하고 통신하는 네트워크다. 수많은 장치가 연결된 만큼 우리는 그 네트워크상에서 전송되는 데이터와 발생하는 통신을 관리할 수 있어야 한다. 이는 **IoT 플랫폼**IoT Platform이라는 소프트웨어를 사용하면 가능하다. 네트워크 내의 IoT 장비들은 모두 IoT 플랫폼에 접속한다. 그리고 IoT 플랫폼은 각 장비와 통신하며 거기서 나오는 모든 데이터를 연결하고, 보관하고, 분석한다. IoT 플랫폼은 클라우드에 존재하며 데이터도 모두 클라우드에서 분석된다. 인간이 직접 IoT 장비를 조작할 수도 있겠지만 그렇게 하지 않아도 IoT 네트워크 내의 장비들이 자동으로 데이터를 공유한다.

위에서 제시한 냉장고의 예에서 생각해볼 수 있는 IoT 네트워크로는 일단 미국 전역의 루스트 스마트 냉장고들이 연결된 네트워크다. 이 플랫폼이 각각의 스마트 냉장고와 통신해서 데이터를 수집하고 분석할 것이다. 또 생각해볼 수 있는 IoT 네트워크는 마이애폴리 사무실 내의 스마트 기기들(스마트 냉장고, 스마트 초인종, 스마트 스피커 등)이 연결된 네트워크다. 각 기기가 하는 역할은 다르지만 이 경우에도 단일한 플랫폼이 모든 기기와 통신하며 데이터를 분석한다. 실존하는 IoT 플랫폼으로는 AWS IoT, 마이크로소프트 애저Azure IoT, 구글 클라우드 IoT, IBM 왓슨Watson IoT가 있다.

사물인터넷의 위력은 네트워크 내에서 공유되는 막대한 분량의 데이터에서 나온다. 마이애폴리의 냉장고는 미국 전역에 깔린 루스트 냉장고들의 네트워크에 속한다. 이 네트워크의 IoT 플랫폼은 매일 전국의 냉장고에서 측정한 우유 선반의 무게를 수십만 건 수집한다. 이렇게 축적된 데이터를 15장에서 설명할 머신러닝으로 분석하면 반복되는 패턴을 발견하고 요긴한 시사점을 얻을 수 있다. 이를테면 선반 무게가 얼마일 때 우유를 재주문하는 것이 제일 좋은지 알 수 있다. 장기간 수집된 무게 데이터를 분석하면 새 우유가 배달될 때까지 평균 며칠이 소요되는지, 사용자가 2리터들이 우유를 평균 며칠 동안 마시는지 파악되기 때문이다. 이런 정보가 모이면 우유를 주문하기에 가장 좋은 무게가 나오고 그 수치는 데이터가 쌓일수록 더 정확해진다.

서로 다른 장비에서 나오는 데이터를 취합해 분석할 때도 그처럼 유용한 시사점을 얻을 수 있다. 마이애폴리 사무실의 IoT 네트워크를 예로 들어, 직원이 스마트 스피커에게 우유가 얼마나 남았는지 물으면 스피커가 정확한 무게를 말해준다. IoT 플랫폼을 통해 냉장고에서 필요한 정보를 받을 수 있기 때문이다. 그리고 냉장고는 초인종에서 축적된 데이터를 근거로 초인종에 대답할 사람이 있을 때 우유가 도착하도록 주문을 넣을 수 있다.

루스트와 마이애폴리 사무실의 IoT 네트워크에서 나오는 데이터와 시사점은 다른 기업, 조직, IoT 네트워크에도 도움이 될 수 있다. 예컨대 루스트가 분석한 결과, 고객들이 봄에 우유를 더 많이 마신다고 해보자. 루스트가 이 데이터를 낙농업자에게 판매하면 낙농업자는 더 정확하게 수요에 대응할 수 있다. 그리고 사무실 초인종이 직원의 집에 있는 오븐에 퇴근을 알리면 오븐이 시간 맞춰 저녁을 데 워놓을 것이다.

IoT 시스템의 상호운용성interoperability이란 서로 제조사가 다른 장치들도 통신이 가능하다는 뜻이다. 예를 들어 마이애폴리 사무실에 GE에서 나온 스마트 전구를 새로 달았을 때 이 전구와 루스트의 장치가 동일한 IoT 네트워크에 속한다면 상호운용성이 있다고 말한다. 상호운용성은 개방형 표준으로 강화된다. 표준standard은 제조사들이 제품을 만들 때 따라야 하는 사양과 규칙의 집합이다. 개방형 표준은 일반에 공개된 표준이고 폐쇄형 표준은 주로 독점적 표준이다. 여러 회사가 동일한 개방형 표준을 따른다면 그 제품들이 서로 호환된다. 위의 예에서 GE 전구와 루스트 냉장고가 동일한 네트워크에 있다면 동일한 개방형 표준을 따르는 것이다. 개방형 표준은 혁신을 촉진하고 서로 다른 제조사에서 나온 기기들이 쉽게 연결되게 만든다. 반면에 한 회사가 전권을 갖는 폐쇄형 표준을 쓴다면 더 안전하고 예측성이 큰 네트워크를 만들 수 있다.

여기서 보듯이 우리가 우리 냉장고에서 나오는 데이터와 다른 냉장고에서 나오는 데이터를 지능적으로 이용한다면 냉장고의 활용성이 향상된다. 이 냉장고 사례에서 IoT가 중요한 이유 한 가지가 확인된다. 우리가 무언가에 대한 정보를 많이 확보할수록 더 많은 지식을 보유하고 더 나은 행동을 할 수 있다는 것이다. 그러면 최근에 IoT가 급성장한 배경을 알아보자.

IoT의 성장 요인

IoT는 이미 오래전부터 구상되었다. 일찍이 1843년에는 기계로 측정한 기후 데이터를 취합하면 일기예보의 정확도가 높아진다는 기대감을 과학자들이 표현한 바 있으며, 그것이 IoT의 기원이라고 말하는 사람도 있다.[31] 1982년에는 카네기멜런대학교의 콜라 자판기에 인터넷이 연결되어 재고 수량과 새로 추가된 캔의 온도 데이터를 전송할 수 있게 됐다.[32] 1990년대에는 IoT가 임베디드 인터넷embedded internet이라고 불렀다.[33]

근래에 IoT가 폭발적으로 성장한 이유는 다방면에서 극적인 기술 혁신이 있었기 때문이다. 마이애폴리의 스마트 냉장고를 다시 생각해보자. 이 냉장고가 탄생할 수 있었던 이유는 하드웨어, 네트워크, 빅데이터와 데이터 분석, 클라우드라는 4대 영역에서 많은 혁신이 일어났기 때문이다.

첫째, 하드웨어 기술의 발달로 루스트는 작고 저렴하면서 냉장고에 쓸 만한 성능을 갖춘 칩과 센서를 구입하거나 제조할 수 있게 됐다. 과거에는 냉장고에 들어갈 만큼 작으면서 인터넷에 연결될 만큼 강력한 부품을 생산하려고 하면 엄청난 비용이 발목을 잡았다. 하지만 지금은 컴퓨터의 역할을 하는 부품이 점점 더 작아지고, 저렴해지고, 강력해지고, 에너지 효율이 좋아지고 있다. 하드웨어 기술이 이런 식으로 발전하는 양상은 무어의 법칙으로 설명된다.

페어차일드 반도체Fairchild Semiconductor와 인텔의 공동설립자인 고든 무어Gordon Moore의 이름을 딴 '무어의 법칙'은 컴퓨터칩에 들어가는 트랜지스터의 개수가 매년 두 배씩 증가할 것이라고 1965년에 무어가 예측한 데서 유래했다. 그게 무슨 의미일까? 컴퓨터의 언어는 이진법이다. 다시 말해 컴퓨터는 0과 1이 나열된 정보만 이해할 수 있다. 3장에서 배웠듯이 인간이 읽을 수 있는 프로그래밍 언어로 컴퓨터에게 지시하는 것은 모두 이진수로 변환돼서 실행된다. 트랜지스터는 컴퓨터 내부에서 이 0과 1을 표현하는 부품이다. 컴퓨터칩에 트랜지스터가 많이 들어갈수록 연산 능력이 좋아진다. 트랜지스터가 점점 소형화되면서 컴퓨터칩의 성능이 향상되자 소형 기기들도 더 강력한 성능을 낼 수 있게 됐다. 요즘 스마트폰의 연산 능력은 30년 전에 쓰던 거대한 슈퍼컴퓨터보다 비교도 안 될 만큼 강력하다. 루스트 냉장고가 필요한 연산 능력을 갖추게 된 것도 이처럼 하드웨어 기술이 발전한 덕분이다.

둘째, 최근 들어 네트워크 기술이 발전하면서 더 빠르고, 더 저렴하고, 더 안정적으로 인터넷을 이용할 수 있게 됐다. 당연한 말이지만 인터넷의 보급률과 안정성이 향상되면 더 많은 사물이 더 안정적으로 인터넷에 연결된다. 빠르고 안정적인 인터넷망은 건강이나 안전과 밀접한 IoT 네트워크에 반드시 필요한 요소다. 가령 마이애폴리 사무실에 스마트 자물쇠가 설치되었는데 인터넷이 끊긴다면 사무실의 보안이 와해될 수 있다.

셋째, 빅데이터 기술 덕분에 루스트 IoT 네트워크가 방대한 데이터를 처리할 수 있게 됐다. 5장에서 말했듯이 빅데이터는 속도가 빠르고(빠르게 갱신된다), 양이 많고(규모가 크다), 다양성이 크다(종류가 다양하다). IoT 네트워크에서 생성되는 데이터는 이런 빅데이터의 조건에 확실히 부합하기 때문에 최신 빅데이터 처리 기술이 요구된다. 루스트 냉장고에서 생성되는 우유 무게의 데이터만 해도 그 양이 어마어마한데 거기에 우리가 냉장고에 넣는 모든 식품의 데이터가 더해지고 또 그것이 미국 전역의 루스트 냉장고에서 나오는 데이터와 결합된다고 생각해보자! 데이터 마이닝과 통계 기술이 발전하고 15장에서 설명할 머신러닝이 발달함에 따라 루스트는 방대한 데이터를 처리해서 유익한 시사점을 얻을 수 있게 됐다.

넷째, 클라우드 기술의 발전으로 IoT 네트워크가 데이터를 공유할 수 있게 됐다. IoT 플랫폼은 다종다양한 기기가 클라우드에 있는 소프트웨어를 중심으로 통신하기에 존재할 수 있다. 클라우드가 없었다면 IoT 장비에 방대한 데이터를 저장할 공간이 마땅치 않았을 것이다. 그리고 클라우드를 구성하는 서버들이 대용량 데이터를 저렴하게 보관할 수 있는 이유는 위에서 말한 것처럼 하드웨어가 발달했기 때문이다. 클라우드에 있는 강력한 서버는 소형 기기와 달리 고도의 연산 능력을 발휘해 복잡한 분석이 가능하다.

IoT 활용

IoT는 그 가능성이 무궁무진하기 때문에 아마도 우리가 예상치 못한 방향으로 성장할 것이다. 여기서는 그나마 예측 가능한 짜릿한 미래의 모습을 몇 가지 이야기해보려 한다.

» **사업**: 스마트한 네트워크로 소매업, 농업, 에너지 산업 같은 분야에서 효율과 생산성을 향상할 수 있다. 예를 들면 센서 네트워크가 농장의 토양 수분 데이터를 수집해서 스마트 살수기에 지시를 내리면 살수 효율이 높아지고 물 낭비가 줄어들 것이다.

» **스마트 시티**: 스마트 신호등이 축적된 데이터를 이용해 교통을 효과적으로 통제하면 체증이 줄어들 것이다.

» **자율주행차와 커넥티드카**: 자율주행차는 레이더와 라이다LiDAR 같은 여러 센서와 카메라를 이용해서 지형지물을 인식하고 통과한다. 앞으로 IoT 시대에는 자율주행차들이 데이터를 공유하며 교통사고 등 도로 상황을 서로 알려주며, 더 나아가 신호등과 공사 구간에 대한 데이터도 공유하면서 최적의 경로를 찾고 체증을 최소화할 것이다.

» **웨어러블 기술**: 웨어러블 기술은 건강 분야에서 잠재력을 주목받고 있다. 스마트워치와 피트니스 트래커 같은 웨어러블 기기는 심박과 수면 시간처럼 매우 개인적인 건강 데이터를 이전과 비교할 수 없을 만큼 많이 수집할 수 있다. 그러면 의료 서비스 종사자가 환자의 건강 정보를 직접적이고 지속적으로 확인해서 더 나은 서비스를 제공할 것이다.

» **스마트홈**: 전구, 초인종 등 집 안의 모든 것이 인터넷을 통해 서로 연결될 것이다.

» **소비자용 로봇**: 로봇공학은 제대로 설명하자면 최소한 책 한 권은 필요할 만큼 복잡한 분야다. 여기서는 몇 가지 제품만 간단히 살펴보려한다. 로봇은 일련의 행동으로 이뤄진 복잡한 작업을 자동으로 수행할 수 있는 기계를 뜻한다. 자동으로 바닥을 청소하는 로봇도 있고,

집을 순찰하는 로봇도 있고, 물건을 배달하는 로봇도 있다. 이런 로봇이 인터넷에 연결되면 그 능력이 더욱 향상된다. 예를 들어 로봇 청소기들이 서로 통신한다면 넓은 공간을 가장 효율적으로 청소할 방법을 스스로 찾을 것이다.

이점과 우려점

IoT 기술은 사업, 가정, 건강 등 우리 삶의 많은 영역으로 진입하고 있다. IoT는 생활에 편의를 더할 뿐만 아니라 많은 작업을 더 지능적이고 효율적으로 처리할 수 있게 만든다. 2025년이면 IoT가 경제에 연간 10조 달러의 영향을 미치리란 전망도 있다.[34]

IoT 네트워크는 다음과 같은 효과를 불러올 것이다.

> » **더 나은 통찰과 더 효과적인 행동**: 앞에서 살펴봤듯이 마이애폴리 직원들은 스마트 냉장고가 제공하는 정보와 행동으로 득을 보고 있다.
> » **개발 효율 향상**: 루스트는 몇 달 후 우유 무게 센서가 IoT 플랫폼으로 데이터를 공유하기에는 느리다는 사실을 알게 된다. 그러면 스마트 냉장고의 다음 모델을 개발할 때 단순히 추측만으로 어떤 부분을 개선해야겠다고 결정하는 것이 아니라 우유 센서 개선을 목표로 삼을 것이다. 사용자와 장치의 행동을 측정한 데이터가 누적되면 제조사는 더 나은 제품을 더 효율적으로 개발할 수 있다.
> » **직접적인 경제적 이득**: 스마트 풍력발전기들이 IoT 네트워크로 연

결돼 서로 통신한다고 생각해보자. 거센 폭풍우가 몰아칠 때 10호기가 곧 과부하로 작동이 중단될 것이라고 스스로 판단한다. 그래서 주변 발전기들에 그 사실을 알리면 주변 발전기들은 데이터를 토대로 10호기의 중단에 대비해 자동으로 설정을 조정한다. 그리고 도시 내의 스마트 건물들에 얼마간 어느 정도로 전력 공급이 감소할 예정이라고 알리고, 스마트 건물들은 그에 맞춰 전력 소비량을 줄인다. 이렇게 하면 정전으로 인한 경제적 손실을 최소화할 수 있다. 발전기와 건물이 연결된 스마트 네트워크는 인간이 발전기의 사고를 발견하고 설정을 조정하는 것보다 훨씬 빠르게 정전에 대응할 수 있다.

» **장비의 원격 모니터링과 조작**: 인터넷으로 데이터를 전송하는 장비는 멀리서도 모니터링이 가능하다. 위의 예에서는 기술자들이 굳이 발전기에 가지 않고도 발전기를 점검할 수 있다.

» **기계의 자율성 향상**: 위의 예처럼 발전기들이 서로 통신하면 인간 기술자가 전체를 한꺼번에 관리할 수 있다. 그러면 각 기기의 성능과 상태를 일일이 신경쓰지 않고 전체적 성능과 상태만 확인하면 된다.

반대로 IoT가 성장하며 대두되는 다음과 같은 문제점에도 주의해야 한다.

» **데이터 보안**: IoT 장비는 12장에서 설명한 모든 공격 수법에 노출돼 있다. IoT 네트워크는 해커가 데이터와 기기를 탈취할 경로를 늘린다. 그래서 예방이 훨씬 중요하다. 가정의 네트워크가 해킹당하면 공격자가 스마트 자물쇠를 조작해 언제든 문을 열 수 있다. 환자의 웨어

러블 기기와 병원 장비가 연결된 의료 네트워크가 해킹당하면 공격자가 개인의 건강 정보를 탈취하고 심하면 처방과 치료법을 함부로 조작할 수 있다. 자율주행차가 해킹당하면 공격자가 탑승자를 납치하거나 고의로 교통사고를 일으킬 수 있다. 그러므로 사이버보안에 각별히 신경써야 한다.

» **개인정보 보호**: IoT 네트워크가 널리 보급되면 제조사들이 의료 데이터, 스마트 스피커에 하는 말, 집에 방문한 사람들의 기록같이 매우 개인적인 데이터를 대량으로 확보하게 될 것이다. 이런 민감한 데이터는 당연히 철저히 보호돼야 한다. 따라서 제조사와 정부는 ① 데이터를 어떤 방식으로 얼마나 보관할지, ② 분석 목적으로 데이터를 수집할 때 신원이 노출될 수 있는 부분을 삭제할지, ③ 사용자에게 기업이나 장치와의 정보 공유 여부를 선택하도록 하는 데이터는 어떤 유형일지에 관한 규정을 마련해야 한다. 종합적인 개인정보 보호 방침이 확립되지 않으면 사용자들이 IoT 네트워크를 일상의 한 부분으로 선뜻 받아들일 수 없을 것이다.

» **상호운용성과 표준**: IoT 장치는 다양한 업체가 다양한 기술을 이용해서 제조한다. 따라서 필요에 따라 장치들이 통신할 수 있게 표준을 정립해야 한다.

» **인프라**: 인터넷은 전 세계에 깔린 물리적 하드웨어 인프라에 의존한다. IoT가 성장하면 기존의 네트워크 인프라에 더욱 많은 부하가 걸릴 것이다.

결론

사물인터넷은 네트워크, 데이터베이스, 클라우드, 확장성 있는 개발, 머신러닝, 사이버보안 등 이 책에서 설명하는 많은 기술의 결합체다. IoT는 끊임없이 확장 중이며 그 네트워크에 연결된 스마트 장비들은 꾸준히 통신하며 정보를 공유하고 그 정보의 분석 결과에 맞춰 대응한다. 우리가 IoT 네트워크에서 얻을 수 있는 이점이 많긴 하지만, IoT가 생활의 필수 요소로 자리매김하려면 데이터 보호와 장비 보안에 철저히 주의를 기울여야 할 것이다.

15장

인공지능

이 장을 함께 쓴 제이 하르샤드바이 파텔에게 감사드립니다.

화창한 아침, 당신은 출근을 준비하고 있다. 집을 나서기 전에 메일함을 확인한다. 스팸 메일은 자동으로 스팸함에 들어가기 때문에 신경쓰지 않아도 된다. 메일에 답장을 쓰던 중에 오타를 냈지만 자동으로 수정된다. 이제 출발할 시간이 되자 스마트폰에는 현재 교통 상황에 근거해 회사까지 24분이 소요될 것이란 알림이 뜬다. 집을 나오니까 자율주행차가 대기하고 있다. 뒷좌석에서 여유롭게 커피를 마시는 동안 차가 회사에 도착한다. 스마트폰에게 "오늘 회의 일정이 어떻게 되지?"라고 묻자 스마트폰이 상세한 일정을 읽어준다. 곧장 10시 회의에 들어간다. 그렇게 생산적인 하루가 시작된다.

　　몇 년 후면 이런 일이 우리의 일상이 된다. 인공지능AI, Artificial Intelligence 기술 덕분에 생활과 업무에서 통상적인 활동을 훨씬 편하게 수행할 수 있을 것이다. 그런데 AI 기술은 언뜻 인간처럼 생각하고 분석하는 듯 보여도 실제로는 컴퓨터가 방대한 데이터를 초고속으로 처리해 의사결정을 하는 것에 불과하다. 그래서 인간의 '자연'

지능과 대비해서 '인공' 지능이라고 부른다. 이 장에서는 그중에서도 머신러닝ML, Machine Learning을 알아보려 한다. 머신러닝은 AI가 경험을 통한 학습으로 꾸준히 제 지능을 향상하는 방식이다. ML 기술이 등장하기 전에는 우리가 메일함에서 스팸을 직접 걸러내야 했지만, 이제는 지메일 같은 서비스가 ML을 이용해 메일의 내용이나 우리의 과거 행동을 근거로 어떤 메일을 스팸으로 처리할지 학습한다. 우리가 클릭하는 메일, 링크, 버튼을 다 기록하면서 점점 더 정교한 필터링 능력을 갖추는 것이다. 이 장에서 언급하는 AI란 이처럼 스스로 진화하는 ML 시스템이라고 봐도 무방하다.

인공지능의 핵심 요소

AI 기술은 모두 **문제**problem를 해결하기 위해, 즉 입력과 출력이 명확히 정의된 작업을 수행하기 위해 만들어진다. **입력**input은 AI에게 문제를 해결할 방법을 가르쳐주는 데이터이고 **출력**output은 그 해답이다. AI의 **모델**model 혹은 두뇌는 입력으로 출력을 만들어내는 수학 함수의 집합체다. 모델이 **학습**learning한다는 것은 주어진 데이터를 토대로 행동을 조정하고 개선한다는 뜻이다. 인기 있는 음악 스트리밍 애플리케이션인 스포티파이를 생각해보자. 스포티파이는 사용자에게 새로운 곡을 추천해준다. 여기서 문제는 사용자가 좋아할 만한 곡을 선정하는 것이다. 이때 입력은 청취 이력, 현재 인기곡, 비슷한 사용자의 취향 등 사용자가 좋아할 만한 곡을 유추하는 데 도움이 되는 정보다. 출력은 스포티파이가 사용자에게 추천해주는 곡이다. 그리고 모델은 사용자의 음악 취향을 파악하는 핵심 소프트웨어다. 우리는 스포티파이의 선곡 능력이 점점 향상되는 모습을 보면서 스포티파이가 학습하고 있다는 사실을 깨닫는다. 예를 들어 처음에는 단순히 인기곡 40곡을 추천해주다가, 디즈니 노래를 들은 후에는 영화 OST를 많이 추천해주는 것이다.

그러면 이제부터 문제, 데이터, 모델, 학습이라는 AI의 4대 요소를 하나씩 살펴보자.

문제

우리는 문제를 해결하기 위해 AI를 사용한다. 여기서 '문제'는 의식주를 해결하려는 인간의 기본적인 욕구부터 서류 작업을 대신해줄 비서를 두고 싶어 하는 부차적인 욕구까지 모든 것을 아우르는 광범위한 말이다.

AI는 크게 두 가지 영역에서 유용하다. 첫째는 인간이 해결할 수 있지만 AI가 더 잘 해결하는 문제들이다. 예컨대 인간이 이미 수십 년 전부터 차를 운전해왔지만, 자동화된 차는 교통사고 확률을 극적으로 줄일 뿐만 아니라 새로운 차량 공유 생태계를 조성해 인간이 굳이 차를 소유할 필요가 없게 만들고 유해가스 배출량을 줄일 수 있다. 현재 구글, 우버, 테슬라 같은 기업이 어마어마한 자금과 인력을 투입해 자동차를 운전하는 AI를 개발 중이다. 운전 AI는 주변 환경을 인식해서 차량, 보행자, 장애물을 실시간으로 식별하고 그 데이터를 기반으로 주행 경로를 찾는 능력이 요구된다.

AI가 유용한 두 번째 영역은 인간이 해결하기 너무 어렵거나 불가능한 문제들이다. 그런 영역에서 우리는 AI가 혁신의 문을 열어주리라 기대한다. 예를 들어 친구들이 당신의 취향에 맞을 만한 곡을 추천해준다고 해도 그들의 선곡은 각자의 음악 경험에 구애받는다. 하지만 누군가가 세상의 모든 음악을 검토해서 당신의 취향에 맞는 곡을 추천해준다면 다른 방식으로는 절대 알 수 없었을 멋진 음악을 듣게 될 것이다.

AI의 출력은 흔히 **예측**prediction이라고 불린다. AI가 학습을 통해 추측했다는 뜻이다. 하지만 그것이 꼭 미래에 대한 전망이라는 의미로만 쓰이진 않는다. AI가 사용자에게 다섯 곡을 추천했을 때 AI가 추천곡을 예측했다고 말한다. AI가 과거 데이터와 청취 이력을 토대로 사용자가 모든 노래 중에서 그 곡들을 가장 좋아하리라 판단한 것이다. 더 넓게 보자면 이를 **분류**classification 문제라고 말한다. AI가 미리 정의된 범주들에 맞춰 입력을 분류하기 때문이다. 여기서 AI는 모든 곡을 파악하고 '사용자가 좋아할 것'(1로 부호화됨)인지 '사용자가 안 좋아할 것'(0으로 부호화됨)인지 예측해서 1에 해당하는 곡 중 일부를 추천한다. 이때는 범주가 둘 뿐이기 때문에(1과 0) 모든 곡이 둘 중 하나로 갈린다. 범주의 개수는 문제에 따라 달라진다. 더 세밀한 예측이 필요하다면 범주도 더 세밀하게 나눠야 한다. 가령 AI가 '매우 좋아할 것'부터 '중립'을 거쳐 '매우 싫어할 것'으로 이어지는 범위 안에서 예측하게 만들려면 범주가 3개, 5개, 많으면 7개도 필요할 것이다. 반대로 **회귀**regression 문제는 범주화되지 않고 연속된 출력을 만든다. 즉, 예측이 어떤 한 범주에 들어가지 않고 연속선의 어느 지점에 위치한다. 예를 들자면 어느 지역의 과거 월별(매월 1일) 주택 가격 데이터를 토대로 AI가 평균적인 상승과 하락의 동향을 파악해서 미래의 가격을 예측하는 것이다.

데이터

AI는 정확하고, 다양하고, 균형 잡힌 데이터가 대량으로 입력돼야 문제를 올바르게 해결할 수 있다. AI는 데이터를 기반으로 행동을 조정하고 개선하기 때문에, 잘못된 데이터가 입력되면 잘못된 범주나 값을 예측하도록 학습한다. 실수로 주택 가격이 한 달씩 밀려서 입력되면 예측치도 한 달씩 밀린다. 더욱이 잘못된 가격처럼 오염된 데이터가 입력되면 완전히 잘못된 행동을 하도록 학습된다. 데이터가 정확하다고 해도 그 출처가 한정적이면 문제를 폭넓게 반영하지 못하기 때문에 AI의 성능이 떨어진다. 가령 미국의 역대 주택 가격으로 학습한 AI로 인도의 주택 가격을 예측할 수는 없다. 시장이 완전히 다르기 때문이다.

그뿐만 아니라 AI 모델은 데이터 내에서 단독주택, 땅콩집, 아파트 등 다양한 종류를 봐야 한다. 그러지 않으면 익숙하지 않은 형태의 주택 가격을 예측하라고 했을 때 당황한다. 그리고 AI가 학습하는 과정에서 가장 흔한 형태의 주택이 과도한 영향을 미치지 못하도록 하려면 각 주택 형태에 따른 데이터가 충분히 입력돼야 한다.

컴퓨터는 모든 정보를 수로, 정확히 말하자면 비트로 저장한다. 그래서 AI가 학습하기 위해서는 데이터가 수로 변환돼야 한다. 다행히도 이미지, 텍스트, 오디오 같은 표준적인 형태의 데이터는 이미 컴퓨터에서 수로 처리되고 있다. 현업에서는 데이터를 **특징**feature으로 전환한다. 특징은 데이터 내에서 중요한 요소들을 간결한 수로 나타낸 것이다. 예를 들어 미국에서 지난 100년 동안 매매된 모든 주택의 데이터를 확보했다고 가정해보자. 이 데이터에는 각 주택의 세부 정보와 월 단위의 가격 변동 내역 따위가 포함된다. 이를 토대로 향후 주택 가격을 예측하는 AI를 개발하려면 각 주택의 구입 일자, 면적, 위치, 거주 여부에 초점을 맞춰야 한다. 그것이 가격에 가장 큰 영향을 미치는 특징이기 때문이다. 벽 색깔, 이전 거주자의 나이는 가격과 상관없다고 판단해 고려하지 않는다. 이렇게 중요한 특징들을 수로 전환해서 모은 목록을 **특징 벡터**feature vector라고 부른다. 이 특징 벡터가 실제로 AI에 입력되는 데이터의 형태다.

그런데 구입 일자, 면적, 위치, 거주 여부가 주택 가격에 가장 큰 영향을 미치는 요소임을 어떻게 알 수 있을까? 혹시 벽 색깔이 중요한 요소는 아닐까? 가격에 영향을 미치는 요인이 다양한데 우리가 직관에 의존해 그중에서 몇 가지 특징만 선별한다면 현실을 지나치게 단순화하는 것일 수 있고, 만일 그렇다면 AI가 잘못된 패턴을 학습하게 된다. 그래서 수학 기법을 이용해 가장 중요한 특징들이 저절로 발견되도록 하는 게 더 좋다. 예를 들면 일단 모든 주택의 가격(y축)과 면적(x축)을 그래프로 나타내본다. 만일 면적이 가격에 큰 영향을 미친다면 면적이 변할 때 가격도 유의미하게 변하는 모습을 보여주는 대각선이 나타날 것이다. 그럼 면적을 하나의 특징으로 선택할 수 있다. 만일 면적과 가격의 관계가 수평선으로 나타난다면 면적은 가격에 영향을 미치지 않으므로 특징에서 제외해야 한다.

아니면 간단한 집계를 통해 데이터에서 가장 중요한 요소들을 특징으로 부호화할 수도 있다. 가령 스팸 메일을 분류하는 AI를 개발한다고 하면, 스팸 메일에서 가장 많이 사용되는 단어 10개와 비스팸 메일에서 가장 많이 사용되는 단어 10개를 선정한 후 양쪽에서 공통적으로 많이 사용되는 'a'나 'the' 같은 말을 목록에서 지우는 것이다. 그러면 AI는 새 메일에서 그 단어들이 얼마나 많이 나오는지 확인하고 그 메일이 스팸으로 분류돼야 하는지 아닌지 관찰함으로써 스팸과 비스팸을 구별하는 법을 학습하게 된다. 구글의 워드투벡터Word-2Vec는 심지어 단어 하나하나를 수로 변환해서 실제 의미를 포착한다. 다시 말해 데이터의 언어적 요소를 특징으로 변환한다. 예를 들면 '어머니'와 '아버지'라는 단어는 서로 연관돼 있고 '음식'과 '컴퓨터'는 서로 무관하다는 것을 포착한다. 특징은 AI가 먹는 음식이다. 특징이 우리가 원하는 출력과 관계가 깊을수록 AI도 정확해진다(AI가 그 관계를 이해할 수 있다는 것이 전제인데 이는 다음 단락인 '모델'에서 중점적으로 다루겠다).

이렇게 특징을 처리하는 일도 중요하지만 애초에 데이터가 목적에 부합해야 한다. 차량의 AI가 보행자를 식별하게 만들고 싶다고 해보자. 이때는 마이크로 발소리를 듣는 방법이 있다. 하지만 발소리만으로는 사람과 차의 거리를 파악하기가 무척 어렵다. 발소리보다는 사람이 선명히 보이는 도로 사진이 더 적합한 데이터다. 그리고 도로 사진보다 더 적합한 데이터는 열 신호를 포착하는 적외선 이미지다. 도로보다 열을 많이 발산하는 사람이 적외선 이미지에서 밝은 적색으로 표시되니까 더 쉽게 식별할 수 있다.

모델

모델의 역할은 입력을 토대로 올바른 예측을 도출하는 것이다. 한쪽으로 입력 데이터(예: 환자의 증상)가 들어가서 다른 쪽으로 예측(독감 맞음/독감 아님)이 나온다. 만일 환자에게서 독감과 관련성이 큰 증상이 많이 관찰된다면 모델은 '독감 맞음'이라고 예측할 것이다. 만일 고열이 없다면 '독감 아님'이라고 예측할 것이다(독감은 거의 항상 고열을 동반하므로). 이 과정에는 두통과 고열이 독감의 전형적인 증상이고 다리 통증은 전혀 관련이 없다는 현실 지식을 부호화하는 수학 함수들이 동원된다. 이 함수들은 기본적으로 변수와 계수의 관계를 나타내는 공식이다. 가령 x를 두통의 강도(높을수록 안 좋다), y를 독감의 강도(역시 높을수록 안 좋다)로 두고 y=mx라고 표현하는 것이다. 이때 계수 m이 변수 x와 y의 관계를 좌우한다. 만일 m이 1이면 두통의 강도가 높아질 때 독감의 강도도 비슷한 비율로 높아질 것이다. 만일 m이 2라면 두통의 강도가 높아질 때 독감의 강도는 그 2배로 높아져서 두통과 독감의 강도 사이에 매우 강한 연관성이 있다는 뜻이 된다. 이처럼 실제 관계를 변수가 포함된 수학 함수로 표현할 수 있다. 참고로 이런 공식은 두 변수의 상관관계만 보여준다. 다시 말해 두통과 독감의 강도가 함께 변한다는 것을 보여줄 뿐이지 하나가 다른 하나를 변화시키는 원인이라는 의미는 아니다. 이렇게 공식으로 상관관계를 파악하도록 훈련하는 모델이 AI의 핵심이다.

〈표 15-1〉은 증상과 독감의 강도 사이에 존재하는 상관관계의 유형을 보여준다.

선형 관계는 한 값이 변하면 다른 값도 증가하거나 감소하는 단

표 15-1. 선형 관계와 비선형 관계의 예

유형	관계	예시 증상	설명
선형	양	두통	독감이 심할수록 두통도 심하다.
	중립	다리 통증	독감의 강도는 다리 통증과 무관하다.
	음	집중력	독감이 심할수록 집중력이 떨어진다.
비선형	불확실	재채기	독감의 강도와 재채기는 복잡한 관계다.

순한 관계다. 위에서 예로 든 $y=mx$는 x와 y의 단순한 선형관계를 나타낸다. 비선형관계는 간단하지 않다. 나이가 들면 시력이 나빠지지만 사람마다 그 정도가 다르다. 여든 살에도 시력이 멀쩡한 사람이 있는가 하면 스무 살에 근시가 되는 사람도 있다. 나이와 시력 사이에 어떤 관계가 있음은 알지만 그 관계를 구체적으로 설명하거나 표현하기는 어렵다. 실생활에서 보이는 비선형 관계의 예를 더 들자면, 기업의 분기 실적 발표가 이튿날 주가에 미치는 영향이나 정부의 새 정책이 실업률에 미치는 영향이 그렇다. 그 효과를 계산할 명확한 공식이 존재하지 않는다.

　물론 수백, 수천 개 변수로 그 복잡한 관계를 표현하는 공식이 우리 눈에는 보이지 않아도 분명 존재하긴 할 것이다. 이럴 때 가장 효과적인 모델이 인공 신경망artificial neural network이다. 인공 신경망은 간단한 수학 함수(뉴런neuron이라고 부른다)들이 중첩돼 출력을 만드는 방식이다. 이렇게 중첩된 함수가 많으면 500층을 넘어갈 만큼 그 구조가 깊어지기 때문에 딥러닝deep learning이라는 말이 탄생했다. 딥러닝은 요즘 워낙 많이 회자되는 용어라서 아마 들어봤을 것이다. 주로 미디어에서 세계 최고의 바둑기사 이세돌을 꺾은 알파고처럼 초인적인 능력을 발휘하는 신기한 알고리즘을 말할 때 쓰인다. 인공신경망은 선형 관계와 비선형 관계를 파악하는 능력이 발군이므로 데이터 내에서 다른 방식으로는 잡아내기 어려운 미묘한 부분까지 파악한다. 그 외의 모델로는 트리 구조로 학습에 가장 유익한 특성들을 선택하는 결정 트리decision tree, 강력한 양의 특징과 음의 특징을 최대한 멀리 분리하는 서포트 벡터 머신SVM, Support Vector Machine이 있다.

학습

이제 우리는 문제, 관련 데이터, 모델을 정의했으므로 데이터를 투입해 모델을 학습시킬 수 있게 됐다. '학습'은 모델이 문제에 대한 지식을 쌓는 과정이다. 데이터가 투입되면 모델은 한 번에 몇 개씩 데이터 포인트(각각의 데이터 개체를 뜻하며 데이터베이스로 치면 테이블에서 각 줄에 해당한다—옮긴이)를 처리해나가며 거기서 나온 새로운 정보가 반영되도록 내장된 수학 함수의 매개변수를 조정한다. 이 과정은 **초매개변수**hyperparameter(더 고차원적인 설정값)에 의해 제어된다. 초매개변수의 대표적인 예인 학습률은 모델이 데이터 포인트를 처리할 때마다 매개변수를 변화시켜야 하는 정도를 뜻한다. 학습률이 높을수록 각 데이터 포인트가 모델의 매개변수에 미치는 영향이 커지고 학습 진도가 빨라진다. 이론적으로는 시간이 지나면서 매개변수

15장 인공지능

의 값이 충분히 좋아져 모델이 정확한 예측을 내놓게 되면 조정이 중단된다. 이때 모델이 최종값에 수렴했다고 말한다. 그런데 현실에서는 모델이 데이터 내의 관계를 충분히 파악하지 못해서 수렴하지 못할 때가 많다. 그래서 학습 과정에 인간이 주기적으로 개입하여 학습이 잘 진행되는지, 다시 말해 매개변수가 예측의 정확도를 향상하는 방향으로 조정되는지 확인해야 한다. 모델이 수렴하려면 그런 심사를 수차례 통과해야 하고, 여기에는 문제의 난이도에 따라 몇 시간이 소요되기도 하고 며칠이 소요되기도 한다. 이 작업을 인간의 관점에서 모델 훈련이라고 말하며 이때 사용되는 데이터를 훈련 데이터라 부른다.

학습 유형은 크게 지도학습, 비지도학습, 준지도학습으로 나뉜다. 지도학습은 인간이 훈련 데이터의 각 데이터 포인트에 올바른 출력이 무엇인지 알려주는 **레이블**label을 붙여서 모델을 학습시키는 방식이다. 예를 들어 문제가 환자의 암 유무를 예측하는 것이라면 지도학습에서는 환자의 증상과 함께 '암 있음' 혹은 '암 없음'이라는 레이블이 붙은 데이터가 요구된다. 그러면 모델은 환자의 암 여부를 예측한 후 주어진 레이블과 대조함으로써 지식을 발전시킨다. 예측이 맞으면 모델은 자신감이 높아지고 예측이 틀리면 내장된 수학 함수의 값을 변경한다. 이렇게 대조하고 변경하는 작업을 반복하면서 모델의 지식이 향상된다. 비로소 모델이 수렴하면 우리는 훈련을 중단하고 새로운 환자들의 정보를 입력해 몇 번을 맞고 틀리는지 확인하면 된다. 처음 접하는 환자들의 정보로 모델이 문제를 얼마나 잘 이해하는지 테스트한다. 그 결과가 괜찮으면 이제 모델을 실제 제품에 도입해 고객에게 판매할 수 있다. 반대로 결과가 안 좋으면 인공 신경망에 층을 추가하거나 초매개변수를 조정하는 등 수학 함수나 구조에 변화를 주고 더 훈련시켜야 한다. 아니면 모델에게 문제에 관한 정보를 더 많이 제공하도록 레이블이 붙은 훈련 데이터를 더욱 확보해야 할 수도 있다.

유감스럽게도 레이블 붙이기는 수작업이기 때문에 적잖은 비용이 발생한다. 도로 사진에서 보행자를 식별하는 문제를 예로 들자면 사진 수천 장을 확보하는 일은 각 사진을 일일이 확인해서 보행자 유무를 표시하는 것에 비하면 아무것도 아니다. 비지도학습은 레이블이 없는 훈련 데이터로 지식을 발전시킨다. 지도학습처럼 레이블과 대조하는 과정이 없다. 대신 서로 유사한 데이터 포인트를 식별해서 그룹화하는 등의 방식으로 특징들 간의 관계를 규명한다. 비지도학습으로는 출력 예측보다 데이터의 시사점을 얻는 것이 중요한 문제를 해결할 수 있다. 대표적인 예가 데이터 내에서 반복적으로 군집을 찾는 K평균 알고리즘K-means algorithm이다. 예를 들어 고객의 나이와 고향 같은 정보가 포함된 데이터가 있다면 고객을 그룹화함으로써 매장을 자주 방문하는 사람의 특징을 더 효과적으로 파악할 수 있다.

데이터의 일부에만 레이블이 붙은 경우도 많다. 그런 데이터도 학습에 사용할 수 있을까? 이럴 때 준지도학습이 필요하다. 준지도학습에는 레이블이 붙은 일부 데이터 포인트와의 유사성을 근거로 나머지 데이터 포인트의 레이블을 유추하는 방식이 주로 쓰인다. 유사성이 클수록 그 레이블이 붙을 확률이 높다고 판단하는 것이다. 가령 두 환자의 증상이 매우 비슷한데 한 명의 레이블만 알고 있다면

15장 인공지능

다른 한 명도 동일한 레이블이 붙으리라고 추측할 수 있다. 이렇게 해서 모든 데이터 포인트에 레이블을 붙이고 나면 위에서 말한 지도학습으로 출력을 예측한다.

그러면 이제부터 간단한 실제 사례를 보며 AI의 4대 요소인 문제, 데이터, 모델, 학습이 어떻게 작용하는지 알아보자.

사례 연구: 애플 페이스아이디

아이폰 최신 모델은 화면을 잠깐 보는 것으로 잠금을 해제할 수 있다. 이 기술은 사용자의 얼굴을 인식하도록 훈련된 인공 신경망을 활용한다.[35] 여기서 문제의 핵심은 분류다. 지금 화면을 보고 있는 얼굴이 실제 폰의 주인인지 판단해야 한다. 이를 위해 모델은 우선 실존인물 십수억 명 얼굴의 3차원 깊이 지도와 2차원 적외선 이미지가 포함된 훈련 데이터로 인간의 얼굴이 어떻게 생겼는지 이해할 수 있게 훈련받는다. 물론 애플은 수많은 사람의 얼굴을 다각도로 촬영해서 저장할 수 있도록 동의를 받았다. 이 데이터를 토대로 모델은 인간의 얼굴이 대체로 눈 두 개, 코 한 개, 입 한 개로 구성된다는 것과 같은 패턴을 학습한다. 이는 인간이 지정한 레이블과 얼굴을 대조하는 것이 아니라 얼굴을 구성하는 부위들의 관계를 파악하는 것이므로 비지도학습이다. 실제로 이 과정에는 레이블이 존재하지 않는다. 그리고 훈련 데이터의 다양성이 필수다. 그래야 모델이 얼굴을 이루는 부위들의 미묘한 관계를 포착할 수 있기 때문이다. 이를테면 눈동자 색과 미간의 간격이 다른 사람을 서로 다른 이로 인식할 수 있게 된다. 이런 관계는 공식으로 표현되고, 이 공식은 안경이나 모자 때문에 용모가 바뀌어도 인식이 가능하도록 조정된다. 아이폰을 처음 샀을 때 얼굴을 등록해야 하는 이유는 모델이 그 데이터로 공식을 조정해 사용자를 인식하도록 만들기 위해서다. 즉, 당신의 얼굴로 모델을 학습시키기 위해서다. 아이폰의 사용자는 한 명뿐이므로 모델은 그 사용자만 인식할 수 있으면 된다. 이후로는 그렇게 저장된 얼굴 데이터와 실제 얼굴을 대조하기만 해도 잠금이 해제된다. 그리고 모델이 얼굴 구조의 변화를 인식하는 법을 계속 학습하면서 수염이나 머리를 길러도 잠금이 해제된다.

AI 윤리

AI 모델은 사회에 존재하는 차별적 편견을 부지중에 받아들이고 악화한다. 2015년에 구글 포토가 흑인 두 사람의 사진에 '고릴라'라는 태그를 붙인 것이 트위터로 폭로돼 공분을 사고 구글이 공개적으로 사과하는 사태가 벌어졌다. 정확한 원인이 공개되진 않았지만, 훈련 데이터에 흑인의 사례가 충분치 않아서 모델이 바르게 학습하지 못했거나 모델이 흑인과 고릴라의 차이점을 인식하지 못해서 생긴 문제로 추정된다. 혹은 훈련 데이터에 레이블이 잘못 지정돼서, 즉 고릴라 사진에 흑인이라는 레이블이 붙어서 모델이 잘못 학습했을 가능성도 있다. 만일 구글이 더 다양하고 정확한 데이터와 더 좋은 모

15장 인공지능

델을 이용했다면 사고를 방지할 수 있었을 것이다. 그리고 사진에 태그를 붙이는 알고리즘에 대표성 있는 사진들을 다양하게 투입하고 그 결과가 똑바로 나오는지 확인하는 식으로 더 철저히 테스트해야 했다. 당신은 새로운 AI 기술의 잠재적 개발자로서 모델을 훈련시킬 때 데이터에 내재한 편견을 예측하고 제거하는 데 주의를 기울여야 한다. 그리고 AI를 개발하는 팀은 성, 인종, 민족 등 여러 차원에서 다양한 사람들로 구성돼야 한다. 그래야 각자가 사회를 보는 렌즈를 통해 데이터 내의 모순과 편견을 더 잘 잡아낼 수 있기 때문이다.

AI 탑재용 도구

AI는 끊임없이 새로운 도구와 기술이 등장하며 급속도로 발전하는 분야인 만큼 다음의 목록도 금방 구식이 될 수 있다. 여기 등재된 도구와 기술 중 대부분은 입문자를 위한 기술 문서와 팁을 쉽게 구할 수 있다. 그래서 프로그래밍 경험만 조금 있으면 개인 노트북으로도 1시간 안에 간단한 머신러닝 모델을 훈련시킬 수 있다. 바퀴를 재발명할 필요가 없으므로 당신은 제품에 아주 손쉽게 AI를 탑재할 수 있을 것이다.

〈표 15-2〉는 2019년을 기준으로 제품에 AI를 탑재하기 위해 사용되는 도구들이다.

표 15-2. AI 탑재용 도구

도구	개발자	용도
텐서플로	구글	파이선에서 복잡한 인공 신경망을 구축하고 훈련시킨다.
파이토치	페이스북	
카페	버클리 AI 연구소	
카페2(2018년 3월 파이토치에 병합)	페이스북	
사이킷런	오픈소스	파이선에서 머신러닝 모델과 간단한 인공 신경망을 구축하고 훈련시킨다.
넘파이	오픈소스	방대한 데이터와 특징 벡터를 저장하고 조작한다. 넘파이에서 취급하는 데이터 형태는 텐서플로, 파이토치와 호환이 잘된다.
컨브넷JS	안드레 카파시 (스탠퍼드대 박사 출신)	자바스크립트를 이용해 웹브라우저에서 인공 신경망을 구축하고 훈련시킨다.

15장 인공지능

결론

AI는 예측 능력을 탑재하고 수많은 사람에게 영향을 미치는 제품을 개발할 때 유용한 도구다. 방대한 데이터만 존재한다면 AI는 음악 추천부터 암 진단에 이르기까지 다방면에서 활용 가능하다. 요즘은 프로그래밍 경험이 있고 고성능 컴퓨터를 사용할 줄 아는 사람이라면 수학 지식이 많지 않아도 손쉽게 자신의 데이터로 모델을 훈련시킬 수 있다. 그래서 앞으로 AI를 사용한 흥미로운 제품을 더 많이 보게 될 것이다. 단, 모델의 학습 데이터에 존재할 수 있는 편견에 주의해야 한다. 그런 편견이 결국엔 우리에게 영향을 미치기 때문이다.

16장

블록체인

이 장을 함께 쓴 보이타 더모타에게 감사드립니다.

블록체인blockchain, 다른 말로 **분산 원장**distributed ledger 기술은 IT업계에서 가장 최근에 등장한 혁신 기술이다. 블록체인은 금융, 법, 경제, 수학, 철학, 컴퓨터과학 등 수많은 분야에서 활용되고 있다. 이 장에서는 블록체인의 기초를 다룬다.

개요

요즘 IT업계에서는 데이터 저장법이 중요시된다. 워낙 방대한 데이터를 수집하니 나중에 쉽게 이용할 수 있게 저장해야 한다. 가계부를 스프레드시트로 저장하면 필요한 항목을 쉽게 찾을 수 있는 것과 마찬가지다. 많은 기업이 방대한 데이터를 저장할 때 관계형 데이터베이스를 이용한다. 관계형 데이터베이스는 스프레드시트와 비슷하지만 프로그래밍으로 쉽게 데이터를 검색할 수 있다. 그 외에 데이터를 저장하는 방법 중 하나가 바로 블록체인이다.

블록체인에 저장된 데이터는 '블록'이란 단위로 묶이고, 이 블록들이 선형으로 연결돼 사슬 같은 형태가 되기 때문에 블록체인이라고 불린다. 비유하자면 블록체인은 책이고 각각의 블록은 페이지에 해당한다. 블록체인 속의 블록은 책 속의 페이지처럼 맨 앞의 **제네시스 블록**genesis block부터 순서대로 번호가 매겨진다. 이때 블록의 페이지 번호, 즉 블록체인 내에서 순서를 나타내는 수를 블록의 **높이**height라고 부른다. 책 속의 페이지는 모두 크기가 똑같고, 따라서 최대로 기입할 수 있는 글자의 수가 정해져 있다. 블록체인 속의 블록도 데이터 저장 용량이 모두 똑같기 때문에 정해진 한도 내에서만 데이터를 보관할 수 있다.

독자는 책을 읽을 때 두 가지를 당연시한다. 첫째, 책에 있어야만 하는 페이지가 당연히 다 있을 것이라고 생각한다. 만일 어떤 학생이 역사책을 샀는데 제2차 세계대전을 다루는 챕터가 빠졌다면, 아니 그중 단 두 페이지라도 빠졌다면 그 학생은 중요한 정보를 박탈당한다. 바꿔 말해서 우리는 책의 판본이 같다면 수록된 정보도 당연히 같을 거라고 생각한다. 블록체인도 마찬가지다. 블록체인의 사본은 관련된 블록을, 따라서 관련된 데이터를 모두 포함해야만 '유효'하다. 그렇지 않으면 동일한 블록체인을 이용하는 사람들 간에 데이터의 출처가 상충할 수 있다. 둘째, 사람들은 책 속의 페이지가 당연히 올바른 순서로 구성돼 있을 것이라고 생각한다. 만일 제2차 세계대전의 흐름을 공부하려고 하는데 어떤 논리적 이유도 없이 전쟁의 결과가 원인보다 먼저 나온다면 혼란스러울 것이다. 일반적으로 데이터는 논리적 순서를 따르므로 저장도 논리적으로 돼야 한다. 블록체인 속의 블록도 마찬가지다. 당신이 비트코인을 쓴 행위의 데이터를 포함하는 블록은 당신이 비트코인을 받은 행위의 데이터를 포함하는 블록보다 앞에 올 수 없다. 비트코인을 받기도 전에 쓸 수는 없기 때문이다. 즉, 블록의 순서가 온전해야 '유효한' 블록체인이다.

블록체인이 **유효**valid하다는 말은 무슨 뜻일까? 그 답을 알려면 애초에 왜 블록체인이라는 데이터 저장 수단이 등장했는지 알아야 한다. 블록체인이 전통적인 데이터베이스보다 데이터를 더 많이 저장할 수 있지는 않으며, 더 효율적으로 검색할 수 있는 것도 아니다. 그러면 왜 굳이 블록체인에 데이터를 저장할까? 공통된 저장소에 다수의 독립된 주체가 데이터를 추가할 수 있기 때문이다. 그래서 블록체인을 **분산 데이터베이스**distributed database라고 부르기도 한다. 가령 백신 접종 기록을 관리하는 기업 10개가 혹시라도 똑같은 백신을 두 번 맞는 사람이 없도록 그 기록을 블록체인에 저장해서 공유한다고 해보자. 이때 블록체인이 '유효'하려면 그 기업 중에서 최소한 과반수가 그 블록체인에 데이터가 적절하게 저장되었다는 합의에 이르러야 한다. 이 말이 정확히 무슨 의미인지는 차차 알게 될 것이다.

그러면 이 회사들 중 한 곳이 소유한 서버에 중앙 데이터베이스를 만들어서 데이터를 저장하면 안 될까? 물론 된다. 실제로 블록체인이 탄생하기 전에는 그렇게 많이 했다. 하지만 중앙 데이터베이스는 단일 장애점이 된다는 큰 단점이 있다. 만약에 서버를 관리하는 회사가 예고도 없이 서버의 가동을 중단한다면 어떻게 될까? 만일 그 회사가 데이터를 제대로 백업하지 않다가 불시에 데이터를 날려

버린다면? 만일 그 회사가 다른 회사를 배제하겠다고 일방적으로 접속을 차단한다면? 다시 말해 중앙 데이터베이스 방식은 모든 참가자가 중앙의 단일한 권력체를 신뢰해야 한다. 그런데 블록체인에 데이터를 저장하면 중앙 데이터베이스를 관리하는 단일한 권력체가 필요하지 않다. 10개 기업이 저마다 데이터의 사본을 보유하고, 새로운 접종 기록이 추가되면 그것이 정당한 기록인지 독립적으로 확인하면 된다. 이처럼 데이터를 공동으로 저장하고 사용할 때 신뢰받는 중앙 권력체가 존재하지 않아도 되는 현상을 **탈중앙화**decentralization라고 말한다. 그리고 블록체인에 참여하는 각각의 개인과 조직을 **노드**node라고 부른다.

블록체인은 어떻게 생겼을까?

'블록'은 블록체인을 떠받치는 기둥이다. 모든 정보가 저장된 블록들이 서로 연결돼서 체인을 형성한다. 각 블록에는 다른 것과 중복되지 않아서 그 블록을 식별할 때 사용되는 **디지털 지문**digital fingerprint이 존재한다. 디지털 지문은 인간의 지문과 유사하다. 인간의 지문도 저마다 다르기 때문에 범죄 현장에서 누군가의 지문이 발견되면 수사관이 데이터베이스에 등록된 지문과 대조해볼 수 있다. 그러나 지문만으로 신원을 확인하진 못한다. 지문 데이터베이스에 이름, 얼굴 사진 같은 신상정보가 함께 저장돼 있어야 한다. 블록의 디지털 지문도 마찬가지다. 디지털 지문만 가지고 그 블록에 어떤 데이터가 저장됐는지 알 수 없다. 하지만 디지털 지문으로 블록체인 내의 특정 블록을 확실히 식별할 수는 있다. 그래서 디지털 지문은 블록체인의 사본에 빠진 블록이 없는지 확인하는 상황에서 요긴하게 쓰인다.

각 블록은 자신의 디지털 지문과 데이터 외에 바로 앞 블록의 디지털 지문 정보도 포함한다. 블록체인은 선형 데이터 구조다. 즉, 각 블록이 다른 하나의 블록에 붙어appended 있으며 자신의 뒤에 붙일 수 있는 블록도 한 개뿐이다. 그리고 자기 앞 블록의 디지털 지문 정보를 갖고 사슬처럼 연결되기 때문에 올바른 순서를 유지하고 검증하기 쉽다.

디지털 지문은 64자리 십육진수다. 예를 들면 다음과 같다.

» 0f978112ca1bbdcafac231b39a23dc4da786eff8147c4e72b9807785a-fee48bb

십육진수는 우리가 흔히 쓰는 십진수와 달리 수를 표현할 때 숫자(0~9) 외에 알파벳(a~f)도 사용한다. 구태여 십육진수를 쓰는 이유는 십진수보다 적은 글자로 더 많은 수를 표현할 수 있기 때문이다. 그래서 저장 효율이 좋다. 예컨대 십육진수에서 세 자리 수 중 가장 큰 수는 fff다. 이를 십진수로 표현하면 4095가 되는데, 십진수 세 자리 수 중에서 가장 큰 999보다 훨씬 크다.

채굴의 과학

채굴mining은 블록체인에서 가장 이해하기 어려운 개념일 수 있다. 먼저 채굴이 어떤 필요를 만족시키는지부터 생각해보자. 앞에서 블록체인을 이용해 백신 접종 기록 데이터베이스를 공유하는 10개 기업의 사례를 제시했다. 이 사례에는 중앙 권력체가 없고, 데이터가 모두 정확하게 저장되도록 단독으로 데이터베이스를 관리하는 기업도 없다. 대신 각 기업이 새로 추가되는 데이터를 검증하고 블록체인의 사본을 로컬에 보관한다. 그렇다면 이러한 상황에서 어떤 데이터를 추가하거나 폐기할지는 어떻게 결정될까? 10개 기업의 **합의**consensus를 통해서다. 다수의 노드가 이 합의에 이르는 과정이 바로 채굴이다. 채굴을 최초로 도입한 기술은 비트코인 암호화폐다. 비트코인은 블록체인을 활용한 기술 중에서 가장 먼저 광범위하게 보급됐다. 비트코인의 채굴 과정은 뒤에서 설명할 테지만, 어떤 블록체인이든 채굴 작업의 핵심은 블록의 디지털 지문을 만드는 것이다.

디지털 지문을 생성할 때는 암호학이 사용되고, 암호학은 수학에 매우 의존한다. 디지털 지문은 블록 데이터를 **해시 함수**hash function에 넣어서 만든다. 해시 함수는 입력 데이터(주로 텍스트)에 수학 알고리즘을 적용해서 그 데이터를 표현하는 고유한 값을 출력한다. 비트코인의 경우 블록 데이터를 미국 국가안보국NSA에서 설계한 해시 함수인 SHA256 알고리즘에 넣어서 블록의 디지털 지문을 만든다. SHA256은 어떤 크기의 데이터를 입력하든 간에 64자리 십육진수로 된 '해시'를 출력한다. 입력 데이터의 크기와 상관없이 출력은 무조건 64자리다. 입력 데이터에 조금이라도 변화가 생기면 고유한 해시를 새로 생성하기 때문에 서로 다른 입력에서 동일한 해시가 나오는 것이 사실상 불가능하다. 그래서 블록의 데이터가 변조됐는지 쉽게 확인할 수 있으므로 블록의 데이터에서 생성된 해시, 즉 블록의 디지털 지문이 식별자로 사용된다. 〈표 16-1〉은 임의의 입력 데이터로 생

표 16-1. 디지털 지문의 예

입력 데이터	디지털 지문: SHA256 해시	비고
a	ca978112ca1bbdcafac231b39a23dc4da786eff8147c4e72b9807785afee48bb	문자 하나에서 64자리 해시가 생성된다.
blockchain	ef7797e13d3a75526946a3bcf00daec9fc9c9c4d51ddc7cc5df888f74dd434d1	단어에서도 64자리 해시가 생성된다.
blockchains	99cf6497afaa87b8ce79a4a5f4ca90a579773d6770650f0819179309ed846190	단어에 작은 변화만 생겨도 전혀 다른 해시가 생성된다.
The favorite number of the fox was 44.	e6f3f070623ff263021a681bdfe2de85ea4fb36ba1df75568d6210235ff6466c	입력 데이터의 길이와 상관없이 해시는 무조건 64자리다.

성된 디지털 지문의 예시다.

채굴이 **연산집약적**computationally intensive이라는 말을 들어봤을지 모르겠다. 그런데 위와 같이 입력 데이터에서 해시를 생성하는 시간은 1초도 걸리지 않고 컴퓨터의 자원을 별로 소모하지도 않는다. 즉, 해시 생성 자체는 연산집약적인 작업이 아니다. 그런데도 채굴이 연산집약적인 이유는 블록에 유효한 디지털 지문을 만들려면 입력 데이터에서 특수한 조건을 충족하는 해시가 생성돼야 하기 때문이다. 예를 들어 비트코인 블록체인에서는 블록 데이터에서 생성된 해시가 주어진 **목표값**target value보다 작아야 한다. 채굴 과정에 대한 더 자세한 설명은 다음의 '비트코인' 단락에서 하겠다.

채굴자miner는 채굴의 주체를 지칭하는 말이다. 하지만 이 말로는 채굴자의 목적이 잘 드러나지 않는다. 채굴자의 주목적은 중앙 권력체를 대신해서 블록체인의 유효성을 유지하는 것이다. 앞에서 말한 것처럼 채굴자는 연산집약적인 작업으로 새로운 블록의 디지털 지문을 찾는다. 이 작업을 통해 어떤 블록이 유효한지, 블록체인에 붙여야 할 데이터를 포함하는지 결정된다. 작업의 구체적인 절차는 블록체인마다 다르지만 뒤에서 설명할 비트코인 블록체인에서 사용되는 방식이 가장 많이 쓰인다. 그런데 채굴자는 책상에 앉아서 해시를 생성하는 사람이 아니다. 채굴자는 (초고성능) 컴퓨터에서 초당 수만, 수억, 수조 개의 해시를 자동으로 생성하는 소프트웨어다. 그런 컴퓨터는 독립된 개인이나 기업이 소유하며 일반적으로 이들에게는 채굴 소프트웨어를 운용하는 것에 대한 보상이 제공된다. 비트코인의 경우에는 채굴자가 새로운 블록의 유효한 디지털 지문을 찾을 때마다 새로운 코인이 생성돼서 지급된다. 그래서 채굴로 새로운 코인이 만들어지고 채굴자가 돈을 번다. 하지만 모든 블록체인이 새로운 블록이 발견될 때 코인을 생성하진 않는다. 개중에는 채굴자에 대한 보상이 전혀 없는 블록체인도 존재한다. 이때는 채굴자가 아니라 **검증자**validator라고 부른다.

블록체인의 불변성

블록체인은 데이터 수정 내역이 기록되는 방식 때문에 '원장'이라고 불리기도 한다. 스프레드시트나 전통적인 데이터베이스에서 은행 잔고 같은 값을 바꾸는 경우를 생각해보자. 보통은 셀이나 데이터

그림 16-1. 블록체인의 데이터 수정

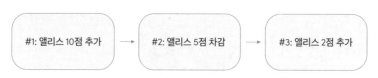

칸에 새 값을 덮어쓴다. 그런데 블록체인에서는 이런 식으로 데이터를 수정할 수 없다. 여기서는 블록에 데이터를 덮어쓰지 않고 새로운 블록을 붙이는 방식으로 데이터를 수정한다. 그래서 원장처럼 모든 변동 내역이 기록으로 남는다. 이를 **불변성**immutability이라 하며 블록체인의 중요한 특징이다. 그렇다고 블록체인이 확장될 수 없다는 말은 아니다. 불변성은 오히려 확장으로 성립한다. 블록체인에서 데이터를 변경하려면 새로운 블록을 추가하는 것, 즉 블록체인을 확장하는 것밖에는 방법이 없기 때문이다. 비트코인 블록체인은 약 10분당 1블럭꼴로 확장되지만, 일단 유효성을 인정받고 추가된 블록은 이론상으로는 절대 변경 불가다. 〈그림 16-1〉이 그 예시다.

〈그림 16-1〉이 블록 높이가 3인 블록체인의 현 상태라면 현재 앨리스의 점수는 7점이다. 보다시피 앨리스의 점수가 변경될 때마다 첫 블록의 값을 갱신하지 않고 새 블록을 추가했다. 그래서 블록체인은 거래 내역, 즉 데이터 수정 내역을 포함하는 원장과 같다. 이런 불변성 때문에 **불변 원장**immutable ledger이라고도 부른다.

블록 안의 데이터만 아니라 블록이 연결된 순서, 즉 **블록 순서** block order도 변경 불가다. 위의 예에서는 점수를 추가하거나 차감하는 순서가 바뀌어도 결과가 달라지지 않지만, 일반적으로 블록체인은 복잡한 규칙으로 인해 순서를 변경할 수 없다. 가령 위의 블록체인에서 사용자는 최대 10점까지만 받을 수 있다고 해보자. 이때 2번 블록과 3번 블록의 순서가 바뀌면 앨리스는 2번 블록에서 12점을 받아버리므로 오류가 발생한다. 오류 블록, 즉 **무효 블록**invalid block은 블록체인 전체를 무효로 만든다. 그래서 이론상으로 블록체인에서 블록 순서와 데이터는 절대로 변경 불가다.

| 탈중앙화 |

앞에서 말했듯이 블록체인은 다수의 독립된 주체가 중앙 권력체 없이 데이터베이스를 공유할 수 있기 때문에 매력적인 데이터 저장 방식이다. 다시 말해 블록체인에는 모든 사본을 대표하는 정본이 따로 없고, 어떤 데이터를 추가할지 결정하는 중앙 권력체가 없으며, 단일 장애점이 없다. 이렇게 중추라고 할 것이 없는 네트워크를 '탈중앙 네트워크'라고 부른다. 탈중앙 네트워크는 사회의 일반적인 구조와 다르다. 일례로 달러 같은 화폐를 생각해보자. 화폐는 중앙정부가 보증하고, 중앙은행이 관리하며, 중앙에서 중개자 역할을 하는 은행들을 통해 거래된다. 달러를 쓸 때 우리는 이 중앙의 기관들이 약속한 의무를 신의 있게 이행할 것이라고 믿는다. 중앙은행이 의무를 저버리는 순간 화폐는 몰락한다. 실제로 2008년에 짐바브웨에서 무리한 통화 발행으로 초인플레이션이 발생하자 짐바브웨달러가 휴지 조각이 됐다. 이와 달리 비트코인처럼 블록체인으로 작동하는 화폐는 정부나 은행 같은 관리 기관이 없다. 그 대신 블록체인 기술을 이용해 전통적으로는 중앙에 집중됐던 역할이 공동으로 네트워크를 유지하는 채굴자들에게 분산된다. 말하자면 블록체인 기술 덕분에 아무도 믿을 필요 없이 시스템의 신의 성실성이 지켜지는 **무신뢰 네트워크**trustless network가 성립한다.

블록체인 기술로 만들어진 탈중앙 네트워크는 많은 장점이 있지만, 중앙 권력체가 없기 때문에 주의해야 할 점도 있다. 만약에 실수로 엉뚱한 사람에게 비트코인을 전송했거나 사기를 당했어도 비트코인을 돌려받게 해달라고 호소할 곳이 없다. 마찬가지로 보유 자금의 안전한 보관을 보증하거나 거액의 송금을 도와줄 은행도 존재하지 않는다. 탈중앙 네트워크는 중앙집중형 네트워크에서 중앙 권력체가 제공하는 안전망이 없기 때문에 각자도생해야 한다. 탈중앙 네트워크, 특히 위험성이 큰 탈중앙 네트워크를 이용할 때 반드시 명심해야 할 점이다. 현재 블록체인으로 만든 탈중앙 네트워크 중에서 가장 인기 있는 것은 비트코인 암호화폐다.

비트코인: 블록체인 기술의 효시

비트코인은 **암호화폐**cryptocurrency다. 암호화폐는 디지털 화폐의 일종으로 블록체인을 이용해 탈중앙 화폐로 작용한다. 비트코인은 블록체인 기술을 응용한 대부분의 암호화폐 중에서도 가장 인기가 많다. 암호화폐 중 가장 역사가 오래됐고 시가총액이 수천억 달러에 이른다. 사실 블록체인은 비트코인에서 발생한 기술이다. 사토시 나카모토Satoshi Nakamoto라는 가명을 쓰는 정체불명의 개인 혹은 집단이 비트코인을 발명하면서 그 거래 원장 역할을 하는 블록체인 기술도 개발했다. 이전의 디지털 화폐들은 중앙에서 관리되는 구조가 아니면 쉽게 조작되고 파괴됐다. 하지만 비트코인은 그와 달랐고, 비트코인이 등장한 후 블록체인 기술을 다른 분야에서도 활용할 방안이 논의됐다.

비트코인은 2008년에 사토시 나카모토가 「비트코인: P2P 전자화폐 시스템Bitcoin: A Peer-to-Peer Electronic Cash System」이라는 백서를 발행하면서 탄생했다. 2009년에 나카모토는 최초의 비트코인 코드를 공개했다. 이 코드는 오픈소스여서 누구나 읽고 개선점을 제안할 수 있었기 때문에 수많은 프로그래머의 협력으로 코드가 꾸준히 나아졌다. 나카모토가 글을 올린 곳은 P2P(피투피) 기술의 열렬한 응원자들이 모인 온라인 커뮤니티였다. P2P는 중앙 권력체 혹은 중앙 서버 없이 작동하는 기술을 뜻한다. 달러 같은 명목화폐는 은행이 중앙 권력체로서 거래·보관·발행을 관장하기 때문에 P2P 네트워크가 아니다. 반대로 비트코인은 앞서 살펴본 대로 거래의 유효성을 검증하거나 시스템을 폐쇄할 권한을 가진 권력체가 중앙에 존재하지 않으므로 P2P 네트워크다. 어떤 개인이나 조직도 비트코인을 조작하거나 지배할 수 없다. 따라서 비트코인은 탈중앙 네트워크다.

나카모토가 비트코인을 만들면서 개발한 기술 중에서 핵심이 되는 것은 **작업증명 알고리즘**proof-of-work algorithm이다. 작업증명 알고리즘은 비트코인 네트워크에서 거래의 유효성에 합의하는 토대가 된다. 명목화폐는 중앙에서 은행이 유효성을 검증하므로 굳이 그런 합의가 필요 없다. 어떤 사람이 수중에 없는 돈을 다른 사람에게 보내려고 하거나 같은 돈을 이중으로 쓰려고 하면 은행이 못하게 막는다. 그래서 우리는 명목화폐를 사용할 때 은행이 중앙 권력체로서 거래가 유효한지 올바르게 판단할 것이라 믿는다. 하지만 비트코인은 '신뢰'가 '탈중앙화'돼 있다. 다시 말해 네트워크 내에서 아무도 신뢰할 수 없음에도 누군가가 비트코인을 훔치는 것처럼 유효하지 않은 거래가 일어나지 않으리라 믿을 수 있다. 이를 위해 나카모토는 작업증명을 통해 **분산 합의**distributed consensus가 이뤄지게 했다. 분산 합의는 비트코인 네트워크에서 거래의 유효성과 관련된 규칙들이 준수되게 만든다. 그 규칙들은 수학, 특히 암호학에 기반한다.

이 분산 합의를 이해하려면 비트코인 네트워크의 기본적인 구성을 알아야 한다. 비트코인 네트워크의 이용자는 크게 두 집단으로 나뉜다. 첫 번째는 비트코인을 보내고 받는 일반 사용자 집단이다. 두 번째는 일반 사용자보다 수는 적지만 거래의 유효성을 검증하고 여러 건의 거래를 블록으로 묶어서 비트코인 블록체인에 붙이는 '채굴자' 집단이다. 이론상으로는 누구나 채굴자가 돼서 비트코인의 분산 합의에 기여할 수 있다.

채굴자가 새 블록을 채굴하는 데는 다 이유가 있다. 채굴에 성공할 때마다 **블록 보상**block reward을 받기 때문이다. 새 블록을 채굴하면 미리 정해진 수량만큼 비트코인이 발행돼 채굴자에게 바로 전송된다. 이 특수한 거래를 **코인베이스 트랜잭션**coinbase transaction이라고 부른다. 이 글을 쓰는 시점에서는 새 블록을 채굴하면 12.5비트코인이 발행돼 채굴자에게 전송된다. 블록 보상은 21만 블록이 만들어질 때마다 절반으로 감소한다. 블록 보상 외에도 블록을 채굴하면 거기에 포함된 **트랜잭션 수수료**transaction fee를 전액 챙길 수 있다. 모든 비트코인 거래에는 이 거래 수수료가 붙는다. 거래 수수료는 비트코인을 보내는 사용자가 정하고 부담한다. 비싼 수수료가 책정된 거래일수록 채굴자들이 자신의 블록에 포함시키고 싶어 하기 때문에 비트코인 블록체인에서 더 빨리 승인된다.

그러면 비트코인이 중앙은행이나 정부 없이도 화폐로 기능하는 원리를 알아보자.

비트코인 작동 원리

비트코인이 화폐로 기능하는 과정은 5단계로 정리할 수 있다.

| 1단계: 신규 거래가 발생한다 |

앨리스가 새로 산 차의 대금으로 밥에게 5비트코인을 보내려고 한다. 만일 앨리스가 달러 같은 명목화폐로 비용을 지불하려 한다면 은행이 앨리스의 계좌에 있는 돈을 밥의 계좌로 보낼 것이다. 그러면 그 돈은 앨리스의 계좌에서 사라져서 밥의 계좌에 나타난다. 그런데 비트코인의 경우에는 은행이 없기 때문에 이제부터 설명하는 것과 같이 전혀 다른 절차를 거친다.

기본적으로 모든 비트코인 사용자는 외부에 노출돼서는 안 되는 '개인키'를 갖고 있다. 개인키는 그 사용자가 생성하는 거래에 서명하는 용도로 사용된다. 이는 비트코인에서 매우 중요한 부분이다. 은행이 따로 없는 구조에서 사용자는 개인키로 돈에 대한 권리를 행사할 수 있기 때문이다. 각 사용자는 비트코인을 전송할 때 개인키로 자신이 그 비트코인의 주인임을 입증한다. 다시 말해 개인키는 비트코인의 잠금을 해제하는 용도로 쓰인다. 만에 하나 개인키를 분실하거나 도난당하면 자신의 비트코인을 이용할 수 없게 된다.

개인키는 무작위로 생성되는 64자리 십육진수다(블록의 디지털 지문과는 별개다). 모든 개인키가 저장된 중앙 데이터베이스는 존재하지 않는다. 혹시 이미 다른 사람이 사용하는 개인키가 생성되면 어쩌나 하는 생각이 들 수도 있겠지만 걱정할 필요 없다. 생성될 수 있는 개인키의 총합은 2^{256}개로 우주에 존재하는 원자의 개수보다도 많다. 무작위로 생성되는 개인키가 중복될 확률은 길을 걷다 하늘에서 떨어지는 피아노를 맞고 죽을 확률보다 낮다.

'공개키'는 개인키에 타원곡선 암호화elliptic curve cryptography라는 고등한 암호화 방식을 적용해서 생성된다. 그리고 이 공개키를 해시화하고 부호화한 것이 각 사용자의 고유한 **비트코인 주소**Bitcoin address다. 비트코인 주소는 비트코인을 받기 위해 사용하는 주소이므로 당연히 공개돼야 한다. 우리의 예에서 밥은 앨리스에게 자신의 비트코인 주소를 알려줘야 한다(〈표 16-2〉).

앨리스는 자신이 5비트코인의 주인임을 증명하기 위해 개인키

표 16-2. 비트코인 개인키와 공개 주소의 예

개인키	e9873d79c6d87dc0fb6a5778633389f4453213303da61f20bd67fc233aa33262
비트코인 주소	1BoatSLRHtKNngkdXEeobR76b53LETtpyT

로 비트코인 거래의 **암호화 서명**cryptographic signature을 생성한다. 이 암호화 서명이 앨리스가 소유한 5비트코인을 밥에게 보냈다는 증거가 된다. 채굴자는 앨리스의 공개키를 이용해 거래 데이터를 검증함으로써 앨리스가 실제로 거래에 서명했는지 검사할 수 있다. 그래서 앨리스는 개인키를 타인에게 알려줄 필요가 없다.

앨리스가 거래에 서명하면 그녀의 **비트코인 클라이언트**Bitcoin client(앨리스가 비트코인 결제를 처리하기 위해 사용하는 소프트웨어)가 **가십 프로토콜**gossip protocol을 통해 비트코인 채굴자들에게 앨리스와 밥의 거래 사실을 통보한다.

| 2단계: 채굴자들이 거래를 검증한다 |

각 채굴자는 거래 정보를 전달받은 후 앨리스가 실제로 5비트코인을 소유했는지부터 시작해서 거래가 유효한지 검증한다. 그러자면 비트코인 블록체인 전체를 훑으며 앨리스가 지금까지 받은 비트코인에서 앨리스가 지금까지 쓴 비트코인을 차감해야 한다. 말했다시피 블록체인은 모든 거래가 기록되는 불변원장이다. 그래서 채굴자가 첫 번째 블록부터 마지막 블록까지 일일이 내용을 확인하면 앨리스의 잔고를 계산할 수 있다.

| 3단계: 거래가 채굴 대기 상태가 된다 |

채굴자가 유효성을 인정하면 그 거래는 채굴자의 **메모리 풀**memory pool에 저장된다. 메모리 풀은 유효한 거래들이 보관되는 로컬 데이터 저장소이며, 거래 데이터는 비트코인 블록체인에 추가되기 위해 블록으로 묶이기를 기다린다. 메모리 풀에 있는 거래는 아직 비트코인 블록체인에 속한 것이 아니다. 다시 말해 아직 확정되지 않았다. 거래가 확정되려면 블록으로 채굴돼서 블록체인에 붙어야 한다.

| 4단계: 거래가 블록으로 묶여서 채굴되고 블록체인에 추가된다 |

메모리 풀에 있는 거래는 어떻게 블록으로 채굴되어 블록체인에 추가될까? 여기에는 다소 복잡한 절차가 요구된다. 채굴자마다 서로 다른 블록을 블록체인에 추가하면 안 되고 거래가 반드시 유효해야 하기 때문이다. 즉, 모든 채굴자가 거래의 유효성을 인정하고 동일한 블록을 추가하기로 합의해야 한다. 물론 중앙에서 이를 주도하는 권력체는 존재하지 않는다. 채굴자들의 합의를 도출하는 방법 중 하나는 단 한 명의 승자가 나오도록 무작위로 게임을 하고 그 일환으로 거래의 유효성을 검증하게 만드는 것이다. 그러면 자연스럽게 유효성이 검증되며 승리한 채굴자는 자신의 블록을 블록체인에 추가할 자격을 얻는다. 다른 채굴자들도 그 블록을 추가해야 한다. 이를 '비트코인 작업증명 알고리즘'이라 부른다.

　게임은 예를 들면 이런 식이다. A는 1~10 사이의 수를 생각하고 B는 그 수를 맞혀야 한다. 단, B는 한 번에 하나의 수만 제시할 수 있다. A가 무작위로 수를 정했다고 가정하면 B가 쓸 수 있는 확실한 공략법은 없다. 그냥 추측만 할 뿐이다. 이런 추측을 브루트 포스brute-force 추측이라 말한다. 그런데 만일 C가 게임에 합류해서 한 번에 하나가 아니라 두 개씩 수를 제시할 수 있다면 통계적으로 볼 때 B보다 빨리 정답을 맞힐 것이다. 브루트 포스 추측은 이렇게 추측 빈도가 높아질수록 효율이 향상된다.

채굴자도 유효한 블록의 디지털 지문을 찾으려고 할 때 이와 비슷한 브루트 포스 추측 게임을 한다. 게임을 시작하려면 채굴자는 먼저 메모리 풀에서 임의의 수량만큼 거래를 선택해야 한다. 그리고 여기에 현재의 타임스탬프time stamp(시각을 표시하는 문자열―옮긴이) 같은 필수 데이터를 첨부한 후 SHA256 해싱 알고리즘을 돌린다. 그 결과로 나오는 블록 해시block hash가 바로 그 블록의 디지털 지문이다. 그리고 이렇게 거래를 선택하고 해싱해서 블록을 생성하는 행위가 '채굴'이다. 그러면 채굴자는 자신이 유효한 블록 해시를 찾았는지 어떻게 알 수 있을까? 블록 해시의 수치가 현재의 '목표값'보다 작으면 그 블록은 유효하다고 판단돼 비트코인 블록체인에 붙을 수 있다. 〈표 16-3〉을 보자. 십육진수로 표시되는 SHA256 해시를 목표값과 비교하려면 간단히 앞에 나오는 0이 몇 개인지 보면 된다. 앞에 붙은 0이 많을수록 작은 수다.

통계적으로 보면 채굴자가 찾은 해시가 목표값보다 커서 비트

표 16-3. 목표값을 기준으로 블록 해시의 유효성 판단하기

예시 목표값	0000000000000000000365a170000000000000000000000000000000000000000000
무효 블록 해시	000f6497afaa87b8ce79a4a5f4ca90a579773d6770650f0819 179309ed846190
유효 블록 해시	00000000000000000000000000000000a4a5f4ca90a579773 d6770650f0819179309

코인 블록체인에 붙일 수 없는 무효 블록이 더 많이 생성된다. 이때 새 블록 해시를 생성하려면 채굴자는 블록에 포함된 거래의 순서를 바꾸거나 메모리 풀에서 새로운 거래의 조합을 선택해야 한다. 아니면 많이 쓰는 방법으로, 블록 내의 데이터에 논스nonce라는 임의의 수를 넣으면 된다. 앞에서 설명했다시피 입력 데이터에 미세한 변화만 생겨도 해시가 완전히 달라지므로 논스만 바꿔가면서 적절한 해시를 찾으면 된다.

채굴자는 다음번 유효 블록 해시를 제일 먼저 찾기 위해 주로 특수한 하드웨어를 사용해서 반복적으로 해시를 생성한다. 1초 동안 네트워크 전체에서 생성되는 해시의 양을 해시율hash rate이라고 하는데 비트코인은 해시율이 경 단위에 이른다. 위의 예에서 C가 한 번에 두 개씩 수를 제시했던 것처럼 채굴자는 해시를 반복해서 생성하는 속도가 빠를수록 유효한 디지털 해시를 찾을 확률이 높다. 이 연산집약적인 작업을 '작업증명'이라고 부르는 이유는 채굴자가 다음 블록의 해시를 찾으면 그 블록을 채굴하기 위해 작업했다는 것이 증명되기 때문이다.

채굴자가 유효한 블록 해시를 찾으면 그 블록이 비트코인 네트워크 전체에 알려지고, 그러면 다른 채굴자들은 그 블록의 유효성을 검증한 후 자신이 가진 비트코인 블록체인 사본에 추가한다.

| 5단계: 다른 채굴자들이 해당 거래를 포함한 블록의 유효성을 검증한다 |

채굴은 연산집약적인 작업이지만 유효성 검증은 간단하다. 채굴된 블록을 받은 다른 채굴자들이 그 유효성을 검증할 때는 SHA256 알고리즘을 한 번만 돌려보면 된다. 블록 해시값이 목표값보다 작으면 채굴자들은 그 블록을 유효하다고 보고 자신의 블록체인 사본에 추가한다. 그러면 그 블록은 승인confirmation을 받은 것이다. 이 과정이 너무 복잡하게 들린다면, 실제로 복잡하기 때문이다.

어떤 작업을 중앙 권력체 없이 처리하려면 창의적인 방법을 생각해야 하고 이 경우에는 기술적 전문성도 요구된다. 하지만 얻는 것이 있으면 잃는 것도 있는 법. 탈중앙 시스템을 만드는 대가로 채굴자들이 '게임'을 하느라 거래의 처리 속도가 느려지며 사람들이 불만을 느끼기 시작한다. 그러다 보니 기존의 블록체인을 새로운 버전으로 만드는 사람들도 생기는데, 뒤에서 다시 이야기하겠다.

일단 블록체인에 추가된 블록은 삭제하거나 변경하기가 불가능에 가깝다. 블록체인에 깊이 들어간 블록일수록(뒤에 딸린 블록의 수로 계산한다) 삭제나 변경이 더 어렵다. 블록에는 이전 블록의 링크가 포함된다고 했다. 그래서 깊이가 5인 블록을 재채굴re-mine하려면(블록의 내용을 바꾸는 행위를 전문용어로 이렇게 표현한다) 공격자는 그 블록만 아니라 뒤에 붙은 나머지 블록 4개를 재채굴해야 하고, 그 사이에 새로 추가되는 블록도 모두 재채굴해야 한다. 단일한 채굴자가 그런 공격을 감행할 만큼 강력한 해싱 능력을 보유하려면 어마어마한 전력이 필요하기 때문에 사실상 불가능하다.

따라서 블록이 블록체인에 깊이 들어가 있을수록 불변성이 크고, 앨리스와 밥도 자신들의 거래가 잘 처리됐다고 믿을 수 있다. 깊이가 깊은 블록은 승인도 많이 받았다는 뜻이다. 깊이가 5인 블록은 승인을 다섯 번 받은 것이고, '6회 승인'을 받으면 거래가 완전히 확정되었다고 본다.

이상의 5단계에서는 수많은 채굴자가 비트코인 블록체인의 상태에 비동기적으로 합의하기 위해 따라야 하는 간단한 규칙들을 설명했다. '비트코인 블록체인의 상태'는 각 사용자가 보유한 비트코인 개수를 뜻한다. 여기서 비동기적이라고 말하는 이유는 어떤 한 시점에 투표나 판정을 통해 블록체인의 상태에 대한 합의가 이뤄지지는 않기 때문이다. 작업증명 알고리즘은 오히려 복권과 같다. 채굴자들이 다음 블록을 생성하고 결과적으로 블록체인을 확장하는 주인공이 되기 위해 복권을 뽑는 것이다. 그래서 이 탈중앙 네트워크에서는 은행처럼 신뢰할 수 있는 중앙 권력체가 필요하지 않다.

비트코인의 가격

비트코인의 '가격'은 공급과 수요에 의해 결정된다. 어느 시점에서든 비트코인의 현재 가치는 최근에 거래된 가격이다. 예를 들어 앨리스가 밥에게 500달러를 받고 0.5비트코인을 전송한다면 그 시점에서 1비트코인의 가격은 1000달러다. 비트코인은 코인베이스Coinbase와 비트스탬프Bitstamp 같은 온라인 '거래소'에서 구입할 수 있다. 대부분의 거래소는 최근 거래 가격을 집계해서 비트코인 가격을 결정한다.

비트코인은 통화정책으로 가격을 조정하는 중앙은행이 존재하지 않아 '가격 변동성'이 매우 크다. 가격이 불안정하기 때문에 비트코인이 주요한 교환 수단으로 쓰일 수 없고 투기 수단에 불과하다고 비판하는 사람도 많다. 비트코인을 옹호하는 쪽에서는 사용량이 증가하면 가격 변동성도 감소할 거라고 반박한다. 비트코인으로 결제할 수 있는 상점이 늘어나면 굳이 비트코인을 명목화폐로 환전하려는 사람이 줄어들며 투기성이 감소하면서 가격이 안정화될 것이다. 하지만 현재로서는 비트코인을 비롯해 많은 암호화폐가 큰 가격 변동성을 보인다.

비트코인의 보관과 분실

사용자들은 '지갑'이라는 소프트웨어에 비트코인을 보관한다. 하지만 엄밀히 말하면 지갑은 실제로 비트코인을 저장하진 않고 비트코인 블록체인을 스캔해서 사용자의 개인키에 연결된 비트코인이 얼마인지 계산한다. 그리고 사용자의 개인키와 그에 대응하는 공개키, 즉 주소를 생성하는 기능도 있다.

만일 도둑이 비트코인을 '도둑질'한다면 방식은 두 가지다. 첫째는 사용자의 개인키를 탈취하는 것이다. 그러면 그 개인키에 연결된 비트코인을 전부 자신에게 전송할 수 있다. 둘째는 거래소 서버를 해킹하는 것이다. 대부분의 거래소는 현재 거래 중인 비트코인의 개인키를 데이터베이스에 저장한다. 이 데이터베이스를 뚫으면 거기 저장된 개인키와 연결된 비트코인을 모두 자신에게 전송할 수 있다.

비트코인 네트워크도 그 자체로 공격에, 특히 악의적 채굴자들의 공격에 노출돼 있다. 그중에서 가장 유명한 수법은 일명 **51퍼센트 공격**51% attack이다. 비트코인 네트워크는 합의가 분산되기 때문에 다수의 독립된 채굴자가 신규 블록을 생성하기 위해 따라야 하는 간단한 규칙들이 있다고 했다. 만일 채굴자가 그 규칙을 어기고 무효 블록을 채굴하기 시작하면 비트코인 네트워크는 그 채굴자를 그냥 무시해버린다. 단, 그 반항적인 채굴자가 '과반수'를 이룬다면 이야기가 달라진다. 여기서 과반수는 해시율로 결정된다. 어떤 채굴자 혹은 채굴자 무리가 새로운 블록을 생성하기 위해 사용되는 능력 중 51퍼센트 이상을 확보하면 어떤 블록을 만들지를 좌지우지할 수 있다. 따라서 마음대로 거래를 취소하거나 자신의 비트코인을 중복해서 사용할 수도 있다. 그러면 비트코인 네트워크의 탈중앙성이 깨진다. 하지만 비트코인은 채굴자가 워낙 많아서 51퍼센트 공격을 가하려면 어마어마한 에너지, 특히 전력이 필요하기 때문에 실현 가능성이 희박하다. 공격자는 오스트리아 전체에서 소비되는 양과 맞먹는 전력이 필요하다. 그래서 지금까지 비트코인 네트워크는 51퍼센트 공격을 당한 적이 없다고 알려져 있다.

그러나 비트코인을 지배하는 규칙 중 일부에 동의하지 않는 소수의 채굴자가 규칙을 변경한 사례는 있다. 비트코인 네트워크에서 분산 합의를 위해 따라야 하는 규칙에 반대하는 채굴자들은 그 네트워크에 채굴자로 참여하기를 중단할 수 있다. 이렇게 반대파 채굴자들이 비트코인 블록체인에서 갈라져 나가 그들만의 블록체인을, 따라서 새로운 암호화폐를 만드는 행위를 포크fork라고 말한다. 가장 유명한 비트코인 포크 사례는 2017년 8월 1일에 탄생한 비트코인 캐시Bitcoin Cash다. 비트코인 네트워크에서 이탈해 비트코인 캐시를 만든 채굴자들은 유효한 블록의 최대 크기를 1MB로 제한하는 것을 포함해 비트코인의 합의 규칙 중 몇 가지에 반대했다. 그들은 블록 크기를 키워 한 블록에서 검증될 수 있는 거래의 건수를 늘리고자 했다. 그래서 비트코인 캐시의 블록 크기는 최대 8MB다.

비트코인 코드는 유능한 개발자들에 의해 지속적으로 개선되고 있다. 현재 개발자들의 관심을 가장 많이 받는 부분은 거래의 속도와 효율을 높이는 것이다. 그래서 소액 거래는 네트워크 전체에 즉시 전송되게 하는 **라이트닝 네트워크**lightning network라는 기술이 개발되고 있다. 그리고 비트코인의 인지도와 도입률을 높이기 위한 노력도 활발하다. 비트코인의 가격 변동성이 아무리 심하다고 해도 베네수엘라의 통화인 볼리바르만큼은 아니다. 그래서 베네수엘라에서는 수중의 돈을 달러보다 접근성이 좋은 비트코인으로 환전하는 사람들이 있다. 비트코인으로 결제할 수 있는 상점도 이미 많이 생겼다. 이처럼 중앙 기관이 화폐를 똑바로 관리하지 못하면 그만큼 비트코인의 도입률이 높아질 것이다.

블록체인의 세계

암호화폐가 블록체인을 응용한 기술 중에서 가장 인기를 끌고 있는 이유는 무엇보다도 블록체인이 디지털 자산의 소유권을 기록하기에 좋은 수단이기 때문이다. 비트코인이 탄생한 후 신종 암호화폐가 우후죽순으로 생겨났고 부실한 것도 많다. 신종 암호화폐는 새로운 블록체인 네트워크에 존재하고 물론 사용자와 채굴자의 구성도 기존 암호화폐와 다르다. 그리고 혁신의 정도는 저마다 다르지만 대부분의 신종 암호화폐가 적어도 개념적으로는 비트코인에 기반을 둔다.

예컨대 모네로Monero는 블록체인에 저장된 거래 데이터를 난독화해서 비밀 거래를 가능케 하려고 만들어졌다. 대시Dash는 비트코인의 거래 비용을 줄이고 거래 속도를 높일 목적으로 나왔다. 모네로도 대시도 별도의 블록체인에 존재하고 전용 소프트웨어가 필요하다. 현재 암호화폐는 수천 종에 이르지만 모든 암호화폐가 약속을 지키진 않는다. 그리고 암호화폐 중 대부분이 충분한 관심을 끌지 못하고 사장되거나 사기로 판명 난다.

이더리움

비트코인 이후로 가장 주목할 만한 암호화폐는 **이더리움**Ethereum 블록체인으로 만들어진 이더Ether다. 이더리움 블록체인은 비트코인 블록체인과 달리 암호화폐만 제공하는 것이 아니기 때문에 생태계라고 불린다. 사용자는 이더리움 블록체인에 코드를 올려서 구동할 수 있다. 그래서 금전 거래만 아니라 어떤 작업이든 코드화만 가능하면 탈중앙 방식으로 기록하고, 검증하고, 실행할 수 있다. 비트코인이 화폐를 중앙에서 관리하는 금융기관을 배제했다면 이더리움은 디지털 자산을 중앙에서 관리하는 모든 기관을 배제할 수 있다.

예를 들어 양자 간 계약을 전문으로 취급하는 변호사를 생각해 보자. 이 변호사의 중요한 임무는 계약의 무결성을 보증하고, 계약서가 서명된 후 그 내용이 바뀌지 않고 충실히 이행되게 만드는 것이다. 혹시 이 변호사가 중앙 권력체이자 단일 장애점으로 느껴지는가? 실제로 그렇다. 변호사가 딴마음을 품거나 실수를 저지르면 계약이 엉뚱하게 굴러갈 수 있다. 따라서 계약 당사자들은 변호사가 성실하게 직무를 수행할 것이라 믿는다. 이는 중앙집중식 네트워크다.

그런데 만일 그 계약이 코드화돼 이더리움 블록체인에 업로드 된다면 채굴자들에 의해 계약 이행이 강제될 것이다. 그렇다고 채굴 자가 현실로 튀어나와서 계약을 이행하라고 다그친다는 말은 아니 다. 하지만 그들은 계약에 따라 무엇을 해야 하는지 보여주는 확실 한 기록을 갖고 있다. 그래서 비트코인이 금융 거래를 중개하는 은행 을 배제하듯이 이더리움은 계약의 이행을 강제하는 중개자를 배제 한다. 이더리움 블록체인에서 돌아가는 이런 프로그램을 **스마트 계약** smart contract이라고 부른다. 그리고 다수의 스마트 계약이 상호작용하 며 만들어지는 더 복잡한 프로그램을 탈중앙 애플리케이션decentral- ized Application, 줄여서 **댑**dApp이라고 칭한다. 댑이라고 다 복잡한 것은 아니다. '0.5이더를 받을 때마다 고양이를 교배한다' 같은 간단한 규 칙을 모아놓은 프로그램도 댑이 될 수 있다. 이 규칙은 실제로 이더 리움 댑 중에서 가장 인기 있는 게임인 크립토키티Cryptokitties의 규칙 이기도 하다.

암호화폐공개

암호화폐공개ICO, Initial Coin Offering는 블록체인계에서 광풍과 논란을 동시에 부르고 있다. ICO는 규제받지 않는 기업공개IPO라고 생각하 면 좋겠다. ICO를 하는 기업은 주식이 아니라 '토큰'을 판다. ICO를 통해 팔 수 있는 토큰은 **유틸리티 토큰**utility token과 **증권형 토큰**security token으로 나뉜다. 둘 중에서 더 인기 있는 것은 법적 규제를 거의 받 지 않는 유틸리티 토큰이다. 유틸리티 토큰을 구입하는 행위는 기업의 지분을 매입하는 것이 아니라, 차후 그 기업이 댑을 출시했을 때 사용할 수 있는 암호화폐를 할인된 가격으로 구입하는 것이다. 이더리움 플랫폼을 예로 들자면 채굴자가 계약을 스마트 거래로 채굴할 때마다 이더가 보상으로 지급되므로 이더가 유틸리티 토큰이라고 할 수 있다. 반면에 증권형 토큰을 구입한다면 기업의 지분을 매입하는 것이다. 증권형 토큰은 법의 규제를 받기 때문에 유틸리티 토큰보다 인기가 없다. ICO 자체는 규제를 안 받기 때문에 기업이 판매하는 토큰의 수량과 가격을 자유롭게 정할 수 있고 사실상 누구에게나 판매할 수 있다.

이더리움 플랫폼이 정식으로 출범하기 1년 전인 2014년 중반에 사전 판매로 6000만 이더가 투자자들에게 판매됐다. 이를 기점으로 이더리움 플랫폼에서 수많은 ICO가 이어졌다. 하지만 ICO는 어떤 블록체인 플랫폼에서든 가능하다. 2017년 한 해에만 기업들이 ICO로 무려 32억 5000만 달러의 매출을 올렸다. 물론 ICO 투자자는 토큰을 구입하기 전에 충분한 조사가 필수다. ICO는 규제를 안 받는 탓에 기업이 토큰을 팔아서 돈만 챙기고 갑자기 사라지거나 로드맵을 지키지 않아도 손쓸 방법이 없기 때문이다. 그래서 ICO 사기가 많았고 지금도 ICO의 세계를 안전히 여행하기란 어려운 일이다.

암호화폐 이외의 블록체인 기술

블록체인을 응용한 또 다른 기술 중에서 인기를 끄는 것으로 **탈중앙 공급사슬**decentralized supply chain과 **탈중앙 자산 이전**decentralized property transfer이 있다. 둘 다 블록체인을 이용해 개인에게 디지털 자산의 소유권이나 현물 자산의 디지털 취급권을 제공한다. 예를 들어 스마트 계약에서는 어떤 자산이 누구의 소유인지 블록체인에 다 기록으로 남기 때문에 부동산 거래 시 중개인의 개입을 최소화할 수 있다. 마찬가지로 공급사슬도 블록체인에 상품을 등록하고 암호화 기술로 각 공급자에게 상품을 언제 어디서 취급했는지 서명을 받음으로써 효율을 높일 수 있다. 이렇게 하면 공급사슬상에서 상품이 이동한 경로를 처음부터 끝까지 효과적으로 추적하며 문제 발생 시 책임 소재를 밝힐 수 있다. 몇몇 업종은 공급사슬을 완전히 탈중앙화하려는 움직임을 보인다. 그러면 소매업자가 생산자에게서 직접 상품을 매입할 수 있기 때문이다. 이 방면으로 주목할 분야는 에너지업이다. 예를 들면 지붕에 태양광 패널을 설치한 사람이 남는 에너지를 이웃에게 팔 수 있을 것이다. 이런 블록체인 중에서 사기업이 운영하며 노드나 채굴자를 선정하는 블록체인을 **사설 블록체인**private blockchain이라고 부른다. 분산 합의의 참여자를 사적으로 제한하기 때문이다. 사설 블록체인은 완전한 탈중앙화가 불가능하다고 해도 권력과 신뢰를 다수의 주체에게 분산할 수는 있다.

결론
....

블록체인 기술은 탈중앙 무신뢰 네트워크를 만들어 이전과 다른 방식으로 사람들과 기업들을 연결한다. 블록체인은 중앙 권력체가 없는 네트워크를 만들거나 공급사슬의 운영비를 절감하고 보안성을 키우기 위해 사용할 수 있다. 블록체인 기술의 방향성을 가장 명쾌하게 표현한 말은 사토시 나카모토가 최초의 비트코인 블록에 남긴 메시지일 것이다.

The Times 03/Jan/2009 Chancellor on Brink of Second Bailout of Banks
(더 타임스, 2009년 1월 3일, 은행권 2차 구제금융 막판 저울질 중인 장관)

2009년 1월 3일 영국 일간지 《더 타임스》에 실린 헤드라인을 인용한 이 메시지는 때때로 중앙기관을 무턱대고 신뢰하는 우리의 행태를 날카롭게 비판한다. 부실 은행을 구제하는 데 드는 비용이 국민의 혈세에서 나오는 것처럼 중앙기관이 제 역할을 저버릴 때 그 대가를 치르는 사람은 대개 평범한 사용자들이다. 블록체인 기술을 이용하면 중앙 권력체와 관련된 위험 없이 제 기능을 하는 네트워크를 만들 수 있다.

274

17장

가상현실과
증강현실

이 장을 함께 쓴 코이 레에게 감사드립니다.

땅. 엘리베이터의 문이 열리자 멋진 스카이라인이 펼쳐진다. 아래를 내려다본다. 100층 건물의 꼭대기다. 발밑에는 옥상 난간에 걸쳐진 2미터짜리 널빤지 한 장이 전부다. "앞으로 걸어가세요"라는 목소리가 들린다. 망설임 끝에 조심스럽게 한 걸음씩 내디딘다. 널빤지의 끝에 이르자 심장이 벌렁거리고 몸이 기운다. 윙윙대는 바람소리를 들으며 간신히 균형을 잡는다. "널빤지 밖으로 나가세요"라는 목소리가 들린다. 그러면 대부분의 사람은 겁이 나서 밖으로 나가지 못한다. 떨어져서 죽으라고? 하지만 당신은 지금이 가상현실 속이라는 사실을 알고 있다. 눈앞에 보이는 광경은 모두 머리에 쓴 헤드셋이 만들어내는 환상이다. 실제로는 거실에 있으니까 죽을 리 없다. 그러니까 널빤지 밖으로 나가도 된다. 하지만 무서워서 발이 떨어지지 않는다.

실감형 미디어immersive media의 위력을 보여주는 예다. 실감형 미디어는 뇌를 속여서 컴퓨터가 만든 디지털 세계를 실제 세계로 믿게 한다. **가상현실**VR, Virtual Reality은 현실처럼 보이지만 전적으로 디지털인 세계를 만든다. VR과 밀접한 연관이 있는 **증강현실**AR, Augmented Reality은 현실의 일부처럼 느껴지는 디지털 사물을 만든다. VR과 AR은 실감형 미디어의 두 축이다.

왜 '실감형'이라고 할까? 이탈리아 폼페이 유적지를 걷는다고 해보자. 건물은 이미 2000년 전에 모두 파괴되고 폐허만 남았다. 그런데 당신은 증강현실 헤드셋을 쓰고 있다. 그래서 역사 연구를 바탕으로 당시의 모습을 재현한 건물의 홀로그램이 유적 위로 보인다. 현실 세계에 디지털 건물이 겹쳐서 유적지라는 공간을 생생히 경험하도록 하므로 현실을 증강한다고 말할 수 있다. 실감형 미디어는 이처럼 우리 주변에 실물처럼 보이는 디지털 사물을 배치해 새로운 경험을 선사한다.

전통적 미디어는 종이나 화면 위에 납작하게 펼쳐지는 '팬케이크' 미디어다. 하지만 실감형 미디어로는 3차원 '공간'을 경험한다. 실감형 미디어는 〈그림 17-1〉과 같은 스펙트럼으로 생각할 수 있다. 가장 왼쪽에는 실물만 인지되는 현실이 있고 가장 오른쪽에는 가상 사물만 인지되는 가상현실이 있다.

스펙트럼의 나머지 부분은 가상과 현실의 '혼합체'인 **혼합현실**MR, Mixed Reality이다. 예를 들어 길거리(현실 세계)에 있는 포켓몬(가상 사물)은 혼합현실이다. 역으로 실제 의자(현실 사물)가 가상의 거실(가상 세계)에 있는 듯한 인식도 혼합현실이다. 증강현실은 실제 세계 위에 가상 사물을 얹기 때문에 혼합현실이다. 예를 들면 사람들을 볼 때 머리 위에 이름이 표시되는 것이다.

그림 17-1. 현실-가상 연속성reality-virtuality continuum. 폴 밀그램Paul Milgram의 1994년 논문
에서 발췌

많은 사람이 실감형 미디어를 **확장현실**XR, eXtended Reality이라는
포괄적인 용어로 부르기도 한다. 여기서 X는 '가상', '증강', '혼합' 등
무엇이든 될 수 있고 R은 '현실'이다. XR은 '경험'의 잠재력을 해방한
다. 인터넷이 '정보'의 카탈로그화, 배포, 민주화를 견인하는 도구라
면 XR은 '경험'에 똑같은 효과를 부르는 도구다. XR로 해양학을 공
부하는 학생은 바닷속으로 들어갈 수 있고, 의사, 운동선수, 경찰은
현실 같은 환경에서 훈련할 수 있으며, 누구나 시리아 난민, 인도 시
골 여성, 노숙자의 삶을 단편적으로나마 경험함으로써 그들의 고통
에 공감할 수 있다. VR/AR은 우리가 새로운 방식으로 연결, 이야기,
오락, 교육을 경험하게 해주는 신종 미디어다.

이 장에서는 VR/AR을 정의하는 데 사용되는 다섯 가지 영역을
토대로 실감형 미디어를 설명하려 한다. 우선 '새로운 차원'에서는
공간 경험이 특별한 이유를 알아볼 것이다. 그리고 '실감형 콘텐츠'
에서는 VR/AR 경험에 존재하는 콘텐츠의 유형을 분석하고 콘텐츠
제작 과정을 살펴볼 것이다. 이어서 추적을 통해 실감형 콘텐츠를 경
험하게 해주는 최신 '하드웨어'의 원리를 파헤친다. 다음으로는 VR/

AR에서 아바타와 가상 인간이 어떻게 '가상의 나'를 표현하는지 살펴본다. 끝으로 사람들이 '메타버스'에서 가상 환경과 어떻게 상호작용하는지 알아볼 것이다. 이렇게 다섯 단락을 읽고 나면 VR/AR에 대한 기본 지식은 다 숙지할 것이다.

새로운 차원

가상현실과 증강현실의 작동 원리를 알려면 실감형 미디어의 핵심을 파고들어야 한다. 그 핵심이란 바로 3D다. 이 단락에서는 먼저 인간이 시각으로 3차원을 인지하는 방식인 입체시에 대해 알아볼 것이다. 그리고 컴퓨터가 어떻게 3차원 이미지를 만들고, 기술적 제약이 VR/AR 경험에 어떤 영향을 미치는지 이야기할 것이다.

입체시

한쪽 눈을 감고 손가락을 얼굴 앞에 가져온 후 감은 눈을 바꾸면 손가락의 위치가 달라진 것처럼 보인다. 양 눈이 세상을 보는 시점이 서로 살짝 다르기 때문이다. 우리 뇌는 그 두 이미지를 결합해서 깊이 정보가 있는 통합 이미지를 만든다. 우리는 깊이 정보를 통해 사물이 얼마나 멀리 떨어졌는지 파악함으로써 3차원을 인식한다. 이렇게 양 눈이 각각 이미지를 만들고 뇌가 그 이미지를 통합하는 작용을 **입체시**stereoscopic vision라고 부른다. 기존의 3D 영화에서는 이 입체시를 이용해 평평한 화면에서 사물이 튀어나오는 듯한 효과를 만든다. 3D 안경의 빨강 렌즈와 파랑 렌즈가 동일한 이미지를 살짝 다른 시점에서 보게 만들어서 깊이 정보를 주는 것이다. VR/AR 헤드셋도 양 눈에 살짝 다른 이미지를 만들어 깊이와 공간을 인지시키는데, 이를 **렌더링**이라 부른다.

렌더링은 **그래픽 처리 장치**GPU, Graphics Processing Unit에서 수행된다. GPU는 화면에 이미지를 그리는 프로세서다. GPU도 속도에 한계가 있기 때문에 당신이 머리를 이리저리 움직일 때 실시간으로 장면을 렌더링하는 일은 절대로 만만하지 않다.

의식하지는 못해도 당신의 눈은 단 0.005초 만에 지나가는 이미지를 포착할 만큼 기민하다. GPU는 이처럼 강력한 인간의 시각계와 속도를 맞춰야 한다. 만일 GPU가 새로운 장면을 빠르게 렌더링하지 못하면 시각계는 혼란스러워할 것이다. GPU가 그 속도를 따라가지 못하면 눈은 이전의 이미지가 남기는 잔상을 보게 된다. 예를 들어 주위를 둘러보다가 멈췄는데 눈에는 여전히 움직이는 이미지가 보이는 것이다. 반대로 가만히 있다가 주위를 둘러보는데 눈에는 정지된 이미지만 보이는 것이다. 그러면 평형감각과 이동을 담당하는 전정계가 뇌에 알려주는 정보와 시각계에서 나오는 정보가 달라진다. 그래서 뱃멀미 같은 증상이 생긴다. 이렇게 VR/AR 때문에 생기는 현기증을 **시뮬레이터 멀미**simulator sickness라고 한다.

이미지의 복잡도에 따라 GPU가 그리는 속도, 즉 **초당 프레임**FPS, Frames Per Second이 달라진다. GPU가 60FPS로 작동한다는 말은 1초에 60개 장면을 그릴 수 있다는 뜻이다. GPU의 FPS는 VR/AR 경험과 직결된다. 사용자가 멀미를 느끼지 않도록 모바일 기기의 소형 GPU에서는 보통 60FPS를 목표로 한다. 60FPS는 사용자가 VR/AR에서 편안함을 느끼기 위한 최저 속도지만 대부분의 소형 GPU가 감당할 수 있는 최고 속도이기도 하다. 더 큰 GPU가 탑재되는 컴퓨터는 쾌적한 VR/AR 경험을 위해 최소 90FPS를 목표로 한다.

헤드 마운티드 디스플레이HMD, Head-Mounted Display라고도 부르는 VR/AR 헤드셋을 착용하면 양 눈에 서로 다른 이미지가 보이면서 입체시가 구현돼 깊이와 공간을 인지할 수 있다. 일반적인 폰이나 컴퓨터는 한 번에 한 이미지만 표시하면 되지만 HMD는 두 이미지를 동시에 표시해야 한다. 이렇게 GPU가 매초 두 장면을 그려야 하기 때문에 효율이 절반으로 떨어진다. 그래서 VR/AR을 무난하게 경험하려면 GPU 성능이 두 배는 돼야 한다. 다행히 최근에 AI 산업이 발전함에 따라 복잡한 연산을 GPU에 의존하는 산업의 특성상 고성능 장치의 생산량이 늘어나며 가격이 하락했고, 그 덕에 소비자용 VR/AR을 구현하기가 수월해졌다. 그렇다고 해도 VR/AR 콘텐츠를 만들 때는 시뮬레이터 멀미를 방지하기 위해 렌더링 프로세스를 최적화하는 것이 필수다.

실감형 콘텐츠

가장 보편적인 VR/AR 콘텐츠는 컴퓨터 그래픽과 실감형 영상immersive video이다. 컴퓨터 그래픽은 컴퓨터가 만든 이미지다. 실감형 영상은 180도 혹은 360도로 시야를 돌리며 볼 수 있게 촬영한 영상이다.

이제부터 각 콘텐츠가 어떻게 제작되고 어떤 용도로 쓰이는지 알아
보자.

컴퓨터 그래픽 콘텐츠

컴퓨터 그래픽에서 '3D 모델'이 무엇인지 이해하려면 몇 가지 용어
를 알아야 한다. **메시**mesh는 선으로 만든 3D 모델의 뼈대다. 메시는
폴리곤polygon이라는 면으로 구성된다. 3D 모델의 **폴리곤 수**poly-count
는 말 그대로 모델에 사용된 폴리곤의 개수를 가리킨다. 폴리곤 수가
높으면 그만큼 모델이 세밀하게 만들어진 것이기 때문에 GPU가 더
열심히 일해야 하고, 그러면 FPS가 떨어질 수 있다. **FPS 저하**FPS drop
는 잔상을 남겨서 시뮬레이터 멀미를 초래한다. 이를 방지하기 위해
많은 VR/AR 디자이너가 〈그림 17-2〉처럼 폴리곤 수가 매우 낮은 **저
폴리**low-poly 스타일을 이용한다. 저폴리 스타일은 GPU가 렌더링하
기 쉬울 뿐만 아니라 독특한 분위기를 연출한다. 초기 VR 장비에서
사용된 저폴리 환경은 선으로 윤곽만 표현한 육면체들의 조합이라
서 표면이 없는 것처럼 보였다.

　모델에 표면을 입히기 위해 디자이너는 **머티리얼**material을 이용
한다. 머티리얼은 선으로 만든 뼈대 위에 입히는 피부라고 생각하면
된다. 머티리얼은 하나 이상의 **텍스처**texture와 역시 하나 이상의 셰
이더shader로 구성된다. 텍스처는 피부의 무늬와 색깔을 결정하고 셰
이더는 머티리얼이 화면에 표시되는 방식을 결정한다. 예를 들어 반
사 셰이더는 모델에서 나오는 빛을 표시한다.

그림 17-2. 저폴리 스타일을 이용하는 구글 데이드림 홈[36]

3D 모델 제작법

3D 모델이 메시, 폴리곤, 머티리얼로 만들어진다는 사실을 알았으니
이를 제작할 때 가장 많이 쓰는 두 가지 방법을 이야기해보자.

먼저 살펴볼 방법은 수작업으로 3D 모델을 만드는 것이다. 3D
디자이너가 복잡한 3D 모델링 소프트웨어를 이용해 3D 공간에 일
일이 폴리곤을 배치한다. 그리고 머티리얼, 텍스처, 셰이더를 만들어
메시의 외관을 바꾼다. 이것은 전문성과 세심함이 요구되는 대단히
노동집약적인 작업이다. VR/AR용 모델을 최적화하려면 3D 디자이
너는 폴리곤 수에 각별히 신경 써야 한다.

사진 측량에 의한 3D 모델 제작

3D 모델을 만드는 또 다른 방법은 **사진 측량**photogrammetry이다. 원하

17장 가상현실과 증강현실

는 사물, 예를 들면 조각상을 여러 각도에서 촬영한 후 사진 측량 소프트웨어가 사물의 형태를 추측하게 하는 기법이다. 사진 측량은 수작업으로 대상을 원하는 만큼 세밀하게 모델링하려면 시간이 너무 오래 걸리거나 아예 불가능한 경우에 유용하다.

애니메이션에 대한 간단한 설명

모델을 만들면 애니메이션을 넣고 싶을 수 있다(가만히 멈춘 강아지는 재미없으니까!). 대부분의 애니메이션 소프트웨어는 **키프레임**keyframe을 이용한다. 키프레임은 모델의 동작에서 시작과 끝이 되는 중요한 자세다. 예를 들어 팔이 흔들리게 만들고 싶다면 먼저 팔을 오른쪽으로 기울인 자세를 키프레임으로 설정한다. 이어서 팔을 왼쪽으로 기울인 자세를 두 번째 키프레임으로 설정한다. 그러면 애니메이션 소프트웨어가 첫 번째 키프레임(오른쪽으로 기울어짐)에서 두 번째 키프레임(왼쪽으로 기울어짐)을 토대로 팔을 움직이는 과정을 계산해 팔이 오른쪽에서 왼쪽으로 흔들리게 만든다. 복잡한 동작 기관을 갖춘 모델에 애니메이션을 넣기는 여간 어려운 일이 아니다.

볼류메트릭 캡처를 통한 애니메이션 구현

애니메이션을 구현하는 또 다른 방법으로 **볼류메트릭 캡처**volumetric capture가 있다. 볼류메트릭 캡처는 사진 측량의 애니메이션판이라고 생각하면 된다. 보통 100개가 넘는 카메라로 동시에 촬영한 사진을 이용해 움직이는 사물과 사람을 구현한 '3D 영상'을 만든다. 안무처럼 사전에 정해진 동작을 녹화할 때 효과적이다.

실감형 영상

실감형 영상도 VR/AR 콘텐츠다. VR/AR 영상은 일반적인 영상과 비슷하지만 주위를 돌아볼 수 있다는 점이 다르다. 파노라마 사진이 머리를 둘러싸고 움직인다고 생각하면 좋겠다. 실감형 영상은 주로 360도 카메라나 특수한 360도 카메라 리그(두 대 이상의 카메라를 연결하는 장치)로 찍은 이미지들을 **스티칭**stitching해서 만든다. 스티칭은 이미지들이 겹치는 부분을 찾아서 한 장의 이미지처럼 이어붙이는 것이다. 실감형 영상은 사용자를 다른 지역이나 타인의 주거지로 데려갈 수 있기 때문에 보도용으로 쓰기 좋다. 하지만 사용자가 주변을 보기만 할뿐 그 안을 돌아다닐 수는 없어서 실제로 탐색하는 느낌은 떨어진다.

VR/AR 콘텐츠를 살펴봤으니 이제 어떤 하드웨어를 통해 우리가 주변을 둘러보고 돌아다닐 수 있는지 알아보자.

하드웨어

가상현실과 증강현실은 하드웨어 의존도가 매우 높다. VR/AR은 HMD 외에 추적 시스템을 활용하고 거기에 컨트롤러처럼 손에 쥐는 장비가 추가되기도 한다. 여기서 가장 중요한 개념은 **추적**tracking이다. 하드웨어는 추적을 통해 사용자가 어디에 있고 어디를 보는지 인식한다. 그러면 추적의 유형에는 무엇이 있으며 VR/AR 시스템마다 추적 방식이 어떻게 다른지 이야기해보자.

추적

컴퓨터가 VR/AR 장면을 정확히 렌더링하려면 가상 환경을 기준으로 사용자의 시선과 위치를 알아야 한다. 두 데이터 포인트는 추적 기능에서 중요한 개념인 **자유도**DOF, Degrees Of Freedom를 3이냐 6이냐로 가르는 기준이 된다.

자유도

슬라이드를 위아래로만 움직일 수 있는 조명 조절기를 생각해보자. 이 조절기의 자유도는 1이다. 수직으로만 움직이기 때문이다. 마찬가지로 한 축에 의존해서 회전하는 지구본도 자유도가 1이다. 이번에는 〈슈퍼 마리오브라더스〉 게임을 생각해보자. 마리오는 왼쪽과 오른쪽으로 달리고 위로 뛰었다가 아래로 내려온다. 그래서 자유도가 2다. 자유도란 시스템 내에서 범위를 갖고 변화하는 영역의 수를 말한다.

　　VR/AR은 기본적으로 **피치**pitch, **요**yaw, **롤**roll을 갖고 있기 때문에 3자유도DOF다. 자, 한번 천장을 봤다가 바닥을 보자. 피치는 이렇게 x축을 기준으로 하는 회전, 즉 앞뒤로 하는 회전이다. 이번에는 왼쪽을 보고 오른쪽을 보자. 요는 이렇게 y축을 기준으로 하는 회전이다. 이제 고개를 왼쪽으로 기울였다가 오른쪽으로 기울여보자. 이같이 z축을 기준으로 하는 회전을 롤이라고 한다. 3DOF VR/AR에는 이 세 요소만 존재한다. 그래서 3DOF VR/AR은 사용자가 보는 곳을 기준으로만 장면이 변한다. 사용자가 앞으로 움직여도 장면이 변하지 않아 제자리에 있는 것 같다. 고개를 돌릴 때만 장면이 변한다. 따라서 대부분의 3DOF VR/AR은 돌아다닐 수는 없고 둘러볼 수만 있다. '회전의자형 XR'이라고 생각하면 된다.

6DOF에는 세 가지 요소가 추가된다. x, y, z축상의 이동이다. 다시 말해 전후좌우로 움직이며 아래로 숙이거나 위로 뛸 수 있다. 6DOF VR/AR은 사용자가 있는 곳과 보는 곳을 기준으로 장면이 바뀐다. '산책형 XR'이라고 할 수 있겠다.

더 구체적으로 들어가자면 3DOF와 6DOF는 하드웨어 장치의 성능을 나타낸다. 예를 들어 3DOF 컨트롤러는 레이저 포인터처럼 여러 각도를 향할 수 있지만 손의 위치를 추적하지는 못한다. 반면에 6DOF 컨트롤러는 손의 방향만 아니라 위치도 정확히 추적한다.

그러면 컴퓨터는 당신이 어디를 보고 어디에 있는지 어떻게 알까? 어디를 보는지는 쉽게 알 수 있다. 폰과 VR/AR 헤드셋에 탑재된 **자이로스코프**gyroscope라는 작은 부품을 통해 기기가 어디를 향하는지 인식되기 때문이다. 하지만 사용자의 위치를 알아내는 것은 무척 어렵다.

컴컴한 우주 공간에서 우주선을 조종한다고 상상해보자. 당신이 어디에 있는지, 움직이긴 하는지 어떻게 알 수 있을까? 컴퓨터가 현실의 3차원 공간에서 기기의 위치를 인식하려 할 때 똑같은 상황에 처한다. 컴퓨터는 아무것도 볼 수 없으므로 기기가 어디에 있는지, 움직이고 있는지 모른다. 그래서 어둠 속에 있다. 그런데 우주에서 저 멀리 빛줄기가 보이면 당신은 그 빛을 기준으로 자신이 어디에 있는지 알 수 있다. 혹은 갑자기 눈앞에 소행성이 등장하면 그것을 기준으로 자신이 어떻게 움직이는지 알 수 있다. 마찬가지로 컴퓨터도 기준점이 잡히면 위치를 파악해낸다. 컴퓨터가 기준점을 잡는 방식은 두 가지다. 하나는 외부의 기준점에서 컴퓨터에 신호를 보내 위치를 알려주는 것이다. 이를 **아웃사이드-인 추적**outside-in tracking이라고 말한다. 다른 하나는 컴퓨터 내부의 프로세스가 주변 환경에서 기준점을 찾는 **인사이드-아웃 추적**inside-out tracking이다.

아웃사이드-인과 인사이드-아웃

오큘러스 리프트Oculus Rift와 HTC 바이브HTC Vive에서 사용하는 아웃사이드-인 추적은 현재 가장 많이 쓰이는 방식이다. 책상이나 벽에 설치된 외부 센서가 우주 저 멀리서 보이는 빛줄기와 같은 기준점 역할을 한다. 헤드셋 내의 센서에 신호를 쏴주는 것이다. 그러면 프로세서가 그 데이터를 갖고 삼각측량법으로 헤드셋의 위치를 파악한다. 아웃사이드-인 추적은 정확도가 매우 높지만 외부 센서가 필요하다. 당연히 센서가 설치된 공간에서만 사용할 수 있다.

센서를 설치하는 일이 번거로울 수 있고 VR 장비(컴퓨터, 센서, HMD)를 옮기려면 고생이다. 그리고 AR 헤드셋은 한정된 공간에서 쓰면 의미가 없다. AR의 위력은 세상에 대한 정보를 제공하는 데서 나오기 때문이다. 여기에 해법으로 제시되는 것이 헤드셋 안에 추적 시스템을 넣는 인사이드-아웃 추적이다. 인사이드-아웃 추적은 외부 센서 없이 HMD에 내장된 카메라와 깊이 센서로 환경을 인식하고 주변 모든 사물을 기준으로 HMD의 위치를 계산하는 방식이다. 이제 우주선은 소행성을 보고 자신의 상대적 위치를 알 수 있다. 이 작업을 '동시적 위치인식 및 지도작성Simultaneous Localization And Mapping', 줄여서 SLAM(슬램)이라고 부른다. SLAM은 로봇과 자율주행차가 현실 세계에서 제 위치를 파악할 때도 사용된다. 외부 센서가 없기 때문에 간편하고 휴대성이 좋다. 인사이드-아웃 추적에서는 연결하거나 설치할 장비가 별로 없기 때문에 VR을 한층 쉽게 이용할 수 있다. 특히 세상을 자유롭게 돌아다닐 수 있도록 해주기 때문에 AR HMD에서 굉장히 중요하다.

증강현실로 한정하면 **마커 추적**marker tracking 방식이 많이 쓰인다. 이름에서 알 수 있듯이 추적을 용이하게 하는 마커를 이용한다. 마커는 카드에 인쇄된 이미지이며, 주로 QR코드가 사용된다. 그 밖에 로고나 그림도 마커로 쓸 수 있다.

내장 카메라가 마커를 인식해서 그 위에 3D 모델을 렌더링한다. 마커 추적은 6DOF처럼 느껴진다. 카드의 이미지가 6DOF에 해당하는 방향으로 다 움직일 수 있고 그 위에 렌더링된 3D 모델도 마찬가지기 때문이다. 하지만 실제로 알고리즘이 인식하는 것은 기기의 위치가 아니라 마커의 위치뿐이다. 마커 추적은 매우 정확하지만 주변 환경을 파악하는 맥락 지식이 부족하다. 그런데 AR의 잠재력은 바로 이 맥락 지식에서 나온다. 그러므로 이제는 대부분의 AR 기기가 위에서 말한 대로 마커와 외부 센서가 필요 없는 SLAM을 어떤 식으로든 도입할 것이다. 그래도 교실처럼 한정된 공간에서는 마커 추적이 쾌적한 UX를 만든다.

VR 시스템

추적의 원리와 유형을 알았으니 이번에는 가상현실 시스템의 종류를 알아보자.

| 스마트폰 VR |

가장 대중적인 가상현실은 스마트폰 VR이다. 스마트폰 VR에서는 폰 화면에 렌더링된 두 장의 이미지를 볼록렌즈로 보며 주로 HMD에 폰을 집어넣는다. 스마트폰 VR은 360도 영상을 시청하는 용도로 가장 많이 사용된다. 폰의 자이로스코프를 이용해 3DOF 추적을 구현하는데, 앞서 말했듯 여기서는 방향이 인식된다. 최근에는 스마트폰 VR용 3DOF 컨트롤러도 나오고 있다. 이 방면으로 유명한 기기는 구글 카드보드Cardboard와 데이드림Daydream, 삼성 기어VR이 있다. 스마트폰 VR은 간편한 대신 UX가 PC VR보다 훨씬 떨어진다.

| PC VR |

PC VR은 커다란 GPU가 탑재된 윈도우 컴퓨터를 VR HMD에 연결하는 방식이다. 유선 방식(HMD와 PC를 케이블로 연결)과 무선 방식(케이블이 필요 없는)이 있다. 대부분의 VR 게임 개발자는 PC VR 게임을 만든다. PC VR로 즐기는 게임은 놀라운 경험을 선사한다. 스마트폰보다 GPU가 크기 때문에 그래픽이 화려하고, 고도의 연산 능력과 필수로 설치되는 외부 센서 덕분에 추적이 더 정확하다. VR 게임방은 PC VR 시스템 위주로 구성되고, 대부분의 대학에서 PC VR 시스템을 연구와 개발에 이용한다. 그리고 PC VR을 제외하면 현재 6DOF 컨트롤러를 이용할 수 있는 시스템이 거의 없다. PC VR 중에서 인기 있는 시스템은 오큘러스 리프트와 HTC 바이브다. 하지만 PC VR은 고성능 GPU를 탑재한 컴퓨터, 고급 헤드셋, 넓은 공간이 필요하기 때문에 비용이 많이 든다. 사용 전에 장비를 설치해야 하며 옮기기도 어렵다. 그래서 VR을 더 간편하게 이용할 수 있도록 독립형 VR이 등장했다.

독립형 VR

독립형 VR은 VR 하드웨어 생태계에서 가장 최근에 등장한 시스템이다. 독립형 VR은 화면, GPU, 프로세서 같은 필수 하드웨어가 HMD에 내장되기 때문에 따로 폰이나 컴퓨터가 필요 없다. 그래서 크기가 가장 작고 휴대성과 가성비가 가장 좋다. 독립형 VR은 3DOF 방식과 6DOF 방식이 있다. 예를 들어 오큘러스 고Oculus Go는 3DOF HMD와 3DOF 컨트롤러를 이용한다. HTC 바이브 포커스HTC Vive Focus는 HMD가 6DOF지만 컨트롤러는 3DOF다. 2019년에 출시된 오큘러스 퀘스트Oculus Quest는 상용 제품으로는 최초로 6DOF HMD와 6DOF 컨트롤러를 도입했다. 독립형 VR은 단일 기기만으로 VR을 경험할 수 있게 함으로써 소비자용 VR 산업을 획기적으로 발전시켰다.

AR 시스템

AR도 유형이 나뉜다.

6DOF HMD

6DOF AR HMD는 현실 공간에 3D 그래픽을 입힌다. HMD가 인사이드-아웃 추적으로 사용자의 위치를 인식해서 디지털 사물의 위치를 고정하기 때문에 사용자는 그것이 현실에 있는 것처럼 인식하

며 그 주위를 돌아다닐 수 있다. 이 방면으로는 마이크로소프트 홀로
렌즈HoloLens, 매직리프Magic Leap가 유명하다.

| 헤드업 디스플레이 |

HMD의 일종인 헤드업 디스플레이HUD, Heads-Up Display는 영화 속
아이언맨이 보는 화면과 유사하다. 눈앞의 세상에 주로 텍스트나 간
단한 이미지로 정보를 덮어씌우는 것이다. 그렇다고 그것을 사물로
렌더링하지는 않고 단순히 눈앞에 표시해줄 뿐이다. 그래서 정보는
봐야 하지만 손으로 폰이나 태블릿을 들고 있을 여유가 없는 산업노
동자에게 유용하다. 스키나 오토바이를 탈 때도 HUD를 착용하면
속도 정보를 볼 수 있어서 좋다. HUD를 흔히 **스마트 안경**smartglasses
이라고도 부른다. 구글 글래스Google Glass가 대표적이다.

| 6DOF 모바일 AR |

모바일 VR과 달리 모바일 AR은 휴대폰만으로 구현되는 증강현실을
말한다. 모바일 AR은 폰의 카메라로 현실 세계를 인식해서 화면에
표시하고 그 위에 3D 그래픽을 덮어씌운다(〈그림 17-3〉). 일례로 이
케아 앱을 사용하면 거실에 의자 같은 가구를 가상으로 배치할 수 있
다. 모바일 AR은 6DOF 비마커markerless 추적 방식을 쓰기 때문에 마
치 현실에 의자가 있는 것처럼 그 주변을 돌아다닐 수 있다.

모바일 AR을 구현하려면 강력한 'AR 전용 SDK'가 필요하다.
뷰포리아Vuforia는 이미지 감지, 마커 추적 등의 용도로 쓸 수 있는 대
형 소프트웨어 패키지다. 고급 기능을 구현할 때는 뷰포리아가 여전

그림 17-3. 아이패드에서 디지털 숲을 보여주는 모바일 AR[37]

히 강력하고 유용하지만 그런 경우가 아니라면 최근에는 애플의 AR 키트ARKit와 구글의 AR코어ARCore가 대세다. 각각 애플 기기와 안드로이드 기기 전용으로 나왔으며 SLAM을 이용해 비마커 6DOF 인사이드-아웃 추적을 훌륭히 수행하기 때문이다.

　　VR/AR과 관련된 하드웨어가 워낙 다양하다 보니 조금 혼란스러울 수도 있다. 하지만 제일 중요한 차이점은 추적 방식이다. 3DOF(회전의자형 XR)와 6DOF(산책형 XR), 아웃사이드-인(외부 센서)과 인사이드-아웃(SLAM)을 기억하자.

가상의 나

가상현실의 매력은 내가 되고 싶은 사람이 될 수 있다는 것이다. 그리고 VR과 AR에서는 수많은 가상의 캐릭터와 커뮤니케이션할 수 있다. VR/AR에서 사용자의 분신을 **아바타**avatar라고 부른다. 아바타는 어떤 모습이든 될 수 있지만 대부분 인간과 비슷한 형태다. 그래야 6DOF로 머리와 손을 추적하는 시스템과 정확히 맞아떨어지기 때문이다.

　사람들도 보통 자신과 타인이 인간의 형상을 한 아바타, 즉 **가상 인간**virtual human으로 그려지는 것을 더 편하게 받아들인다. 가상 공간에서는 다른 사람들에게 자신을 표현할 방법이 필요하기 때문에 VR/AR에서 아바타가 보편적으로 사용된다. 커뮤니케이션과 미디어 전문가인 짐 블라스코비치Jim Blascovich와 제러미 베일렌슨Jeremy Bailenson에 따르면 가상 인간은 두 가지 종류의 '사실성'을 보여준다.

사진적 사실성

거울이나 고화질 영상, 사진 속에 있는 자신을 볼 때 우리는 고도의 **사진적 사실성**photographic realism을 경험한다. 그 안에 있는 사람은 현실 속 사람, 곧 나와 똑같이 생겼다. 하지만 VR/AR 속 아바타는 그래픽 성능의 제약과 **불쾌한 골짜기**uncanny valley라는 현상 때문에 사진적 사실성을 보여주는 경우가 거의 없다. 컴퓨터 그래픽 기술은 가상 인간을 사실에 가깝게 그릴 수 있을 만큼 발달했다. 하지만 VR/AR 헤드셋은 여전히 렌더링 비용이 비싸기 때문에 생생하고 사실적으로 인간을 묘사하기 어렵다.

더군다나 가상 인간이 실제 인간과 비슷해지는 과정에서 사람들은 불쾌한 골짜기 때문에 불편함을 느낀다. 이 골짜기의 한쪽 편에는 만화 스타일의 가상 인간이 있고 그 반대편에는 완전히 사실적인 가상 인간이 있다. 대부분 이 양편에 있는 가상 인간은 편하게 생각하지만 그 중간 지점, 그러니까 가상 인간이 실제 인간과 얼추 비슷해 보이는 지점에서는 불쾌해지곤 한다. 대표적인 예가 영화 〈폴라 익스프레스〉를 본 관객들이 작품 속 캐릭터에 거북함을 느낀 것이다. 이런 불편한 감정은 우리 뇌가 인간을 식별하도록 프로그래밍돼 있기 때문에 생긴다. 불쾌한 골짜기에서 뇌는 눈앞의 이미지가 실제 인간인지 아닌지 분간할 수 없어서 불쾌해진다. 그래서 사진적 사실성에 가까운 가상 인간은 업계에서 잘 사용하지 않는다.

〈레크룸Rec Room〉(2016)을 비롯해 대부분의 VR/AR 경험에서는 만화 스타일 가상 인간이나 비인간형 아바타, 혹은 헬멧이나 가면을 쓴 인간형 아바타를 사용한다. 그런데 아바타가 실제 인간과 다르게 생겼으면 VR/AR이 무슨 의미냐고 물을 수도 있을 것이다. 하지만 사진적 사실성은 가장 중요한 사실성이 아니다. 사실성 인식에 그보다 훨씬 큰 영향을 미치는 것은 행동적 사실성이다.

행동적 사실성

사진적 사실성이 '실제처럼 보이는가?'를 의미한다면 **행동적 사실성** behavioral realism은 '실제처럼 행동하는가?'를 뜻한다. 아바타가 인간처럼 보이지 않더라도 그 행동이 인간과 같으면 우리는 그를 실제 인간처럼 받아들인다. 알렉사Alexa나 시리Siri에게 말을 걸 때를 생각해 보자. 그때 우리는 사람에게 말할 때와 비슷한 태도를 취한다. 그런데 VR에서 아바타의 행동적 사실성을 구현하려고 할 때 가장 큰 난관은 추적이다. AR과 VR의 추적 시스템이 기본적으로 비슷하지만 VR 추적이 조금 더 발전했으니 여기서는 VR을 중심으로 설명하겠다. 대부분의 6DOF PC VR 시스템에서 실제 6DOF로 추적할 수 있는 부위는 머리와 손뿐이다. 하지만 상황에 따라서는 가상 인간의 몸 전체를 보여주며 각종 동작을 구현하고 싶을 수 있다. 예를 들면 보디랭귀지를 표현한다거나, 아바타가 걸을 때 팔과 다리가 실제처럼 흔들리게 하는 것이다. 이처럼 머리와 손만 아니라 전신을 표현할 때는 역운동학IK, Inverse Kinematics을 활용한다. IK 알고리즘은 머리와 손의 위치와 움직임을 근거로 팔꿈치와 엉덩이의 위치를 추측한다. 그 밖에도 행동적 사실성과 관련해 넘어야 할 산이 여전히 많은데 그중 하나가 표정이다. 말할 때 올바른 입 모양을 만들고, 사실적으로 눈동자를 움직이고, 생생한 손동작을 표현하는 것이 모두 해결해야 할 과제다.

메타버스

이제 우리의 분신이 생겼으니 가상 세계를 본격적으로 탐색해볼 차례다. 가상현실과 증강현실이 강력한 미디어인 이유는 **현존감**presence, 즉 정말로 현재 내가 그 안에 존재하는 것 같은 기분이 들기 때문이다. 현존감을 깊이 경험한 사람은 헤드셋을 벗었을 때 자신이 성 위에서 적군과 싸우고 있는 것이 아니라 거실에 있다는 사실을 알고 극심한 혼란을 느낀다. 그렇다면 가상 환경에서 현존감을 만드는 요 소들은 무엇일까?

가상 환경은 많은 요소로 구성된다. 현재 VR/AR이 시청각 경험 에 치중해 있기 때문에 아래에서 가장 중요하게 다룰 요소도 공간 음 향, 그리고 핵심 시각 요소인 세트 소품과 스카이박스다.

공간 음향

공간 음향spatial audio은 현실에서 소리가 작용하는 방식이다. VR/AR 은 공간형 미디어이기 때문에 공간 음향이 필요하다. 예를 들어 가상 의 구급차가 지나간다고 하면, 점점 커지다가 다시 줄어드는 사이렌 소리를 듣는 경험이 공간 음향을 겪는 것이다. VR/AR 속에서 오른 쪽 귀를 가상의 스피커에 가까이 가져가면 실제로 헤드셋의 오른쪽 스피커에서 들리는 음악 소리가 커지는 것도 마찬가지다. 공간 음향 은 현실에서 소리를 인식하는 방식과 유사하게 작용해서 분위기와 현존감을 만든다.

세트 소품

세트 소품set dress은 원래 게임 개발자들이 쓰던 용어지만 이제는 가 상 환경을 디자인할 때도 쓰인다. 세트 소품이란 더 실감나는 경험을 만드는 작은 물건을 뜻한다. 예를 들면 AR에서 책상 위에 놓인 가상 의 커피나 VR 거실의 한쪽 구석에서 시들어가는 화초가 세트 소품이다. 이런 소품이 가상 환경에 개성과 생생함을 더한다.

스카이박스

VR에서는 도시나 숲 같은 야외 공간이 가상 환경으로 조성되기도 한다. **스카이박스**skybox는 VR에서 지평선과 하늘의 모습을 결정하는 이미지다. '박스'라고 부르는 이유는 각 면이 서로 다른 사진으로 구성된 거대한 육면체가 사용자를 둘러싸기 때문이다. 보통 상단 면에는 하늘의 이미지, 네 측면에는 지평선의 이미지, 하단 면에는 바닥의 이미지가 들어간다. 단, 바닥 이미지는 웬만해서는 사용자에게 보이지 않는다. 가상 환경에는 대부분 이미 바닥이 있기 때문이다. 스카이박스가 반드시 상자 형태여야 하는 것은 아니고 거대한 반구형일 수도 있다.

햅틱과 상호작용

VR/AR 경험에 신체가 편입되면 현존감이 더 커진다. 이를 위해 개발자는 가상 환경에 상호작용과 **햅틱**haptics(촉감 기술)을 넣는다.

| 컨트롤러 |

가상 환경에 손이 존재하는 느낌을 **손 현존감** hand presence이라고 말한다. AR 환경에서는 어차피 눈에 손이 보이기 때문에 손 현존감이 별로 문제가 안 된다. 하지만 VR 환경에서는 헤드셋에 막혀 손이 보이지 않기 때문에 손이 존재하지 않는 것처럼 느껴질 수 있다. 이때 컨트롤러가 있으면 사용자에게 주체성이 생기고 심리적 **신체 전이**body transfer가 발생해서 현존감이 커진다. 신체 전이는 남의 몸을 장악하고 있다는 느낌을 받는 것이다. 아바타의 몸을 장악하면 가상 환경에서 이런저런 일을 벌일 수 있으므로 현존감이 강해진다. 그것은 곧 **주체성**agency이 있다는 말이다. 주체성이란 환경에 영향을 미치는 능력을 말한다. 예를 들어 사용자가 탁자 위의 물건을 떨어트릴 수 있게 VR 경험을 설계하면 사용자는 주체성을 느낀다. 이런 환경 상호작용에 햅틱 피드백을 넣으면 VR에서 주체성이 커지고 따라서 현존감이 늘어난다.

| 햅틱 피드백 |

햅틱 피드백haptic feedback은 촉각으로 전해지는 힘이나 진동을 뜻한다. 가장 흔하게 경험할 수 있는 것이 폰에서 자판을 칠 때 느껴지는 진동이다. 가상현실에서 가장 많이 사용되는 햅틱 피드백도 가상의 사물을 만질 때 컨트롤러가 진동하는 것이다. 그 외에 가상의 불에 접근할 때 특수하게 프로그래밍된 열풍기를 통해 얼굴 쪽으로 뜨거운 바람이 부는 것, 가상의 벽이 있는 곳에 실제 벽이 느껴지는 것, 특수한 햅틱 장치로 저항이 느껴지는 것도 햅틱 피드백에 속한다. 실감형 미디어에 햅틱 상호작용이 있으면 주체성과 몰입감이 커지고 촉감으로 인해 감정이 발생한다. 가상의 총알에 맞거나 가상의 포옹을 받는다고 상상해보면 무슨 말인지 이해가 갈 것이다.

| VR 내의 이동: 로코모션 |

로코모션locomotion은 가상 환경 속을 돌아다니는 행위를 가리킨다. 유감스럽지만 우리는 3미터만 움직여도 거실 벽에 부딪히거나, HMD와 컴퓨터를 연결한 케이블이 팽팽하게 당겨진다. 하지만 우리가 탐험하는 가상 세계는 3미터보다 훨씬 크다. 그러면 어떻게 해야 현실에 존재하는 거리의 제약을 넘어서 가상 세계를 탐험할 수 있을까? VR에서는 순간이동, 손 기준 이동, 무한 러닝머신처럼 새롭고 창의적인 방식이 꾸준히 실험되고 있다. 가장 많이 사용되는 것은 **순간이동**teleportation이다. 컨트롤러로 저 멀리 어딘가를 가리키면 그곳으로 즉시 이동하는 방식이다.

하지만 순간이동은 현존감을 깨트릴 수 있다. 그래서 등반 같은 기법도 실험되고 있다. VR 속에서는 머리와 손만 있기 때문에 손을 이용하는 로코모션이 활발하게 실험된다. 등반은 컨트롤러로 가상의 바닥이나 벽을 짚고 돌아다니는 방식이다. 로코모션용 하드웨어에 대한 실험도 활발히 진행 중이다. 하드웨어 주변기기가 필수는 아니라고 해도 있으면 VR 경험이 증진된다. 그중에서 흥미로운 발상이 몸은 제자리에 있으면서 어느 방향으로든 달릴 수 있게 하는 **무한 러닝머신**infinite treadmill이다. 현재 이 방면으로는 미끄러운 신발을 신고 달릴 수 있는 발판이라든가 다양한 속도로 전후좌우, 따라서 대각선으로 이동할 수 있는 러닝머신이 개발 중이다.

| AR 내의 이동: AR클라우드 |

증강현실은 가상 환경이 현실 환경 속에 존재하기 때문에 이동하는 방식도 현실 세계와 똑같다. 여기서 문제는 그 공간을 어떻게 돌아다닐 것인가가 아니라 사용자를 기준으로 어디에 그 공간을 렌더링할 것인가다. 당신이 테이블 모서리에 가상의 컵을 놨다고 해보자. AR 안경을 쓴 친구가 지나가다가 테이블 모서리에 있는 그 가상의 컵을 볼 수 있으려면 어떻게 해야 할까? 친구의 AR 안경이 당신과 친구가 같은 방에 있다는 사실을 인식하고, 당신이 가상의 컵을 올려놓은 테이블을 인식해야 한다. 그래서 전 세계적으로 공유되는 증강현실을 만들려면 AR클라우드AR Cloud가 필요하다. AR클라우드는 현실 세계와 일대일로 대응하는 공간, 즉 지구상에 존재하는 모든 장소를 디지털로 복사해놓은 공간이다. AR클라우드는 우리가 사는 세상의 3D 공간 데이터와 메시를 전부 모니터링하고 AR을 사용하는 모든 사람과 그들이 현재 있는 장소를 모니터링해서 초대형 다중 사용자 경험을 만들 수 있어야 한다. 그러자면 아직 갈 길이 멀긴 해도 결국에는 AR클라우드를 통해 현실 세계에 강력한 디지털층이 겹칠 것이다. 그 전까지는 아무리 AR 사용자가 늘어나고 3D 모델을 정확한 위치에 배치할 수 있다고 해도, 방대한 사용자가 동시에 AR 속에 존재하는 공유 경험을 구현해낼 수는 없다.

'메타버스'는 계속 진화 중이며 강력한 몰입 경험을 만들려면 위에서 말한 요소가 모두 중요하다. 기왕에 현실과 디지털의 경계가 불분명한 세상에서 살 생각이라면 그 둘을 잘 버무리는 것이 좋지 않을까.

　　　　　　　　　　　　　　17장 가상현실과 증강현실

결론

때는 2049년, 모든 사람이 콘택트렌즈로 도처에 렌더링된 디지털 사물을 볼 수 있는 시대다. 아이의 생일파티 영상을 360도로 볼 수 있고 집을 사기 전에 그 집의 3D 모델을 볼 수 있다. 상점에 가면 사진적 사실성을 완벽히 갖춘 증강현실 가상 인간이 계산대 뒤에서 주문을 받는다. 세계 곳곳에 친구끼리만 볼 수 있는 비밀 메시지를 남길 수 있다. 집에 편히 앉아서 동료들과 얼굴을 맞대고 일하거나 지구 반대편에 사는 가족을 만날 수 있다.

가상현실과 증강현실은 이미 우리 삶에 들어와 있다. 이 장에서는 실감형 미디어와 관련된 수많은 용어와 개념 중에서 VR/AR을 이해하기 위해 필수로 알아야 하는 것을 다뤘다. GPU로 렌더링되고 입체시로 인식되는 3차원 경험에 대해 이야기했다. 우리가 사는 세상을 실감나게 보여주는 영상과 새로운 세상을 만드는 3D 컴퓨터 그래픽 모델을 비교했다. 3DOF 회전의자형 경험과 6DOF 산책형 경험이 어떻게 다른지 살펴보고 독립형 VR/AR을 비롯해 현존하는 다양한 실감형 시스템을 알아봤다. 그리고 아바타를 중심으로 가상 인간을 디자인할 때 사진적 사실성과 행동적 사실성이 무엇을 추구하는지 논했다. 끝으로 VR/AR 환경에서 현존감을 더하는 상호작용 요소를 알아봤다. 이제 당신은 실감형 미디어가 무엇이고 그것이 앞으로 인간과 컴퓨터의 상호작용을 어떻게 발전시킬지 자신 있게 말할 수 있다. 당신의 발전을 실감할 것이다.

용어 해설

API 89-98쪽

애플리케이션 프로그래밍 인터페이스Application Programming Interfaces. 어떤 기능이나 데이터를 다른 개발자가 쉽게 사용할 수 있도록 공개하는 규칙. 예를 들어 구글에 속하지 않은 개발자가 구글 지도 API를 사용해 자신의 애플리케이션에 지도 기능을 넣을 수 있다.

AWS 29쪽

아마존 웹 서비스Amazon Web Services. 아마존에서 제공하는 클라우드 컴퓨팅 서비스다. 아마존은 자체적으로 구축한 데이터센터에서 웹사이트를 운영하며 다른 기업들이 자사의 서버와 도구를 이용할 수 있도록 한다.

BSD 라이선스 103쪽

버클리 소프트웨어 배포판Berkeley Software Distribution 라이선스. 소스코드의 자유로운 사용·수정·배포를 허용하는 학술용 오픈소스 라이선스.

CIA 삼각형 172-182쪽

기밀성Confidentiality, 무결성Integrity, 가용성Availability을 3대 원칙으로 제시하는 대표적인 정보보안 모델.

CSRF 178쪽

크로스사이트 요청 위조Cross-Site Request forgery. 해커가 사용자를 사칭하는 위조 공격의 일종. 사용자가 피싱 메일의 링크를 클릭하게 하는 등의 방법으로 웹사이트에 악의적 요청을 전송한다.

CSS 53-55쪽

종속 스타일시트Cascading Style Sheet. 브라우저의 다양한 요소를 어떤 스타일로 표현하고 어디에 배치할지 알려주는 언어.

dAPP(댑) 271쪽

탈중앙 애플리케이션decentralized Application. 블록체인 시스템에서 계약을 강행하는 중개자가 배제된 채 이행되는 프로그램(거래)을 '스마트 계약'이라고 하며, 댑은 다수의 스마트 계약이 상호작용하며 만들어지는 복잡한 프로그램이다.

DBMS 67쪽

데이터베이스 관리 시스템DataBase Management System. 데이터베이스를 정의하고 다수의 사용자와 앱이 데이터를 저장·이용·공유할 수 있게 하는 시스템.

DHTML 57쪽

정적인 HTML에 자바스크립트를 결합한 동적Dynamic 언어. 페이지에 상호작용성을 더한다.

DOM 57쪽

문서 객체 모델Document Object Model. 프로그램과 스크립트가 문서의 내용, 구조, 스타일을 동적으로 확인하고 갱신할 수 있게 하는 인터페이스. DHTML을 구현한다.

DOF 286-288쪽

자유도Degrees of freedom. 시스템 내에서 범위를 갖고 변화하는 영역의 수. 이를테면 한 축으로만 회전하는 지구본은 자유도가 1이며, 캐릭터를 좌우와 위아래로 움직일 수 있는 〈슈퍼 마리오브라더스〉 게임은 자유도가 2다.

DoS(도스) 180쪽

서비스 거부Denial-of-service. 애플리케이션에 대량의 트래픽이 몰려 감당하지 못하는 상태. 다수의 분산된Distributed 서버에서 요청을 보내 트래픽을 늘리는 공격을 DDos(디도스) 공격이라 한다.

FTP 23쪽

파일 전송 프로토콜File Transfer Protocol. 파일을 한 시스템(서버)에서 다른 시스템으로 전송하는 규약 혹은 프로그램.

GET(겟)/POST(포스트) 19쪽

브라우저가 서버에 요청 메시지를 보내는 방식. GET은 클라이언트가 파일을 원한다고 서버에 알릴 때 사용하며, POST는 브라우저에서 서버로 데이터를 보낼 때 사용한다.

HMD 281쪽

헤드 마운티드 디스플레이Head-mounted display. VR/AR 헤드셋. 양 눈에 가깝게 설치된 소형 디스플레이에서 서로 다른 이미지를 보이며 입체시를 구현한다.

HTML 50-52쪽

하이퍼텍스트 마크업 언어HyperText Markup Language. 태그와 특수문자를 이용해 웹페이지의 내용과 구조를 정의하는 언어.

HTTP 16쪽

하이퍼텍스트 전송 프로토콜Hypertext Transfer Protocol. 인터넷의 서버와 브라우저가 정보를 송수신하는 통신규약. HTML 문서를 주고받는 데 쓴다.

SaaS(사스)/PaaS(패스)/IaaS(이아스) 28-30쪽

서비스형 소프트웨어Software as a Service/서비스형 플랫폼Platform as a Service/서비스형 인프라Infrastructure as a Service. 미국 국립표준기술연구소NIST에서 정의한 클라우드 컴퓨팅 서비스 모델 세 가지다.

ICO 271-272쪽

암호화폐공개Initial Coin Offering. 일반적으로 주식을 상장하는 기업공개IPO 와 유사하게 암호화폐를 판매하여 자금을 조달하는 일.

IDE 44쪽

통합 개발 환경Integrated Development Environment. 편집기, 컴파일러, 디버거를 포함해 프로젝트 관리에 유용한 도구를 한데 모은 애플리케이션.

IID 122쪽

반복 점진 개발Iterative and Incremental Development. 순차적으로 단계를 밟는 개발 방식인 워터폴 모델과 대비하여, 장기 프로젝트를 수많은 소형 프로 젝트(이터레이션)로 분할하는 개발 모델.

IoT 213-226쪽

사물인터넷Internet of Things. 스마트폰과 노트북을 포함해 온도조절기, 냉장 고, 전구 등 주변의 수많은 기기가 인터넷에 연결되어 상호작용하는 현상.

JSON(제이슨) 98쪽

자바스크립트 객체 표기법JavaScript Object Notation. 자바스크립트를 기반으 로 개발된 구조화 언어. 데이터 객체를 이름과 값의 쌍으로 표현한다.

ML 229, 243쪽

머신러닝Machine Learning. 인공지능이 경험을 통한 학습으로 꾸준히 지능

(정보처리 능력)을 향상하는 방식.

NoSQL(노에스큐엘) 74쪽

빅데이터를 처리하는 비관계형 DBMS. 저장된 항목들의 관계가 중요하지 않은 단순한 데이터를 대량으로 취급할 때 유용하다.

OQL 76쪽

객체 질의어Object Query Language. 객체 지향형 데이터베이스에서 사용하는 언어 체계.

REST(레스트)/SOAP(솝) 95-96쪽

표현 상태 전송REpresentational State Transfer/단순 객체 접근 통신규약Simple Object Access Protocol. HTTP를 이용해 서버에 데이터를 요청하는 대표적인 API 형태 두 가지다. REST는 구체적인 요청 사항을 URL에 부호화하는 반면, SOAP은 요청 사항을 XML 문서로 전송한다.

SERP 142쪽

검색 결과 페이지Search Engine Results Page. 사용자의 질의에 응답하여 검색 엔진이 표시하는 페이지.

SGML 51쪽

표준 범용문서 마크업 언어Standard Generalized Markup Language. 텍스트에 표현하려는 모양, 구조, 의미를 태그 형식으로 표기한 마크업 언어. 팀 버너스리가 이를 이용해 HTML을 만들었다.

SQL 72쪽

구조화된 질의어Structured Query Language. 작업의 목적이 무엇인지에 초점이 맞춰진 선언형 언어의 일종. 관계형 DBMS를 조작하고 관리하는 데에 쓰인다.

TCP/IP 13쪽

전송 제어 프로토콜Transmission Control Protocol/인터넷 프로토콜Internet Protocol. 인터넷에서 정보의 흐름을 관리하는 통신규약. TCP는 정보를 작은 패킷으로 분할하여 각각에 라벨을 붙이며, IP는 기기에 고유한 주소를 배정한다.

UI/UX 49쪽

사용자 인터페이스User Interface/사용자 경험User eXperience. UI는 애플리케이션의 모양새, UX는 애플리케이션을 사용할 때 받는 느낌을 말한다.

URL 18쪽

통합 자원 지시자Uniform Resource Locator. www.MyAppoly.com 형태의 웹사이트 주소.

VR/AR/MR/XR 276-279쪽

실감형 미디어의 두 축으로서 가상현실Virtual Reality은 현실처럼 보이지만 전적으로 디지털인 세계를 만드는 기술, 증강현실Augmented Reality은 현실의 일부처럼 느껴지는 디지털 사물을 만드는 기술이다. 가상과 현실이 혼합된 것을 혼합현실Mixed Reality이라 하며, 이 모두를 포괄해 확장현실eXtended Reality이라고 부른다.

WSDL 96쪽

웹서비스 기술 언어Web Services Description Language. 서비스 제공자가 보유한 인터페이스를 사용자에게 설명하기 위한 XML 기반의 언어.

XML 52-53, 76쪽

확장성 마크업 언어eXtensible Markup Language. 다른 마크업 언어를 정의하는 메타언어이며 SGML과 유사하지만 훨씬 간편하다.

XHTML 53쪽

복잡한 SGML로 만들어진 HTML은 규칙을 엄격히 따지지 않으며 오류를 어느 정도 허용하다 보니, 브라우저나 장치에 따라 문서가 다르게 렌더링된다는 단점이 있다. XHTML은 반드시 준수해야 하는 규약이 존재하는 엄격한 XML로 HTML의 단점을 보완한 마크업 언어다.

XSS 178쪽

크로스사이트 스크립팅Cross-Site Scripting. 악의적 입력으로 애플리케이션에서 파괴적인 코드를 실행하는 인젝션 공격의 일종. 웹사이트에 코드를 심어서 주로 쿠키 등 민감한 정보를 탈취한다.

감사의 말

지식에 투자하는 것만큼 수익률이 높은 투자도 없다.

―벤저민 프랭클린

부모님과 조부모님께 교육과 사회의 중요성을 배우지 않았다면 이 책은 존재하지 않았을 것이다. 나는 어릴 때부터 호기심과 지식이 의미 있는 삶의 열쇠이며 우리가 사회의 산물인 만큼 사회를 위해 할 수 있는 일을 해야 한다고 배웠다. 그런 신념이 있었기에 사명감을 갖고 『최소한의 IT 언어』를 썼다. 그 사명감이란 기본적인 IT 지식을 필수로 이해해야 하는 시대에 '비전공자들'이 그런 소양을 쌓을 수 있도록 STEM(과학, 기술, 공학, 수학) 교육의 저변을 확대하는 데 일조한다는 것이다. 그것은 AI와 자동화로 인해 실직한 노동자를 위한 재훈련 프로그램, 다음 세대에게 STEM 교육의 중요성을 알리는 사업, STEM 분야에서 공정성과 다양성을 키우고자 분투 중인 조직을 운영하는 이들에게서 공통적으로 느껴지는 정서이기도 하다. 우리에게는 세상을 바꾸겠다는 의지가 있다. 『최소한의 IT 언어』는 그 의지의 발로다.

나와 같은 사명감으로 이 책의 집필에 동참해 불철주야 애써준 공저자들에게 깊은 감사의 마음을 전한다. 아시, 치나르, 보이타, 코이, 제이는 각자가 맡은 챕터에 전문가로서 지식, 능력, 열정을 유감없이 발휘했다. 그들과 함께 책을 쓰며 많은 것을 배웠고, 나날이 발전하는 그들의 모습이 대견스럽다. 애슐리는 초판의 편집을 주도했다. 컴퓨터과학 교육에 대한 애슐리의 열정이 이 책 곳곳에 배어 있다. 아시, 치나르, 제이도 편집에 동참했고 특히 아시가 막판에 수고를 아끼지 않았다. 그리고 지난 1년간 원고 수정에 도움을 준 수많은 독자에게 필진 전체를 대표해 감사 인사를 드린다.

끝으로 지금껏 나를 좋은 길로 이끌어준 가족, 친구, 멘토들에게 감사드린다. 그들의 그침 없는 성원과 조건 없는 사랑이야말로 이 책의 진정한 참고문헌이다.

미주

1 Peter Mell and Timothy Gance, "The NIST Definition of Cloud Computing", National Institute of Standards and Technology Special Publication 800-145, 2011, http://csrc.nist.gov/publications/nistpubs/800-145/SP800-145.pdf.

2 TIOBE Software BV, www.tiobe.com/tiobe-index. 참고로 여기 등재된 언어가 모두 백엔드와 관련된 것은 아니다(원서에서는 2018년 8월에 선정된 인기 언어 순위표를 실었으나 한국어판에서는 2022년 최신 내용으로 번안했다―옮긴이).

3 컴파일 언어와 인터프리터 언어가 혼합된hybrid 언어를 제3의 유형으로 분류하는 전문가도 많다. Robert W. Sebesta, *Concepts of Programming Languages*, 8th ed, Addison Wesley, 2008(한국어판: 유원희·하상호 역, 『프로그래밍 언어론』, 피어슨에듀케이션코리아, 2012)이 그 예다.

4 Jim Kaskade, "Making Sense of Big Data (webinar video)", 2010, http://www.infochimps.com/video/making-sense-of-big-data/.

5 이 장은 Paul Reinheimer, *Professional Web APIs with PHP*, Wrox, 2006의 구성을 차용했다.

6 "The Free Software Definition", www.gnu.org/philosophy/free-sw.html, 2013.

7 "The Open Source Definition", http://opensource.org/osd, n.d.

8   Vinod Valloppillil, "Open Source Software", Microsoft Memorandum, 1998년 8월 11일, http://catb.org/~esr/halloween/halloween1.html#quote8 참고.

9   Eric Ries, *The Lean Startup: How Today's Entrepreneurs Use Continuous Innovation to Create Radically Successful Businesses*, Crown Business, 2011(한국어판: 이창수·송우일 역, 『린 스타트업』, 인사이트, 2012).

10   Cyril Northcote Parkinson, "Parkinson's Law", *The Economist*, 1955년 11월 19일, http://www.economist.com/node/14116121.

11   Thorsten Grötker, Ulrich Holtmann, Holger Keding, and Markus Wloka, *The Developer's Guide to Debugging*, Second Edition, Createspace, 2012.

12   Avinash Kaushik, *Web Analytics 2.0: The Art of Online Accountability and Science of Customer Centricity*, Sybex, 2009(한국어판: 정규현 역, 『웹 데이터 분석학』, 에이콘출판, 2013).

13   Alex Johnson, "Equifax breaks down just how bad last year's data breach was", NBC News, 2018년 5월 8일, https://www.nbcnews.com/news/us-news/equifax-breaks-down-just-how-bad-last-year-s-data-n872496.

14   Patricia de Saracho, "Cybersecurity, Information Security, Network Security, Information Assurance: What's the Difference?", Security Magazine, 2018년 9월 6일, https://www.securitymagazine.com/blogs/14-security-blog/post/89383-cybersecurity-information-security-network-security-information-assurance-whats-the-difference.

15   『옥스퍼드 영어 사전』에 실린 사이버보안의 정의는 다음과 같다. "전자적 데이터의 불법적 혹은 무단 사용이 방지된 상태, 혹은 그런 상태를 확보하기 위한 조처."

16   Charles Schmidt and Tom Darby, "What the Internet Worm did to systems", The Morris Internet Worm (https://ethics.csc.ncsu.edu/abuse/wvt/worm/darby/worm.html 참고—옮긴이).

17   암호학의 이해를 돕는 이 시나리오는 RSA 암호화를 설명하는 1978년 논

문에서 유래했다. 앨리스와 밥을 포함해 여러 캐릭터가 사이버보안과 관련된 문헌에 빈번히 등장한다.

18   Lorenzo Franceschi-Bicchierai, "How Hackers Broke Into John Podesta and Colin Powell's Gmail Accounts", Motherboard~VICE, 2016년 10월 20일, https://motherboard.vice.com/en_us/article/mg7xjb/how-hackers-broke-into-john-podesta-and-colin-powells-gmail-accounts.

19   "OWASP Top 10 Application Security Risks~2017", Open Web Application Security Project, https://owasp.org/www-project-top-ten/2017/Top_10.

20   "2016 Data Breach Investigations Report", Verizon, 2016년 4월, https://conferences.law.stanford.edu/cyberday/wp-content/uploads/sites/10/2016/10/2b_Verizon_Data-Breach-Investigations-Report_2016_Report_en_xg.pdf

21   "The Password Exposé", LastPass, 2017년 11월 1일, https://lp-cdn.lastpass.com/lporcamedia/document-library/lastpass/pdf/en/LastPass-Enterprise-The-Password-Expose-Ebook-v2.pdf.

22   Lily Hay Newman, "Equifax Officially Has No Excuse", WIRED, 2017년 9월 14일, https://www.wired.com/story/equifax-breach-no-excuse/.

23   Nicole Reineke, "Will Ransomware Start Targeting Enterprise Backups", Unitrends, https://www.unitrends.com/blog/will-ransomware-start-targeting-enterprise-backups.

24   Nathan McDonald, "Digital in 2018: World's Internet Users Pass the 4 Billion Mark", *we are social*, 2018년 1월 30일. https://wearesocial.com/us/blog/2018/01/global-digital-report-2018/.

25   Eric Enge, "Mobile vs Desktop Usage in 2018: Mobile takes the lead", Stone Temple, 2018년 4월 27일.

26   Dean Takahashi, "Mobile app market to grow 270% to $189 billion by 2020, with games accounting for 55%", VentureBeat, 2016년 11월 2일. https://

venturebeat.com/business/mobile-app-market-to-grow-270-to-189-billion-by-2020-with-games-accounting-for-55/.

27 https://developer.apple.com/app-store/review/ 참고.

28 "Android Fragmentation (2015)", OpenSignal, https://www.opensignal.com/reports/2015/08/state-of-lte.

29 "A Guide to the Internet of Things", Intel, https://www.intel.co.uk/content/www/uk/en/internet-of-things/infographics/guide-to-iot-new.html.

30 Karen Tillman, "How Many Internet Connections are in the World? Right. Now.", Cisco Blogs, https://blogs.cisco.com/news/cisco-connections-counter.

31 Dr. JF Fava-Verd and Sam Forster, "The history of Internet of Things (IoT)", Innovate UK, https://innovateuk.blog.gov.uk/2017/07/03/the-history-of-internet-of-things-iot/.

32 "The 'Only' Coke Machine on the Internet", https://www.cs.cmu.edu/~coke/history_long.txt.

33 David Kline, "The Embedded Internet", WIRED, 1996년 10월 1일, https://www.wired.com/1996/10/es-embedded/.

34 "The Internet of Things: Mapping the Value Beyond the Hype", McKinsey Global Institute, 2015.

35 Face ID Security, https://www.apple.com/business-docs/FaceID_Security_Guide.pdf.

36 ⓒ 2018 Google LLC, 허가를 받아 게재. 구글과 구글 로고는 Google LLC 의 등록 상표.

37 Patrick Schneider가 Unsplash에 게시한 사진. https://unsplash.com/photos/87oz2SoV9Ug.

비나이 트리베디Vinay Trivedi는 블랙스톤 사모펀드, 소프트뱅크 비전 펀드, 로퓰러스캐피털을 거치며 IT 전문 투자자로 활동하고 있다. ESG 관련 스타트업의 초기 단계에 투자하는 엔젤투자기관 프리랜드그룹을 공동으로 설립했고, 각각 런던과 보스턴에 소재한 스타트업인 시티매퍼와 로쿠에서 프로덕트 매니저를 지냈다.

현재 샌프란시스코시청 산하에서 시민의 편의를 도모하기 위해 스타트업과 공공기관의 협력을 주선하는 '스타트업 인 레지던스' 프로그램의 운영위원이다. 뉴욕시 최고기술책임자가 주관하는 'NYCx 문샷 챌린지 이니셔티브'에도 참여 중이다.

하버드대 컴퓨터과학과를 우수한 성적으로 졸업하고 스탠퍼드대 경영대학원에서 MBA를 취득했다.

| 공저자 |

아시 아그라왈Ashi Agrawal은 스탠퍼드대 컴퓨터과학과에 재학 중이고 옥스퍼드대에서 교환학생으로 개인정보 보호와 사이버보안을 공부했다. 사회적기업 앤트플로와 아동청소년 지원단체 웨스틀리재단의

운영을 돕고 있다. 클라이너퍼킨스 산학연계 프로그램으로 누나헬스에서 건강보험 개혁 프로젝트에 참여했다.

치나르 바너지 Cheenar Banerjee는 스탠퍼드대를 졸업했다(컴퓨터과학 학사, 석사). 재학 중 여러 수업에서 조장과 조교를 맡았고 컴퓨터과학과 여학생회 간부로 활동했다. 페이스북, 구글, 베릴리라이프사이언스에서 소프트웨어 엔지니어로 인턴 생활을 했다. IT업계의 다양성과 포용성을 넓히고자 노력 중이다.

보이타 더모타 Vojta Drmota는 하버드대에서 사회학과 컴퓨터과학을 공부하고 있다. 2014년부터 블록체인 산업에 관심을 갖고서 애플리케이션을 개발하고, 프로토콜을 설계하고, 교육 세미나를 진행해왔다. 특히 블록체인을 응용한 기술이 주류 경제에 편입되도록 그 복잡성을 해소하는 일에 관심이 많다.

코이 레 Khoi Le는 스탠퍼드대에서 '더 짜릿한 기술은 없을까?'를 고민하며 실감형 디자인 및 엔지니어링 응용을 공부하고 있다. 지난 3년간 가상현실과 증강현실을 연구하며 기업용 소프트웨어와 엔터테인먼트 경험을 개발했다. 노래, 춤, 비디오게임을 좋아한다.

제이 하르샤드바이 파텔 Jay Harshadbhai Patel은 스탠퍼드대에서 인공지능과 인간-컴퓨터 상호작용을 전공했다(컴퓨터과학 학사, 석사). 현재 시냅스테크놀로지에서 공항과 학교의 위협 감지용 컴퓨터 비전 시스템을 개발 중이다. 이전에는 구글지식그래프에서 AI 기반 프로그래밍 도우미 카이트의 개발에 참여했다. 스탠퍼드 재학 당시 위성 사진용 크라우드소싱 시스템과 딥러닝을 연구했다. AI가 공정하고 윤리적으로 사용되도록 대중의 이해를 넓히는 데 관심이 있다.

애슐리 테일러Ashley Taylor는 스탠퍼드대를 졸업했다(컴퓨터과학 학사). 현재 경영과학 및 엔지니어링 석사 과정을 밟으며 컴퓨터과학 개론 강사로서 열정적으로 학생들을 가르치고 있다.

─── ⟨ **옮긴이 김고명** ⟩ ───

성균관대 영문학과를 졸업하고 동 대학 번역대학원에서 공부했다. 현재 바른번역 소속으로 활동하며, 원문의 뜻과 멋을 살리면서도 한국어다운 문장을 구사하는 번역을 추구한다. 『좋아하는 일을 끝까지 해보고 싶습니다』를 직접 썼고 『IT 좀 아는 사람』, 『후크 포인트』, 『사람은 무엇으로 성장하는가』 등 40여 종의 책을 번역했다.

최소한의
IT 언어

펴낸날 초판 1쇄 2022년 11월 30일
지은이 비나이 트리베디
옮긴이 김고명
펴낸이 이주애, 홍영완
편집장 최혜리
편집1팀 강민우, 양혜영, 문주영
편집 박효주, 유승재, 박주희, 장종철, 홍은비, 김하영, 김혜원, 이정미, 이소연
디자인 윤소정, 박아형, 김주연, 기조숙, 윤신혜
마케팅 김미소, 정혜인, 김태윤, 최혜빈, 김지윤
해외기획 정미현
경영지원 박소현
펴낸곳 (주)윌북 **출판등록** 제2006-000017호
주소 10881 경기도 파주시 회동길 337-20
전화 031-955-3777 **팩스** 031-955-3778
홈페이지 willbookspub.com **전자우편** willbooks@naver.com
블로그 blog.naver.com/willbooks **포스트** post.naver.com/willbooks
페이스북 @willbooks **트위터** @onwillbooks **인스타그램** @willbooks_pub
ISBN 979-11-5581-553-3 03000

> 책값은 뒤표지에 있습니다.
> 잘못 만들어진 책은 구입하신 서점에서 바꿔드립니다.